Susan McBane / Helen Douglas-Cooper

Bassermann Handbuch
PFERDE

Rassen · Haltung
Pflege

Übersetzt von Hartmut Greiser

Ebenfalls bei Bassermann erschienen:
Bassermann-Handbuch Katzen (0206)
Bassermann-Handbuch Hunde (0207)

Die Deutsche Bibliothek – CIP-Einheitsaufnahme
Bassermann-Handbuch Pferde : Rassen – Haltung – Pflege /
von Susan McBane und Helen Douglas-Cooper. Übers. von
Hartmut Greiser. [Red.: René Zey]. – Niedernhausen/Ts. :
Bassermann, 1995
Einheitssacht.: Horse facts <dt.>
ISBN 3–8094–0208–7
NE: MacBane, Susan; Douglas-Cooper, Helen; Zey, René [Red.];
Pferde; EST

ISBN 3 8094 0208 7
© der deutschen Ausgabe 1995 by Bassermann'sche Verlagsbuchhandlung,
65527 Niedernhausen/Ts.
© der englischen Originalausgabe 1990 by Quarto Publishing Inc., London
Originaltitel: Horse Facts
Die Verwertung der Texte und Bilder, auch auszugsweise, ist ohne Zustim-
mung des Verlags urheberrechtswidrig und strafbar. Dies gilt auch für Ver-
vielfältigungen, Übersetzungen, Mikroverfilmung und für die Verarbeitung
mit elektronischen Systemen.
Umschlaggestaltung: Adolf Bachmann, Reischach
Titelbild: Okapia/Erich Geduldig, Frankfurt/Main
Fotos: Anne Bazalik, Bridgeman Art Library, Kit Houghton, Bob Lang-
rish, Peter Newark's Military Pictures, Sally-Anne Thompson/Animal
Photography
Zeichnungen: Wayne Ford, John Francis, David Kemp, Janos Marffy, QED
Übersetzung: Hartmut Greiser, Elz
Fachliche Beratung: Karl Münz, Elz
Redaktion: René Zey und Anna Loll
Herstellung: Königsdorfer Verlagsbüro, Frechen
Die Ratschläge in diesem Buch sind von Autorinnen und Verlag sorgfältig
erwogen und geprüft, dennoch kann eine Garantie nicht übernommen wer-
den. Eine Haftung der Autorinnen bzw. des Verlags und seiner Beauftrag-
ten für Personen-, Sach- und Vermögensschäden ist ausgeschlossen.
Satz: Königsdorfer Verlagsbüro, Frechen
Gesamtkonzeption: Bassermann'sche Verlagsbuchhandlung,
D–65527 Niedernhausen/Ts.

817 2635 44 53 6271

INHALT

ERSTER TEIL: DIE WELT DER PFERDE

Die Abstammung des Pferdes 6 • Die Domestikation des
Pferdes 8 • Das Arbeitspferd 10 • Das Sportpferd 12
Können Pferde denken? 14 • So lernen Pferde 16
So schlafen Pferde 18 • So sehen Pferde 20
So hören Pferde 22 • So kommunizieren Pferde 24
Das Exterieur des Pferdes 26 • Farben und Abzeichen 28
So bewegt sich das Pferd 30 • Das Fell und seine Pflege 32
Zähne und Hufe 34 • Die Zucht 36 • Das Fohlen 38
Gesundheit 40

ZWEITER TEIL: PFERDERASSEN

Pferde der Welt 42 • Die Rassen der Welt 46
Nordamerika 52 • Südamerika 66 • Großbritannien
und Irland 72 • Westeuropa 88 • Skandinavien 108
Südeuropa 116 • Osteuropa und Asien 124
Naher Osten und Afrika 138 • Asien und Australien 142

Register 150

DIE ABSTAMMUNG DES PFERDES

Sein frühester Vorfahre, bekannt als Hyracotherium (früher auch als Eohippus bezeichnet), wurde unter nordamerikanischen Fossilien gefunden. Ganz ähnliche Funde gab es auch in Europa. Es handelte sich dabei um ein lammgroßes Muttertier mit vier Zehen an den Vorder- und drei Zehen an den Hinterbeinen.

Hyracotherium-Rassen gab es vor ungefähr 38 bis 50 Millionen Jahren. Ihr Lebensraum waren Wälder und Sümpfe; weite Grasebenen gab es zu jener Zeit noch nicht. Zunächst lebten sie in Nordamerika, bis sie später über die Landmassen nach Europa wanderten (damals waren die beiden Kontinente noch nicht durch den Atlantik getrennt).

Als Reaktion auf die Klimaveränderungen auf der Erde entwickelte sich die Vegetation weiter. Teile der Erdoberfläche wurden kühler und trockener, Grasflächen und offene Ebenen entstanden; die ersten Pferdearten bekamen jetzt immer längere Beine, sie wurden schneller, und sie hatten an allen vier Beinen drei Zehen. Es entstanden zwei Gruppen der dreizehigen Pferde: die sogenannten »Weidenden«, die sich von Blättern ernährten, und die »Graser«, die Gras bevorzugten. Zuerst gab es die Weidenden, die vor etwa elf Millionen Jahren ausstarben. Die Graser, die vor zehn bis 15 Millionen Jahren erschienen, waren größer und hatten längere Beine als die Weidenden; außerdem waren sie bessere Futterverwerter. Das Roß Alexanders des Großen soll ein Bucephalos gewesen sein, das an jedem Bein drei Zehen hatte.

Oben: Man nimmt an, daß das Exmoor Pony schon seit prähistorischen Zeiten in Südwestengland lebt und daß es von dem keltischen Pony Westeuropas abstammt. Die Rasse ist sehr rein geblieben und hat sich seit ihren Anfängen vermutlich nur wenig verändert.

Unten: Eohippus (links) – auch als Hyracotherium bekannt – ist einer der Urahnen der heutigen Pferde. Dinohippus (Mitte), ein Abkömmling von Eohippus, trat erstmals vor 15 Millionen Jahren in Erscheinung. Aus ihm entwickelte sich Equus (rechts).

Bei den Grasern entwickelten sich allmählich die einzehigen Pferde. Sie hatten größere Körper, längere Beine, vergrößerte Kiefer und Köpfe – so waren sie für das Umherstreifen und Grasen viel besser gerüstet. Ähnlich wie Hyracotherium scheinen die einzehigen Pferde aus Nord- und Mittelamerika zu stammen, ein Teil von ihnen ist sogar bis nach Südamerika gelangt. Einige Pferdearten sind auch über die Bering-Landbrücke von Alaska in das heutige Rußland gekommen. Als diese Landverbindung im Wasser versunken war, wurden die europäischen, die afrikanischen und auch die asiatischen Rassen von den amerikanischen Arten getrennt.

Die einzehige Pferdeart ist als Equus bekannt – der direkte Vorgänger des modernen Pferdes und seiner Verwandten wie Esel und Zebra. Es gab viele unterschiedliche Arten von Equus, die meisten davon, auch die in Nordamerika, sind gegen Ende des letzten Eiszeitalters ausgestorben. Der Typus, der in Europa und Asien überlebte, verzweigte sich später.

Rechts: Dieser Stammbaum zeigt, wie sich in 55 Millionen Jahren eine ganze Reihe von Tieren aus dem vierzehigen Hyracotherium entwickelte. Viele Zweige sind ausgestorben, nur eine Gruppe einzehiger Pferde konnte sich behaupten, aus der Equus hervorging.

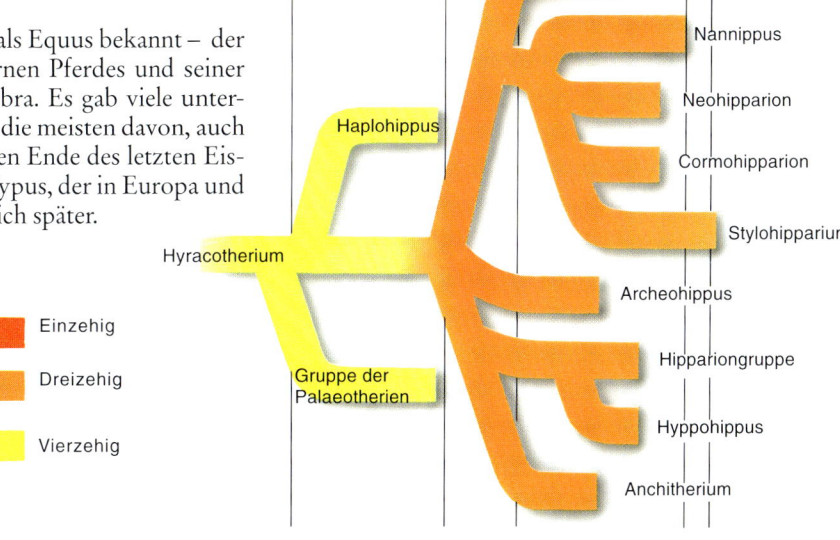

Einzehig
Dreizehig
Vierzehig

Equus
Dinohippus
Hippidion-gruppe
Calippus
Nannippus
Neohipparion
Cormohipparion
Haplohippus
Stylohipparium
Archeohippus
Hyracotherium
Hipparongruppe
Hyppohippus
Gruppe der Palaeotherien
Anchitherium

55   36   27   5 2

Rechts: Das Zebra stammt auch von Equus ab. Es zeigt viele Eigenschaften primitiver Ponyarten, wie die abstehende Mähne oder den stämmigen Körper. Zebrastreifen sind manchmal auf den Flanken und an den Beinen alter Rassen wie dem Tarpan oder dem Mongolischen Wildpferd zu finden.

DIE DOMESTIKATION DES PFERDES

Schon vor etwa 5000 Jahren gewöhnten frühe Zivilisationen im Fernen Osten die Pferde an menschliche Nähe. Manche Experten gehen davon aus, daß diese Anfänge im asiatischen Rußland zu suchen sind, andere halten Assyrien und Babylonien für wahrscheinlich. Allerdings zeigen Zeichnungen, die im Steinzeitalter auf Felsen und in Höhlen entstanden sind, eine Art Zaumzeug. Es ist also möglich, daß primitive Völker bereits in der Lage waren, frühe Pferdearten für ihre Zwecke einzusetzen.

Anfänglich sind diese einfachen Stämme den Herden der Wildpferde wohl gefolgt, um sie wegen ihres Fleisches zu jagen. Von Domestikation kann wahrscheinlich erst gesprochen werden, als man begann, junge Tiere zu fangen und zu halten. Sie dienten der Versorgung mit Milch und Fleisch, und dabei gewöhnten sie sich allmählich an den Umgang mit Men-schen. Geschlechtsreife Stuten wurden vielleicht außerhalb der Siedlungen angebunden, um sie von wilden Hengsten decken zu lassen.

Die nomadischen Pferdehalter merkten bald, daß Pferde Waren und Ausrüstungsgegenstände tragen konnten – das Pferd wurde zum Packtier. Der Historiker Anthony Dent vermutet, daß die schwangeren Frauen der Stammesführer die ersten Reiter waren, denn so konnte der Stamm weiterwandern.

Domestizierte Pferde wurden zunächst als Pack- und Arbeitstiere gehalten. Es ist denkbar, daß es in der Frühgeschichte der Pferdehaltung im wesentlichen zwei Pferdearten gab, nämlich Last- und Reittiere, die gehandelt wurden, so daß jeder das für sich geeignete Pferd bekommen konnte.

Die Menschen begannen früh mit dem Reiten, aber im Krieg der ersten Zivilisationen wie den Ägyptern oder den Griechen zogen Pferde hauptsächlich die Kampfwagen. Die Perser dagegen waren exzellente Reiter. Sie verfügten um 500 v. Chr. über eine mächtige Kavallerie, deren Pferde schwere Rüstungen und Waffen tragen konnten. Auch die alten Griechen kannten sich mit dem Reiten aus, nicht so die Römer.

Auf dem westlichen Teil des Parthenon-Frieses (477–432 v. Chr.) sind zwei galoppierende Reiter zu sehen, die an einem Festzug beteiligt sind. Zaumzeug und Zubehör waren zu dieser Zeit bereits in Gebrauch. Die Griechen waren erfahrene Reiter, und sie interessierten sich sehr für Training und Reittechniken.

Links: Griechisches Siegel mit dem Namen Darius' I., der von 548 bis 486 v. Chr. regiert hat: Es stellt einen König dar, der mit dem Pferdewagen zur Jagd aufgebrochen ist. Pferde haben schon Wagen gezogen, lange bevor man dazu überging, auf ihnen zu reiten.

Unten: Ein altes persisches Relief zeigt einen Kampf zwischen zwei berittenen Kriegern. Pferde wurden erstmals im antiken Persien als Reittiere benutzt. Die Perser waren außergewöhnlich gute Reiter, und sie hatten eine besonders schlagkräftige Kavallerie.

DAS ARBEITSPFERD

Nach seiner Domestikation wurde das Pferd für alle möglichen Arbeiten eingesetzt.

Ursprünglich war das Pferd in erster Linie ein Lasttier, und das änderte sich bis zum Anfang des 20. Jahrhunderts kaum. Für solche Arbeiten wurden zunächst kleinere und leichtere Arten herangezogen, während man die kräftigeren Tiere im Krieg einsetzte. Nach der Erfindung der Schußwaffen wurden keine schweren Rüstungen mehr getragen, und so wurde für den Kampf eine andere Art von Pferden benötigt. Damit konnten die schwereren Pferde zu anderen Arbeiten herangezogen werden.

Oben: Busse, die von Pferden gezogen wurden, waren früher oft zu sehen. Im Personentransport eingesetzte Pferde führten – anders als die Kutschpferde der Reichen – ein hartes Leben auf dem rutschigen Kopfsteinpflaster.

Rechts: Schwere Pferderassen, wie etwa die Shire, werden oft mit landwirtschaftlicher Arbeit (z.B. dem Pflügen) in Zusammenhang gebracht. Die wirklich großen und schweren Rassen wurden aber erst eingesetzt, als moderne Maschinen erfunden wurden, die auf besonders starke und zugleich intelligente Tiere angewiesen waren.

Im Zuge der Industrialisierung mußten große Mengen von schwerer Ausrüstung und Waren über Land transportiert werden. Für diese Aufgaben wurden besonders die großen und schweren Rassen wie die Shire und die Kaltblüter gezüchtet. Im 19. Jahrhundert zogen Pferde auch Kähne durch die Kanäle und beförderten Kohle und Werkzeug.

Auch in der Landwirtschaft haben Pferde eine wichtige Rolle gespielt. Zuerst wurden die Pflüge von Ochsen gezogen, da diese für die kleineren Rassen der Arbeitspferde zu schwer waren. Im 18. Jahrhundert wurden aber dann mechanische Geräte in der Landwirtschaft eingesetzt, die nur von schnellen und verständigen Tieren gezogen werden konnten – damit ergaben sich für die Zugpferde in der Landwirtschaft eigene Aufgabengebiete.

Pferde waren nun das Haupttransportmittel für die Menschen. Nachdem man im 19. Jahrhundert immer bessere Straßen gebaut hatte und die Kunst der Kutschenbauer eine Blüte erlebte, wurden die Wagen immer leichter und schneller, wofür sehr elegante Pferde wie Traber und Hackneys gefragt waren.

Mit der Einführung der Eisenbahn und der motorisierten Wagen verloren die Pferde an Bedeutung für das Transportwesen und für die Feldarbeit, und viele der Zugrassen schienen vom Aussterben bedroht. In der Geschäftswelt sprach sich aber herum, daß man für Auslieferungen auf kurzen Strecken Pferde wirtschaftlicher als Lastwagen einsetzen konnte.

DAS POLIZEIPFERD

Bei der Polizeiarbeit – hier am Beispiel der Royal Canadian Mounted Police gezeigt – erhält das Verhältnis zwischen Pferd und Mensch eine besondere Qualität. Polizeipferde werden so trainiert, daß sie ihren angeborenen Instinkt, »Fliehen oder Kämpfen«, fast völlig verlieren. Sie können einer gewalttätigen Menschenmenge gegenüberstehen, Waffenlärm und lautstarke Ausschreitungen ertragen. Sie gehen klaglos in jede Richtung, die ihr Reiter fordert, zu jeder Tages- oder Nachtzeit, allein oder in Begleitung.
Während der Ausbildung bringt man ihnen bei, sich einem möglicherweise gefährlichen Objekt oder einer gefährlichen Situation zu nähern, und wendet sie erst ab, kurz bevor ihnen Widerstand anzumerken ist.

In den meisten Ländern werden Pferde zwar nicht mehr für die Arbeit in der Landwirtschaft oder für Transporte benötigt, dennoch haben viele der schweren Rassen, wie zum Beispiel diese Percherons, überlebt und werden heute noch bei Paraden eingesetzt.

Rechts: Auf texanischen Farmen werden Pferde heute noch in ihrer traditionellen Rolle beim Treiben der Rinderherden eingesetzt. Das Quarter Horse, das zuerst im Osten der Vereinigten Staaten gezüchtet wurde, eignete sich für diese Arbeit besonders gut. Es wurde in großer Zahl gezüchtet und zum Lieblingspferd der Cowboys.

DAS SPORTPFERD

Links: Die Jagd gehört zu den ältesten Sportarten überhaupt. In der Vergangenheit wurden viele verschiedene Tiere gejagt, erst in den letzten beiden Jahrhunderten bevorzugte man den Fuchs als Beute.

Unten: Polo gehört zu den härtesten Sportarten, die es heute gibt. Polo Ponys müssen besonders tapfer und gehorsam sein; sie müssen auf Kommando stehenbleiben und blitzartig die Richtung ändern können.

Der Pferdesport wird bei Reitern und Zuschauern immer beliebter. Eine der ältesten, heute noch praktizierten Sportarten ist das Jagen. Am Anfang jagte man in erster Linie den Hirsch, in den englischsprachigen Ländern ist man heute aber hinter dem Fuchs her. In den USA und in Australien verläuft eine Jagd noch nach britischem Vorbild.

Polo ist eine weitere altbekannte Sportart, die möglicherweise aus Persien stammt, von wo aus sie sich vor 2000 Jahren bis nach Indien verbreitet hat. Hier wurde sie im 19. Jahrhundert von den Briten entdeckt. An die Pferde werden bei diesem Spiel hohe Anforderungen gestellt: Sie müssen schnell und beweglich sein, aber auch ausdauernd und mutig.

Pferderennen sind seit vielen hundert Jahren auf der ganzen Welt beliebt, aber erst im frühen 18. Jahrhundert ist es zu einem wichtigen Teil des sportlichen Geschehens geworden.

Eine andere Sportart, die sich wachsender Beliebtheit erfreut, ist das Gespannfahren. Viele Rassen, die ursprünglich als Kutschpferde gezüchtet wurden, erfahren bei diesem Sport neue Einsatzmöglichkeiten.

Das kombinierte Gespannfahren, das 1969 eingeführt wurde, ist eine Drei-Tage-Veranstaltung. Dazu gehören eine Geländefahrt, eine Dressurprüfung und eine Hindernisfahrt innerhalb der Arena.

Gegen Ende des 19. Jahrhunderts gab es erste Pferdeausstellungen, die sowohl Wettbewerbe als auch Showeinlagen beinhalteten. Es wurden hier Schausprünge und Dressuren gezeigt, außerdem gab es Darbietungen, während derer die Pferde nach Typ und äußerer Erscheinung beurteilt wurden. Man nahm die Sache zwar nicht zu ernst, aber dennoch waren es oft

Pferderennen gab es schon bei den alten Chinesen, den Tataren, den Mongolen und bei den Griechen. In letzter

Zeit wurden Rennen als sportliche Betätigung durch die Entwicklung der Vollblüter immer bedeutsamer.

sehr aufregende Momente für die Pferde-Begeisterten. Weil die Pferdezucht sich nun mehr auf Wettbewerbe als auf militärischen Nutzen konzentrierte, wurden immer edlere und schnellere Tiere gezüchtet, sogar für Gespanne. Viele Rassen konnten dadurch immer höhere Qualitätsansprüche erfüllen. Besonders deutlich wird dies bei vielen europäischen Warmblutrassen, wie z.B. dem Hannoveraner, dem Holsteiner oder dem Trakehner. Sie alle bekamen einen gehörigen Schuß »Vollblut«, der für Schnelligkeit, Qualität und Reaktionsfähigkeit sorgt.

Bei vielen dieser Wettbewerbe mit Pferden geht es um wichtige Sponsorenverträge und um große Geldsummen. Eine besondere Anziehungskraft aber, die das Publikum immer wieder zu fesseln vermag, liegt im Beobachten der hervorragenden Darbietungen der Rennpferde, Springreiter, Militaryreiter, der Wagengespanne, Traber und Paßgänger.

Springreiten

DIE OLYMPISCHEN SPORTARTEN

Die drei modernen olympischen Disziplinen im Pferdesport sind Springreiten, Dressur und Military:

Springreiten
Die Ursprünge des Springreitens liegen bei der Jagd. Während der Pferdeschau in Dublin wurden 1868 der »Hochsprung« und der »Weitsprung« erstmals genutzt, um Pferde auf ihre Eignung für die Jagd hin zu testen. 1881 wurde ein permanenter Springparcours aufgebaut, und das Springreiten entwickelte sich als eigenständige Sportart weiter. Im Jahre 1900 wurden bei den französischen Olympischen Spielen in Frankreich Springwettbewerbe abgehalten.

Dressur
Die Dressuren entwickelten sich zwischen dem 15. und 18. Jahrhundert aus der Hohen Schule der Reiterei, die an allen europäischen Königshöfen beliebt war. Bewegungen, die ursprünglich Kampfeinsätzen dienten, wurden in Darbietungen der Reitkunst integriert, die das Durchhaltevermögen, die Wendigkeit und den Gehorsam der Pferde und die Künste der Reiter zeigen sollten.

Dressur

Military
Das Militaryreiten leitet sich von den Ausdauertests ab, mittels derer die Tauglichkeit der Kavalleriepferde geprüft wurde. Anfang des 20. Jahrhunderts wurde das erste Drei-Tage-Ereignis in Frankreich abgehalten. Eine Dressurübung stand am Anfang, darauf folgte ein strapaziöser Querfeldeinritt, und den Abschluß bildete ein Springwettbewerb. Diese Drei-Tages-Ereignisse waren zunächst dem Militär vorbehalten, erst nach dem Zweiten Weltkrieg erhielten Zivilisten die Gelegenheit zur Teilnahme. Bei den Olympischen Spielen 1912 gab es die Military erstmals.

Military

KÖNNEN PFERDE DENKEN?

Selbstverständlich denken Pferde. – Um in der Wildnis über Millionen von Jahren zu überleben, mußten sie sogar lernen, besonders schnell zu denken. (Ihr spezieller Fluchtreflex bei vermeintlicher Gefahr ist allerdings eher durch ihren Instinkt als durch ihren Verstand begründet.) Wenn sie eine mögliche Gefahrenquelle wahrgenommen haben, dann müssen sie die Situation rasch einschätzen und entscheiden, ob es nötig ist zu fliehen oder nicht.

Natürlich gibt es auch bei Pferden intelligente und weniger intelligente Tiere. Es gibt Beispiele dafür, daß einige Pferde lernen, den Verschlußbolzen ihrer Stalltür zu öffnen, um wegzulaufen. Für dieses Vorgehen bedarf es der Planung und des Verständnisses.

Die Fähigkeit vorauszuschauen belegt das Vorhandensein sehr komplexer Gedankengänge. Wenn Pferde auch nicht im gleichen Maß wie ein Mensch vorausschauend planen können, so haben sie doch einen Zeitbegriff, und sie wissen, daß bestimmte Dinge zu bestimmten Tageszeiten geschehen – z.B. die Fütterung. Ist ein Pferd durstig, dann muß es eine Wasserquelle aufsuchen. Befindet es sich zur Fütterungszeit auf der Weide, dann beweist das Tier seine Denkfähigkeit dadurch, daß es zum Tor geht und erwartungsvoll (vorausschauend) in die Richtung blickt, aus der üblicherweise der Futtereimer gebracht wird.

Um z.B. eine Reihe von Sprüngen zu absolvieren, muß sich ein Pferd sehr konzentrieren. Es muß sich über die verschiedenen Hilfsmittel im klaren sein, die sein Reiter anwendet, und darüber, was sie im einzelnen bedeuten – schneller, langsamer, hier drehen usw.

Zum Überspringen eines Hindernisses muß das Pferd seine Schrittweite richtig abschätzen oder sie sogar mit den Anweisungen des Reiters koordinieren, um dann schließlich zur rechten Zeit am richtigen Punkt abzuspringen. Das erfordert ein ausgeprägtes Urteilsvermögen – selbst mit Erfahrung und Übung. Ohne klare Gedanken sind solche Aufgaben nicht zu bewältigen.

Es wird oft gesagt, Pferde könnten keine Schlußfolgerungen ziehen, sie seien also nicht in der Lage, ein Problem oder eine Situation einzuschätzen und zu bewältigen. Viele erfahrene und empfindsame Pferdefreunde streiten das aber ab, weil sie aus eigener Erfahrung wissen, daß Pferde Probleme lösen können. Bei einem – nicht repräsentativen – Versuch wurde einigen Pferden ihr Futter in Eimern angeboten, deren lose aufgelegte Deckel vor dem Fressen erst entfernt werden mußten. Die meisten Pferde überdachten die Situation und konnten die Deckel auf die eine oder andere Weise und ohne Aufregung entfernen. Nur wenige Tiere traten frustriert gegen die Eimer; sie waren offensichtlich nicht in der Lage, das Problem durch Nachdenken zu bewältigen.

In einem anderen Fall verfing sich eine Stute mit einem Hinterbein in einem losen Drahtstück. Man beobachtete, wie sie ihren Kopf nach hinten wandte und die Drahtschlinge um das Bein einige Sekunden lang betrachtete. Dann hob sie das andere Hinterbein, fühlte mit dem Huf vorsichtig nach dem Draht, trat auf ihn und drückte ihn damit auf den Boden. So befreite sie das gefangene Bein. Ein offensichtliches Beispiel für klare Gedanken und Urteilsvermögen.

Oben: Fohlen von zahmen Stuten werden in der Regel um einiges früher als vergleichbare Fohlen in freier Wildbahn entwöhnt.

Rechts: Pferde müssen den Richtungswechsel von Rindern präzise vorhersehen und dann augenblicklich reagieren.

DIE REAKTION AUF DROHUNGEN

Ein Pferd, das mit einer möglichen Gefahr konfrontiert wird, analysiert die Bedrohung und reagiert der Gefahr angemessen. Zunächst wird es aufmerksam den Kopf heben, die Ohren nach vorn richten, die Nüstern aufblähen, um über den Geruch weitere Informationen zu erhalten. Es wird mit weit geöffneten Augen versuchen, so viel wie möglich zu sehen. Der Körper wird angespannt sein, und die Hinterhand wird etwas nach vorn kommen, um sofort eine Kehrtwendung machen zu können, wenn die Situation als so gefährlich eingeschätzt wird, daß eine Flucht unvermeidlich erscheint.

Bei einem Eindringling könnte beispielsweise folgendes geschehen: Das Pferd will sein Revier verteidigen und wird wahrscheinlich den Kopf in aggressiver Weise nach vorn richten, Ohren und Nüstern nach hinten ziehen, die Zähne zeigen und das Maul als Warnung davor öffnen, daß der Eindringling mit einem Biß rechnen muß, falls er sich nicht zurückzieht. Wenn der Fremde sich dadurch nicht beeindrucken läßt, wird die Aggressivität des Pferdes sich steigern. Es wird sich in der beschriebenen Haltung vorwärts bewegen und vielleicht mit gesenktem Kopf und ausgestrecktem Hals mit den Zähnen auf den Feind losgehen.

Falls es sich hier um ein anderes Pferd handelt, das sich nicht zurückzieht, kann aus dieser Situation ein Kampf entstehen. Beide Tiere nehmen eine drohende und aggressive Haltung ein und beginnen, sich gegenseitig, wo immer sie hinreichen, mit Bissen zu traktieren. Vor allem Hengste stellen sich dabei auf die Hinterhand und schlagen mit den Vorderläufen um sich. So versuchen sie, die Vorderbeine über ihren Gegner zu bekommen und ihn zu Boden zu zwingen, um ihn treten und auf ihm trampeln zu können. Sie können sich auch mit den Kehrseiten zueinander aufstellen, um dann mit beiden Hinterbeinen gleichzeitig auszuschlagen. Diese Kampfweise findet man häufig bei Stuten.

Aufmerksamkeit

Aggressive Kopfbewegungen

Angriffsbereitschaft

Kämpfe

SO LERNEN PFERDE

Das Überleben in der Wildnis hängt oft davon ab, wie schnell man sich an neue Lebensbedingungen anpassen kann. Mit der richtigen Ausbildung können Pferde sehr schnell lernen.

Dabei bedienen sie sich hauptsächlich gedanklicher Assoziationen. Es gilt als wissenschaftlich und praktisch erwiesen, daß man ein Pferd dazu bringen kann, sogar unangenehme und bedrohliche Aufgaben bereitwillig zu leisten, wenn es gelingt, eine gedankliche Verbindung zwischen dieser Aufgabe und etwas Angenehmem herzustellen. Wenn ein Pferd das Beschlagen seiner Hufe als unangenehm empfindet, kann man es allmählich zur Geduld erziehen, indem man ihm während dieser Zeit Leckerbissen oder einen Sack mit süßem Heu gibt. Sie werden einem Pferd am besten beibringen können, Ihnen in seiner Box Platz zu machen, wenn Sie es beiseite schieben und dabei »Mach' Platz!« sagen. Es wird lernen, das Schieben mit der gewünschten Bewegung in Verbindung zu bringen, und es wird über kurz oder lang auf einen leichten Druck hin oder allein bei der Aufforderung »Mach' Platz!« zur Seite gehen. Die Position des Pferdeführers ist dabei natürlich von Bedeutung: Wenn Sie direkt vor oder hinter ihm stehen, wird für das Pferd nicht erkennbar, in welche Richtung es sich bewegen soll.

Pferde prägen sich den täglichen Ablauf um sie herum sehr schnell ein. Sie beobachten alles, sie hören die verschiedenen Geräusche und nehmen das Geschehen in ihrer Umgebung bewußt auf. Nach kurzer Zeit lernen sie z.B. das Klappern des Futtereimers mit Füttern zu assoziieren. Der Anblick einer Person mit ihrem

Sattel und Zaumzeug ist – je nach Gewohnheit – gleichbedeutend mit »Arbeit« oder »Ausritt«.

Sie können auch rasch Stimmungen erkennen und zwischen freundlichen, lobenden und beruhigenden menschlichen Tönen unterscheiden, ebenso zwischen scharfem und strafendem beziehungsweise zwischen drängendem und ermutigendem Tonfall.

Rennpferde werden als Jungtiere mit den Startboxen vertraut gemacht, indem man sie erst hindurchführt und dann darin stehen läßt. Sie lernen schon bald, daß die sich öffnende Tür das Signal zum Galopp ist.

DAS ZIRKUSPFERD

Zirkuspferde, und darunter besonders solche, die jedes Jahr die gleichen Tourneen absolvieren, müssen regelmäßig neue Kunststücke lernen, da das Publikum immer wieder etwas Neues von ihnen erwartet. Die alten Übungen vergessen sie deshalb aber nicht. Sie beherrschen sie auch nach mehrjähriger Pause noch fehlerfrei. Gelegentlich reicht sogar das Erklingen einer bestimmten Melodie, um sie in einen bereits erlernten Bewegungsablauf einfallen zu lassen.

Am Anfang des Trainings lernen Pferde an der Longe grundsätzliche Kommandos wie »Lauf« oder »Hüh«. Ein Helfer verdeutlicht, was diese Anweisungen bedeuten. Bald beherrschen sie die Kommandos so gut, daß sie allein durch die Stimme geführt werden können.

Um das hohe Niveau der Spanischen Reitschule zu erreichen, müssen Pferde Bewegungen lernen, die zunehmend schwieriger werden, sowohl vom Verstand als auch von den Abläufen her. Sie müssen die Anforderungen ihrer Reiter immer besser verstehen lernen und immer sensibler für die minimalen Hilfen und Hinweise werden, die man ihnen gibt.

Am leichtesten lernen Pferde kurze und einfache Befehle. Wenn Sie das Tier beruhigen oder anspornen wollen, können Sie natürlich Ihre Gefühle in einem Wortschwall mit einer bestimmten Tonlage ausdrükken. Soll das Pferd aber eine ganz bestimmte Bewegung ausführen, zum Beispiel das Gehen nach links oder rechts, dann benutzt man am besten kurze Kommandos mit bis zu drei Silben.

Da Pferde den Klang an sich erkennen, sind Stimme und Tonfall besonders wichtig. Damit das Pferd nicht verwirrt wird, müssen Kommandos immer in derselben Weise gegeben werden. Bei einem neuen Pferd sollte man den Vorbesitzer bitten, zu demonstrieren, wie er seine Kommandos gegeben hat, damit man seine Art imitieren kann, notfalls sogar bis hin zu seinem Akzent. Wenn der erste Eigner seinem Pferd »Trab« befohlen hat, dann dürfen Sie sich nicht über Ungehorsam beschweren, wenn Sie das langgezogene »Terr-ab« rufen.

Pferde regen sich sehr leicht auf und erschrecken schnell, deshalb sollte man bei der Ausbildung besser mit Lob und Belohnung statt mit Strafen arbeiten. Sie sollten z.B. ein Pferd, das etwas richtig macht, immer mit den Worten »Gutes Tier« im gleichen Tonfall loben. Bei einem Fehler sagen Sie am besten gar nichts, verstärken statt dessen Ihre Hilfen und loben dann wieder bei Erfolg. Die meisten Pferde möchten gefallen und strengen sich schon deshalb an.

Es gibt Zeiten, in denen ein Pferd ganz offensichtlich ungehorsam sein und sich durchsetzen möchte. In solchen Fällen zeigen Sie dem Tier mit einem Klaps oder einem Peitschenknallen und einem gleichzeitig gesprochenen »Nein!«, daß Sie dieses Verhalten nicht billigen können.

Es ist sehr wichtig, daß Lob und Bestrafung und das sie auslösende Verhalten nur Sekundenbruchteile auseinanderliegen. Sonst kann das Pferd Ihre Reaktion seinem eigenen Verhalten nicht zuordnen, und es wird nichts lernen. Das geht nur, wenn das Pferd erkennt, ob Sie zufrieden mit ihm sind oder nicht.

Wenn ein Pferd eine Aktion mit etwas Unerfreulichem in Verbindung bringt, dann wird es sich verweigern. Erhält es beispielsweise bei jedem Sprung einen schmerzhaften Stich am Maul, dann lernt es schnell, Springen mit Schmerz in Verbindung zu bringen, und wird bald störrisch werden. Wenn es beim Besteigen jedes Mal in die Seite gestoßen wird, dann wird es damit in Zukunft immer größere Schwierigkeiten geben. Das Pferd hat eben gelernt, daß dieser Vorgang äußerst unangenehm ist.

SO SCHLAFEN PFERDE

Pferde brauchen den Schlaf genau wie ein Mensch, allerdings nicht im gleichen Umfang. Sie müssen innerhalb von 24 Stunden nur insgesamt vier Stunden schlafen; das erledigen sie nicht auf einmal, sondern etwa in Halbstunden-Intervallen. Der Grund dafür ist wieder ihre ursprüngliche Lebensweise als Beutetier. Da sie in weitem und offenem Gelände zu Hause waren, meist ohne den Schutz eines Gebüschs oder einer Höhle, mußten die Pferde immer mit Gefahren rechnen. Wenn sie mehrere Stunden fest geschlafen hätten, wären sie für jagende Tiere zur leichten Beute geworden. So kam es zu diesen kurzen Schlafperioden.

Pferde schlafen nicht immer während der Nacht; wenn man es ihnen erlaubt, holen sie den Schlaf teilweise tagsüber nach. Viele Pferde legen sich mittags nach dem Fressen gern zu einem Schläfchen hin, wenn sie am Morgen ein Training absolviert haben. Das entspricht ihren alten Schlafgewohnheiten in der Wildnis. Auch Pferde, die auf der Koppel gehalten werden, legen sich während des Tages hin.

Neben dem Dösen gibt es zwei Arten des Schlafes, SWS (short wave sleep)- und REM (rapid eye movement)-Schlaf. Experimente zur Messung von Gehirnströmen zeigten bei leichtem Schlaf, daß die Gehirnwellen eine kurze Frequenz (SWS) aufwiesen: Das Gehirn ist zwar so gut wie inaktiv, der Schlaf aber sehr flach, und das Pferd kann leicht geweckt werden.

Tiefer Schlaf wird von langen Gehirnwellen begleitet. In dieser Schlafperiode ist das Gehirn aktiv, während der Körper selbst eine starre Haltung annimmt. In dieser Lage kann man sich einem Pferd unbemerkt nähern. Während dieser Phase bewegen sich die Augen unter den Lidern sehr schnell hin und her, darum nennt man sie auch die »rapid-eye-movement-Phase« (REM-Phase). Da der Körper während dieser Zeit alle Muskeln entspannt, muß das Pferd flach auf einer Seite liegen, um diesen Zustand zu erreichen. Während der SWS-Phase kann es sogar auf dem Brustbein abgestützt schlafen. Es ist denkbar, daß Pferde – genau wie Menschen – in der REM-Phase träumen.

Die flache Schlafposition ist für ein Pferd in der Wildnis sehr gefährlich, braucht es doch mehrere Sekunden zum Aufstehen und Fliehen.

In der Pferdehaltung ist es sehr wichtig, dem Tier im Stall ausreichend Raum zur Verfügung zu stellen, damit es sich hinlegen und den tiefen, erfrischenden und wichtigen REM-Schlaf erfahren kann. Wenn sein Platz trocken, sauber und weich ist, wird es sich gern im Liegen ausruhen. Es muß allerdings genügend Platz haben, denn wenn es sich hinlegt oder sich wälzen will, kann es so ungünstig gegen eine Wand rollen,

In dieser Stellung döst das Pferd; dabei kann es auch zu Schlafperioden (SWS) mit sehr kurzen Gehirnwellen kommen. Die Fähigkeit, im Stehen zu schlafen, war für das Pferd in der Wildnis von großem Vorteil.

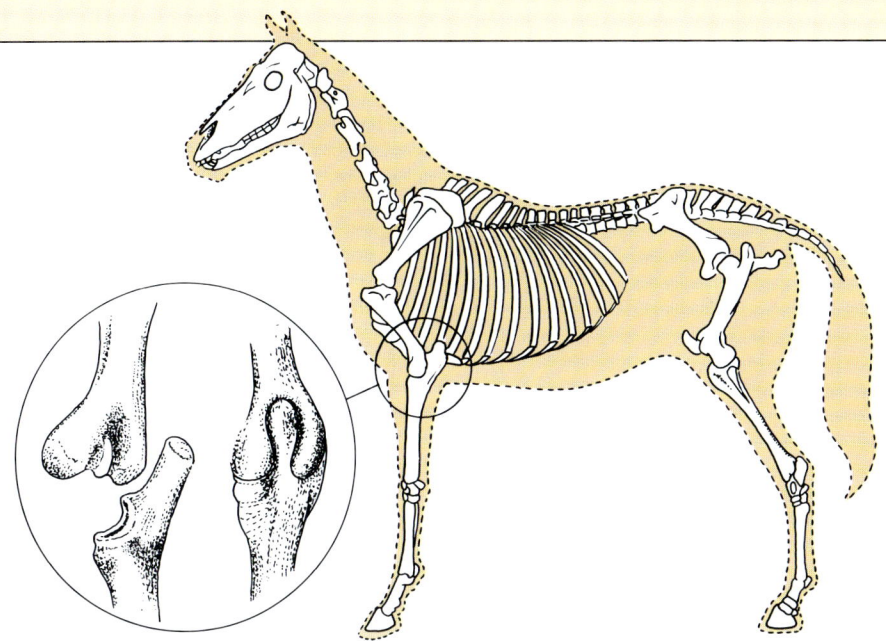

Die Ellbogen- und Kniege-lenke von Pferden verfügen über spezielle Anordnungen von Knochen und Bändern, die das Gelenk »verschlie-ßen« können. Schläft das Pferd im Stehen, dann wer-den die Gelenkknochen so ineinandergefügt, und das Pferd steht sicher auf allen Vieren. Selbst wenn es in dieser Position ein Hinter-bein entspannt, wird es trotzdem nicht umfallen.

daß es nicht mehr alleine aufstehen kann. Nach Mög-lichkeit suchen Pferde sich immer einen weichen und trockenen Platz zum Schlafen: Tiere, die im Winter auf einer feuchten Koppel gehalten werden, legen sich dort nicht hin. So berauben sie sich selbst des Tief-schlafs. Diese Pferde benötigen einen geschützten Un-terstand oder Verschlag.

Pferde können im Stehen schlafen, und sie tun es auch, denn es trug zu ihrer Sicherheit in der Wildnis bei. Wenn sie bereits auf den Beinen sind (in dieser Position können sie dösen oder SWS-schlafen), kön-nen sie innerhalb weniger Sekunden davongaloppie-ren, nachdem sie durch andere Pferde oder durch ein Geräusch alarmiert wurden.

In ihren Ellbogen- und Kniegelenken gibt es eine besondere Anordnung von Knochen und Sehnen, die so ineinanderpassen, daß sich das Pferd aufrecht auf allen vier Beinen halten kann. In dieser Position kann das Pferd ohne umzufallen eines der Hinterbeine ent-spannt ruhigstellen. Mit einem Vorderlauf funktio-niert das nicht. Bei einem Alarm fährt der Kopf nach oben, das Gewicht wird auf die Hinterbeine verlagert, die unter dem hinteren Teil des Körpers wie bei einem Sprinter am Start eingeknickt werden. Dann prescht das Pferd los, raus aus dem Gefahrenbereich.

Um den REM- oder Tief-schlaf zu erreichen, müssen Pferde flach liegen. In zu kleinen Ställen, wo nicht genügend Bewegungsspiel-raum zur Verfügung steht, werden die Pferde um die-sen Schlaf betrogen. Sie über-müden, werden gereizt oder reagieren sogar neurotisch.

SO SEHEN PFERDE

Pferdeaugen sind ideal für ein weidendes Beutetier, das auf weitläufigen Ebenen lebt. Sie sind ganz ähnlich beschaffen wie die anderer Beutetiere. Solche Tiere brauchen ein größtmögliches Gesichtsfeld, das ihnen die optische Wahrnehmung von Feinden aus fast allen Richtungen erlaubt. Ihre Augen sitzen an den Seiten des Kopfes, anders als bei Raubtieren, Hunden und Menschen, deren Augen nach vorn ausgerichtet sind. In ihrem natürlichen Umfeld halten die Grasfresser den Kopf 16 Stunden am Tag in Bodennähe zum Grasen. In dieser Position können sie mit einer kleinen Kopfbewegung alles um sich herum im Blick behalten, ohne das Fressen unterbrechen zu müssen. Der Körper bleibt dabei relativ ruhig – Menschen z.B. müssen sich umdrehen, wenn sie hinter sich etwas sehen wollen. Nur die vier dünnen Beine behindern die Sicht eines Pferdes. Das ist der wichtigste Grund dafür, daß Pferde in freier Wildbahn so hohe Überlebenschancen haben. Man kann sich ihnen im Freien nicht nähern, ohne sofort bemerkt zu werden.

Die Skizze rechts oben zeigt das Gesichtsfeld bei einem Pferd, das geradeaus sieht. Seine Sicht ist im wesentlichen »monokular« (einäugig), d.h., den größten Teil seiner Umgebung nimmt es als zwei Bilder wahr, je eins für jedes Auge. Seine »binokulare« (zweiäugige) Sicht direkt vor sich hilft ihm, Entfernungen

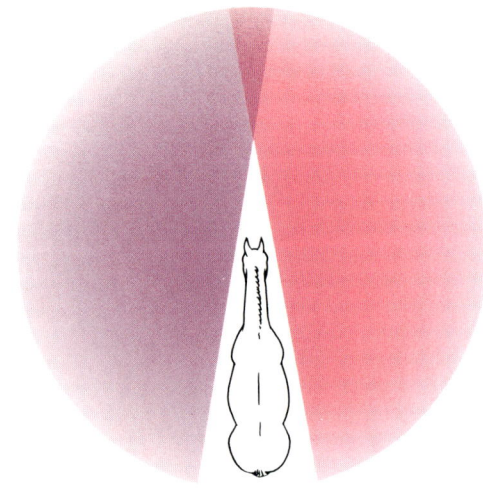

Die seitlich gelegenen Augen nehmen zwei unterschiedliche Bilder wahr. Das ergibt ein sehr großes Gesichtsfeld. Nur der V-förmige Bereich genau vor dem Kopf wird vom Pferd mit beiden Augen gesehen, und nur hier kann es Entfernungen genau einschätzen.

abzuschätzen und sich sicher fortzubewegen. Räumliches Sehen ist nur in diesem Bereich möglich.

Jahrelang wurde behauptet, Pferde hätten eine gekrümmte Netzhaut (Retina), da man annahm, daß sie (die Rückwand des Auges, auf die einfallende Lichtstrahlen die Bilder projizieren) schräg liege. Damit wäre es erforderlich geworden, daß ein Pferd seinen Kopf bewegt, um scharf sehen zu können. Jetzt weiß man, daß in der Mitte der Retina die schärfsten Bilder abgebildet werden, und das ist der eigentliche Grund, weshalb ein Pferd zum Beobachten seinen Kopf bewegt. Diese Bewegungen dienen dazu, die Lichtstrahlen so durch die Linse (die nicht so flexibel wie beim Menschen ist) zu lenken, daß sie die Mitte der Retina optimal erreichen.

Die wichtigste Schlußfolgerung aus dieser Erkenntnis ist, daß ein Pferd ausreichend Bewegungsspielraum für Kopf und Hals braucht, um seine gesamte Umgebung überblicken zu können – und um sich so ruhig und sicher zu fühlen. Wenn der Reiter diesen Spielraum zu sehr einschränkt – entweder durch die Zügel oder durch das Ausbinden mit einem Schlaufzügel –, dann macht er das Pferd blind für Teile seines Umfeldes. Das ist einer der Gründe, warum ein Pferd manchmal nur widerwillig geht oder versucht, seinen Kopf zu befreien. Ein anderer Grund ist, daß Pferde leicht in Panik geraten, wenn sie zu sehr eingeengt werden. Bewegungsspielraum für Kopf und Hals ist besonders dann sehr wichtig, wenn ein Pferd sich

Mit seinem Gesichtsfeld kann ein Pferd fast alles um sich herum erkennen. Dadurch braucht es beim Grasen den Kopf nur leicht zu bewegen, um zu prüfen, ob aus irgendeiner Richtung Gefahr droht. Es ist so gut wie unmöglich, sich einem Pferd unbemerkt zu nähern.

Zum Geschirr von Zugpferden gehören in der Regel auch Scheuklappen, um zu verhindern, daß die Pferde durch den Verkehr beunruhigt und durch Dinge abgelenkt werden, die auf einer belebten Straße vorkommen. Bei diesen Shire-Pferden, die zu einer Brauerei gehören, sorgen die Scheuklappen dafür, daß die Pferde ihre Aufmerksamkeit auf die Straße vor ihnen richten.

schnell bewegt oder wenn es springt, denn es braucht freie Sicht, um den Untergrund und die Größe des Hindernisses abschätzen zu können.

Um etwas gut erkennen zu können, das sich nahe vor ihm befindet, muß ein Pferd seinen Nacken krümmen, sein Maul zurückziehen und sich sammeln. Damit werden die Lichtstrahlen durch den oberen Teil der Pupille auf die Mitte der Retina gelenkt. Wenn Sie Ihr Pferd aus der Nähe beobachten, werden Sie feststellen, daß es dies tut, um Sie oder etwas, das Sie in der Hand haben, anzusehen oder wenn es etwas untersuchen möchte, das sich in seiner Nähe oder vor ihm auf dem Boden befindet.

Die Pupille eines Pferdes gleicht eher einem horizontal liegenden Oval als einem Kreis. Das Panorama, das ein Pferd wahrnimmt, ist recht breit, dafür aber flach. Das Tier kann deshalb leicht durch Dinge beunruhigt werden, die sich über seinem Kopf und damit knapp außerhalb seiner Sicht befinden. Junge Pferde, die zum ersten Mal geritten werden, fürchten sich deshalb oft vor dem Reiter. In solchen Fällen ist es ratsam, sich zunächst tief über den Widerrist zu beugen und erst allmählich eine aufrechte Position einzunehmen.

Weil ein Pferd Tiefenschärfe nur dann wahrnehmen kann, wenn es um den Bereich direkt »vor seiner Nase« geht, wird es vor etwas Unbekanntem zu seiner Seite scheuen. Wenn man es zuläßt, wird es den Kopf zur Seite wenden, um das Objekt frontal – aus sicherer Entfernung – zu betrachten. So kann es seine Neugier befriedigen.

Beim Reiten kann das Pferd Ihre Beine sehen, es weiß, ob Sie eine Reitgerte in der Hand haben, und es merkt, wenn Sie sich anschicken, sie zu benutzen (darum reagiert es auch oft schon, bevor Sie die Gerte einsetzen). Wenn Sie einen Bogen oder einen Kreis reiten, kann sein der Kreismitte zugewandtes Auge mit Ihren Augen Blickkontakt aufnehmen – die richtige Position vorausgesetzt –, und Sie beide können sich direkt in die Augen schauen.

FANTASTISCHE FARBEN

Spektrum des Pferdes

Spektrum des Menschen

Manche Menschen meinen immer noch, Pferde seien farbenblind. Untersuchungen haben aber ergeben, daß Pferde ähnliche Zellen zur Farbunterscheidung haben wie Menschen. Anscheinend können sie am besten die Farben Gelb, Orange und Rot erkennen. Grün können sie gut unterscheiden, bei Blau und Violett gibt es Probleme. Es ist ratsam, Pferden zur Gewöhnung Objekte in allen Farben anzubieten.

SO HÖREN PFERDE

Pferde sind für Töne sehr empfänglich, und sie können sowohl hoch- als auch niederfrequente Geräusche hören, die Menschen nicht wahrnehmen.

Der trichterförmige, äußere Gehörgang sammelt die Schallwellen und leitet sie in den Kopf weiter. Hier werden die Töne durch ein Netz von Knochen und Kammern und durch das Trommelfell so weitergeleitet und verstärkt, daß sie von Hörnerven empfangen werden können. Über diese Nerven werden die Signale an das Gehirn weitergeleitet, wo bekannten Geräuschen ihre Bedeutung zugeordnet wird bzw. von wo aus das Pferd alarmiert wird, wenn etwas Unbekanntes wahrgenommen wurde.

In diesem Fall wird es jedoch nicht automatisch in Panik verfallen; es wird dem Laut Aufmerksamkeit schenken und ihn abspeichern. Wenn nun gleichzeitig auch etwas geschieht, wird das Pferd dieses Ereignis in Zukunft mit dem Geräusch in Verbindung bringen. Dies ist ein wichtiger Bestandteil von Training und von Lernprozessen.

Pferde haben ein schärferes Gehör als Menschen; sie hören Pferderufe, Automotoren (die sie voneinander unterscheiden können) und das Öffnen von Türen. Dies oft lange bevor ein Mensch es wahrnimmt und auch aus viel größerer Entfernung.

Pferde sind sehr empfindlich, was Art und Lautstärke eines Geräusches betrifft. Es ist deshalb völlig unnötig, ein Pferd anzuschreien, es sei denn, es handelt sich um ein sehr dominierendes Tier, das aggressiv wird oder droht, außer Kontrolle zu geraten. Hier ist Laut-

stärke hin und wieder angebracht. Mit der Tonlage kann man meist mehr erreichen als mit der Lautstärke; z.B. ein ärgerliches Knurren bei einem Fehler oder ein freundlicher, auf- und abschwellender Ton als Lob.

Kreischen und Quietschen wird ein Pferd meistens erschrecken, mit sanften und monotonen Tönen kann man es dagegen beruhigen. Andere Geräusche, die man eigentlich als furchterregend einschätzen würde, wie Explosionen oder Polizeisirenen, haben diesen Effekt bei Pferden nicht zwingend.

Eine konstant unruhige Geräuschkulisse regt Pferde genauso auf wie Menschen. Die guten Trainer in Rennställen bestehen z.B. nach der Morgenarbeit, der Pflege und der Fütterung am Mittag auf einer Ruhepause am Nachmittag, damit die Pferde sich ausruhen oder etwas schlafen können.

Manche Pferde mögen geschäftiges Treiben, wenn sie sehen und hören können, was um sie herum geschieht; anderen ist Ruhe und Frieden wichtiger. Sie sollten Ihr Pferd beobachten und versuchen festzustellen, zu welcher Kategorie es dem Benehmen und dem Ausdruck nach gehört. Wenn es angespannt zu sein scheint, wenn seine Ohren dauernd in Bewegung sind und es sich tagsüber nur wenig Ruhe gönnt, dann könnte es möglicherweise zu laut sein.

Experimente mit Stuten im Irischen Nationalgestüt haben vor einigen Jahren gezeigt, daß Pferde zwar Musik mögen, daß sie aber recht wählerisch dabei sind. Die meisten mögen beruhigende oder heitere Instrumentalmusik. Schwere, laute oder unmelodische

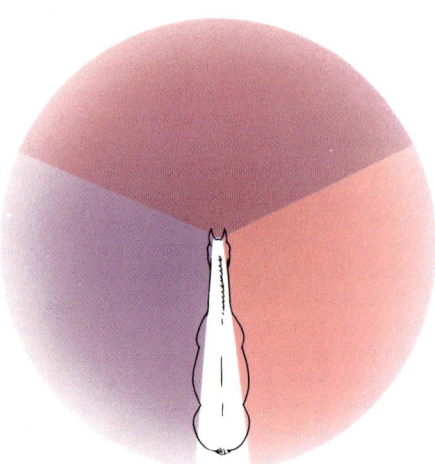

Die Position der Ohren an einem Pferdekopf sorgt dafür, daß die Tiere fast alles um sich herum durch

Hören orten können. Jedes Ohr kann Geräusche von vorn und von der Seite aufnehmen.

Rockmusik hingegen regt sie auf. Instrumentalmusik ist ihnen lieber als Gesang.

In vielen Ländern sind Dressuren mit musikalischer Begleitung beliebt. Auch den Pferden scheint diese Form der Arbeit Spaß zu machen. Entsprechend der Musik, die für die Vorführung ausgewählt wurde, werden die Pferde munter, majestätisch, ruhig oder besonders aktiv. Sie bringen – genau wie Zirkuspferde – die Musik mit bestimmten Bewegungen in Verbindung.

Bitte vergessen Sie nicht, daß Ihr Pferd in seinem Stall ein Gefangener ist. Für Sie mag ein Radio bei der Arbeit eine angenehme Begleitung sein, Ihr Pferd sollte es aber auch mögen. Lassen Sie ein Radio niemals pausenlos laufen, es könnte dem Pferd auf die Nerven gehen. Sie sollten sich auch genau überlegen, welchen Sender Sie einstellen und welche Musikrichtung dort geboten wird. Das Pferd ist von Ihnen abhängig, und zwar was seine Unterhaltung und auch was Ruhe und Frieden betrifft.

Bei einem anderen Experiment am Irischen Nationalgestüt wurden die Werberufe eines Hengstes im Stall einer rossigen Stute abgespielt, um herauszufinden, welchen Effekt dies auf Zuchtstuten hat. Man fand heraus, daß die rossigen und empfängnisbereiten Stuten Bereitschaft zeigten, den Hengst zu empfangen, obwohl sie ihn nicht sehen konnten. Andere Stuten, die noch nicht rossig waren, erreichten diesen Zustand innerhalb von wenigen Tagen, nachdem ihnen die Geräusche des Hengstes immer wieder vorgespielt worden waren.

Links: Das eine Ohr der Stute zeigt nach hinten, das andere nach vorn – sie hört auf ihr gesamtes Umfeld.

Oben: Das rechte Pferd ist aufmerksam, sein Kamerad macht dagegen einen etwas verdrießlichen Eindruck.

DER AUSDRUCK DER OHREN

Die Stellung der Ohren liefert die wichtigsten Hinweise auf Stimmung und Absichten eines Pferdes. Nach vorn gestellte, aufrechte Ohren signalisieren Neugier und gute Laune. Nach hinten gelegte Ohren stehen oft für Entspannung oder ein Unwohlsein des Pferdes. Flach angelegte Ohren sind das Zeichen von schlechter Laune und Aggressivität. Ohren, die sich abwechselnd hin- und herbewegen, können auf Schläfrigkeit, Unterwerfung oder auf eine Krankheit hindeuten.

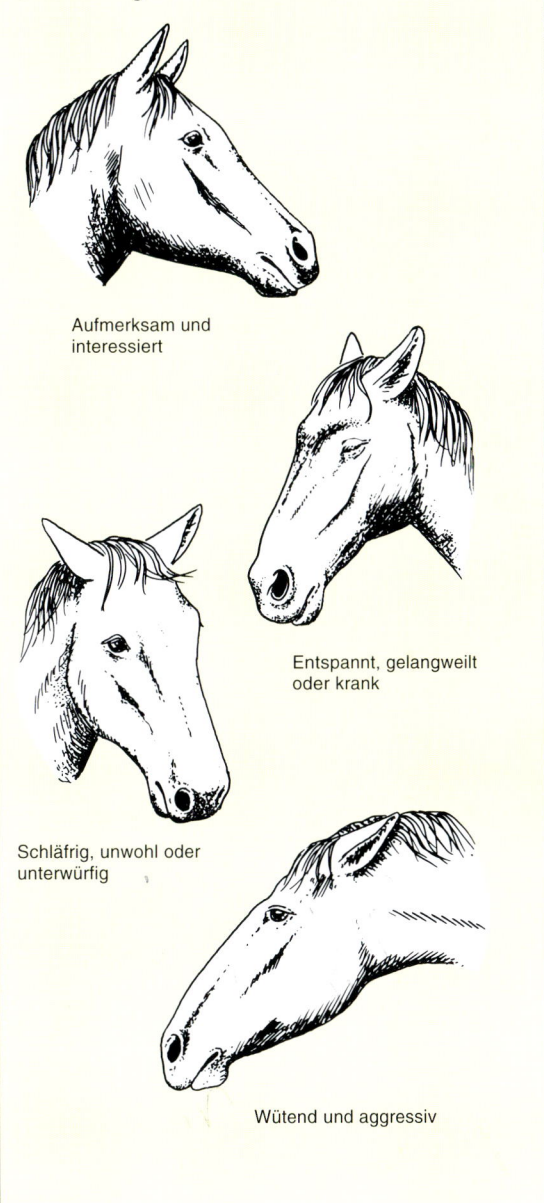

Aufmerksam und interessiert

Entspannt, gelangweilt oder krank

Schläfrig, unwohl oder unterwürfig

Wütend und aggressiv

23

SO KOMMUNIZIEREN PFERDE

Pferde beherrschen zwar keine Sprache, sie können sich anderen Pferden gegenüber aber sehr klar ausdrücken, genauso wie gegenüber solchen Menschen, die ihre verschiedenen Gesichtsausdrücke und ihre allgemeine Körpersprache interpretieren können. Außerdem beherrschen Pferde eine große Anzahl von Lautäußerungen, mit denen sie Gefühle vermitteln. Auch der Geruch spielt eine wichtige Rolle, um auf die Verfassung eines anderen Pferdes – oder gar von Menschen – zu schließen.

Dominierende und zufriedene Pferde zeigen ihre Gemütsverfassung dadurch, daß sie sich so groß und so eindrucksvoll wie möglich darstellen. Der Kopf ist hoch erhoben, die Ohren sind für gewöhnlich nach oben und vorn gerichtet, der Gang ist tänzelnd und der Schweif ist hochgestellt. Demütige, unzufriedene oder kranke Pferde sehen wirklich kleiner aus. Der Kopf hängt oft nach unten, die Ohren knicken zur Seite oder sind leicht nach hinten gelegt. Das Tier ist dann lustlos, oder es bewegt sich ohne Energie und Schwung; sein Schweif hängt schlaff herab, manchmal wird er auch aus Furcht zwischen die Hinterbeine geklemmt.

Es ist sehr wichtig, die Anzeichen von Verärgerung bei einem Pferd zu erkennen, denn ein wütendes Tier, das zu treten und zu beißen droht, kann ernste Verletzungen zufügen. Seine Ohren sind nach hinten gelegt, und der Zorn ist ihm im Gesicht abzulesen. Die Haut im Gesicht macht den Eindruck, als wäre sie plötzlich strammgezogen worden, die Nüstern sind gerümpft und nach hinten gezogen, und das Maul steht offen, als wolle es sofort zubeißen. Der Schwanz wird hin- und herpeitschen – was übrigens auch beobachtet werden kann, wenn sowohl Pferd als auch Reiter sehr dominant und bestimmend sind und das Pferd sich widerwillig unterordnen muß. Wenn ein Pferd im Begriff ist

Oben: Das Verhältnis zwischen Mensch und Pferd ist von ähnlich eigentümlicher und unbeschreiblicher Natur wie das zwischen Freunden. Es ist unmöglich zu begründen, warum zwei bestimmte Menschen, zwei Pferde oder ein Mensch und ein Pferd Freunde werden – immer ist eine Art von unbestimmbarer Chemie mit im Spiel.

Links: Pferde sind gesellige Herdentiere, die gerne zusammen leben und mit den anderen Tieren enge Beziehungen pflegen. Trotzdem erhalten sie sich auch in der Herde ihren persönlichen Freiraum. Nur Fohlen mit ihren Muttertieren und enge Freunde dürfen sich immer wieder nahekommen.

DAS NEUE PFERD

Man sagt, daß die ersten 30 Sekunden einer neuen Bekanntschaft entscheidend sind, und das gilt für Menschen genauso wie für Pferde. Völlig verkehrt ist es, forsch auf ein Pferd zuzugehen, den Kopf zu tätscheln und sofort Anordnungen zu erteilen oder ähnliches. Das läuft dem natürlichen Verhalten von Pferden zuwider. Reden Sie das Pferd mit seinem Namen an, und nähern Sie sich ihm ruhig von der Seite. Bleiben Sie einige Schritte entfernt stehen, damit es Sie ansehen kann; nähern Sie sich dann langsam mit herunterhängenden Armen, bis das Pferd Ihren Geruch aufnehmen kann. Heben Sie dann ruhig eine Hand, und streicheln Sie (nicht klopfen!) den Halsansatz sanft bis zum Widerrist. Kraulen Sie es sanft, und beobachten Sie seine Reaktionen. Falls Sie eine Leckerei mitgebracht haben, bieten Sie sie auf der flachen Hand – vielleicht haben Sie jetzt schon einen Freund fürs Leben gewonnen.

auszuschlagen, hebt es einen Hinterlauf und schlägt mit dem Huf oder zielt sogar damit.

Falls Ihr Pferd sich während des Reitens so verhält, dann hat es wahrscheinlich überhaupt keine Lust auf einen Ausritt oder ist mit der Situation im allgemeinen unzufrieden. Vielleicht ist es aber auch auf ein anderes Pferd wütend oder ist durch unbequemes Zaumzeug oder einen schlechten Reiter irritiert. Sie sollten herausfinden, was los ist – ein Pferd kann sein Unwohlsein nämlich nur äußern, aber nicht begründen. Wenn Sie abgestiegen sind und sich mit einem Pferd beschäftigen, das diese Anzeichen zeigt, sollten Sie gut darauf achten, seinen Kopf festzuhalten (wenn Sie mit einem Biß rechnen) und sich von seiner Kehrseite fernzuhalten (wenn Sie Tritte befürchten müssen).

Pferdelaute haben eine Bandbreite, die von sanftem, liebevollem Wiehern zwischen einer Stute und ihrem Fohlen bis zum markerschütternden Schrei eines Hengstes gegenüber einem Rivalen reicht.

Wiehern ist ein hochfrequentes und vibrierendes Geräusch, mit dem sich Pferde über einige Entfernung rufen oder – durch Warten auf eine Antwort – herausfinden, ob andere Pferde in der Nähe sind. Dann gibt es noch ein etwas sanfteres und leiseres Wiehern, mit dem ein Freund – Pferd oder Mensch – begrüßt wird, und eine ausdrucksstarke Variante, wenn Futter gebracht wird oder ein Hengst sich einer Stute nähert.

Kurze, scharfe Schreie können bedeuten, daß ein Pferd einen plötzlichen Schmerz empfindet, oder sie sind Ausdruck für Übermut. Pferde mit Koliken oder Laminitis grunzen und stöhnen oft erbärmlich.

Der Geruch, den ein Pferd verströmt, hat für andere Pferde eine bestimmte Aussage. Menschliche Nasen

sind für diese Botschaften nicht empfindlich genug. Rossige Stuten geben ganz besondere Duftstoffe ab, die dem Hengst den richtigen Zeitpunkt zur Paarung signalisieren.

Ängstliche Menschen geben einen bestimmten Geruch ab, den Pferde leicht erkennen. Wenn ein Pferd sich seinem Reiter gegenüber in der Übermacht fühlt, wird es ihm seinen Willen aufzwingen. Ist es eher von unterwürfiger Natur, dann wird es nervös werden.

Pferde sind gesellige Herdentiere. Bei ihnen gibt es, wie in den meisten Gesellschaften, Führer, Anhänger und Mitläufer. Die meisten Pferde sind Untergebenen-Naturen und brauchen menschliche Führung durch ihre Trainer und Reiter, um sich wohl und sicher zu fühlen. Meist bedarf es bei diesen Tieren keiner besonderen Disziplinierungsmaßnahmen. Bei dominierenden Tieren mit Führernatur kann es sich ganz anders verhalten. Sie brauchen die feste Hand (keine Gewalt oder Grausamkeit) eines erfahrenen Reiters oder Ausbilders. Wem es aber gelingt, sich bei einem solchen Pferd in einer partnerschaftlichen Beziehung Respekt zu verschaffen, für den wird diese starke Pferdepersönlichkeit das Äußerste geben. In den erfolgreichen Sportteams ist dieser Pferdetyp häufig vertreten. Dominierende Pferde respektieren in der Regel autoritäre Menschen. Weiche oder herrschsüchtige Menschen werden von ihnen dagegen tyrannisiert: Den ersten werden sie naturgemäß beherrschen, den zweiten werden sie bekämpfen – auch das kennt man aus der Natur.

Rodeopferde, wie dieser Bronco, werden wegen ihres Hangs zum Bocken ausgewählt. Diese Pferde sind ziemlicher Unruhe und Streß ausgesetzt, und so kann man ihnen eigentlich keine Schuld dafür geben, daß sie die Menschen nicht leiden können.

Das Exterieur des Pferdes

Der wichtigste Punkt, den man bei der Auswahl eines Pferdes bedenken muß, besonders, wenn man das Pferd für Wettkämpfe oder für bestimmte Arbeiten vorsieht, ist das Exterieur eines Pferdes, das heißt seine Statur und seine äußere Beschaffenheit.

Es gibt Pferde mit einem verkürzten Rücken, bei denen man keine Handbreit Platz zwischen der letzten Rippe und dem Hüftknochen findet. Dieser Körperbau steht für Stärke und Geschicklichkeit. Hängende Lenden sind das Gegenteil eines verkürzten Rückens, sie weisen auf einen langen, nachgiebigen Rücken und auf unbeholfene Bewegungen hin.

»Gute Tieflage« bezieht sich auf die Sprunggelenke, die tief und in Bodennähe sein sollten: Der untere Teil der Hinterbeine sollte erkennbar kürzer sein als der obere Teil, um eine bessere Hebelkraft zu erreichen, und um die Gefahr einer Sehnenzerrung zu verringern. Die Sprunggelenke sollten mit den vorderen Kastanien auf einer Höhe liegen, wenn man das Pferd von der Seite betrachtet. Analog muß der Vordermittelfuß kürzer sein als der Oberarm.

Hat ein Pferd einen tiefen Rumpf, dann steht Herz und Lungen viel Platz zur Verfügung. Die Länge seiner Beine sollte die Breite des Körpers zwischen Widerrist und Brustbein nicht übersteigen.

Einige der wichtigsten Organe eines Pferdes: Sein Verdauungssystem ist auf sein wichtigstes Futter, das Gras, abgestimmt. Im Vergleich zur Kuh hat es einen kleinen Magen, und die Nahrung wird hauptsächlich im Dickdarm verarbeitet, der ziemlich groß ist. Cellulose, ein Hauptbestandteil des Grases, wird dort mit Hilfe von Bakterien und Verdauungssäften zersetzt.

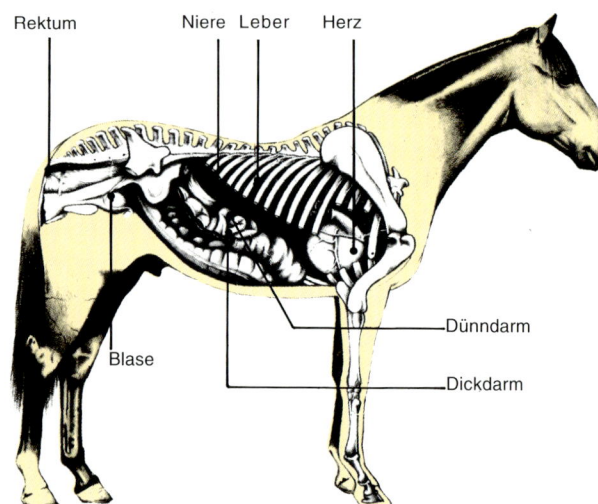

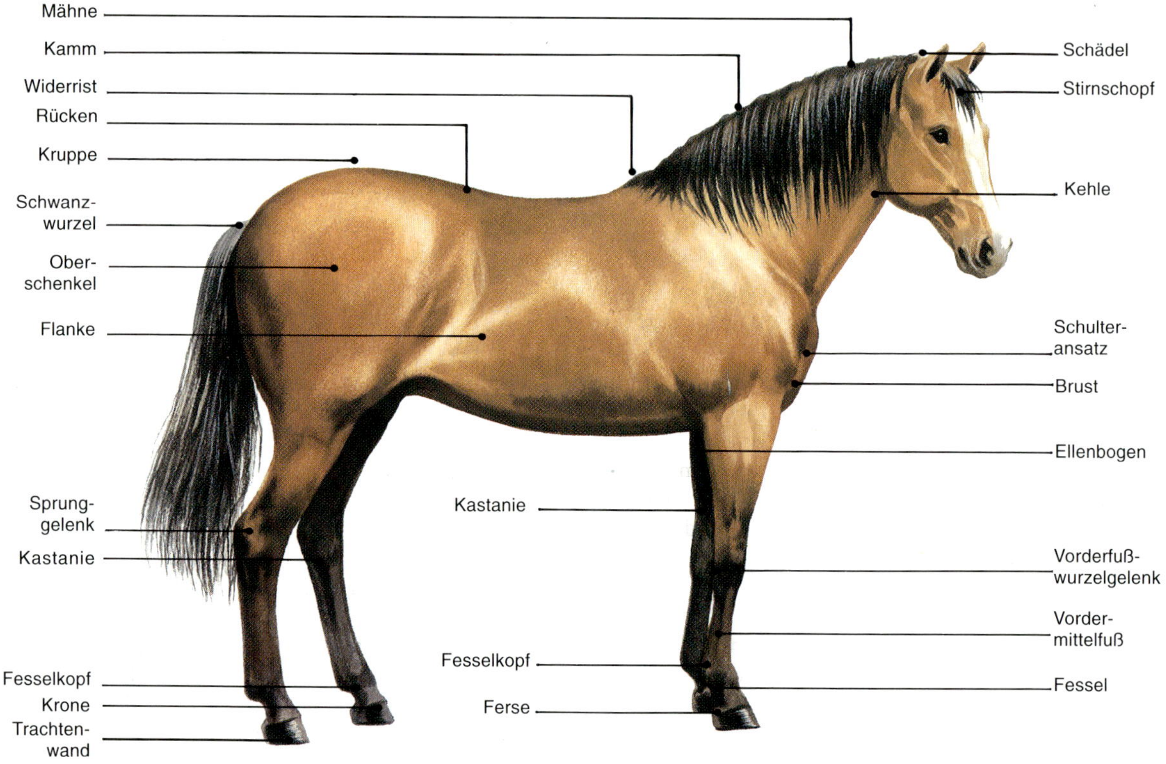

Rektum — Niere — Leber — Herz — Dünndarm — Dickdarm — Blase

Mähne — Kamm — Widerrist — Rücken — Kruppe — Schwanzwurzel — Oberschenkel — Flanke — Sprunggelenk — Kastanie — Fesselkopf — Krone — Trachtenwand — Kastanie — Fesselkopf — Ferse — Schädel — Stirnschopf — Kehle — Schulteransatz — Brust — Ellenbogen — Vorderfußwurzelgelenk — Vordermittelfuß — Fessel

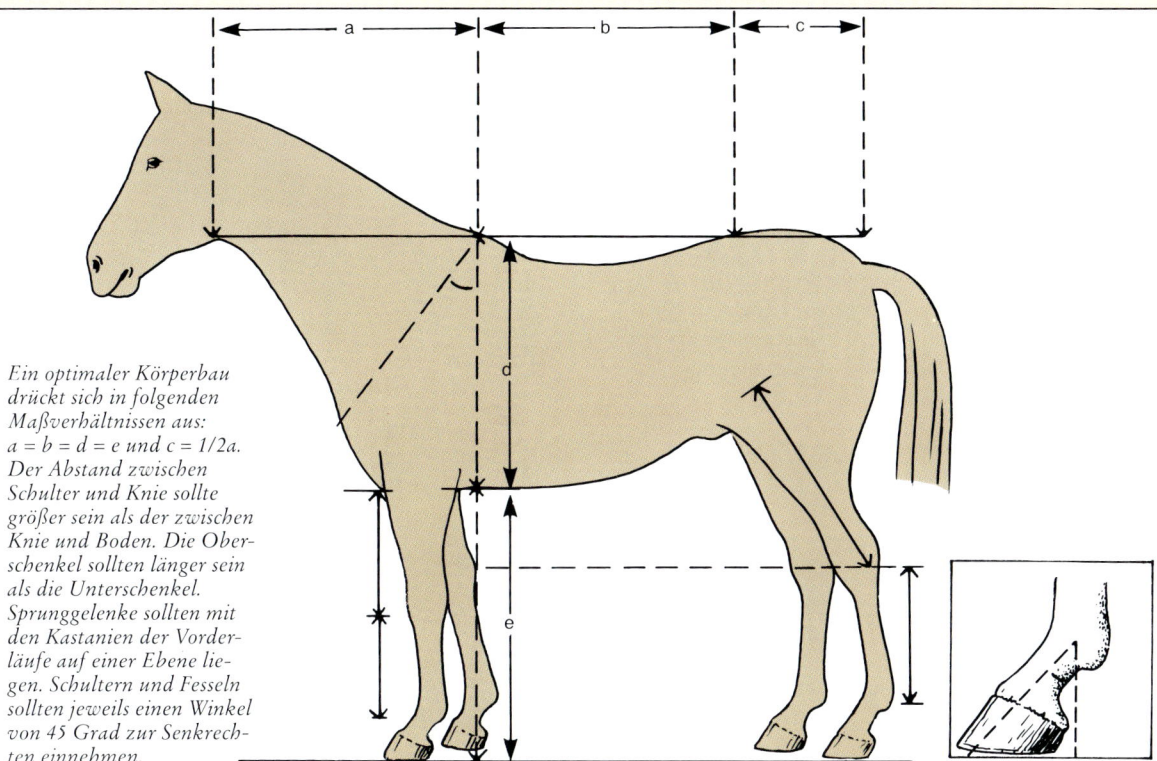

Ein optimaler Körperbau drückt sich in folgenden Maßverhältnissen aus: a = b = d = e und c = 1/2a. Der Abstand zwischen Schulter und Knie sollte größer sein als der zwischen Knie und Boden. Die Oberschenkel sollten länger sein als die Unterschenkel. Sprunggelenke sollten mit den Kastanien der Vorderläufe auf einer Ebene liegen. Schultern und Fesseln sollten jeweils einen Winkel von 45 Grad zur Senkrechten einnehmen.

Bei einem Pferd mit zu langen Beinen sagt man: »Es läßt zu viel Licht durch.« Ist es dagegen kurzbeinig und kompakt, dann läßt es eben nicht so viel Licht durch – das spricht für das Pferd.

Bei »offenen Ellenbogen« kann man zwischen Ellenbogen und Brustkasten eine Faust stecken – ein Pluspunkt, der auf raumgreifende Bewegungen hinweist. Das Pferd kann also mit den Vorderbeinen weit ausholen und verbraucht somit weniger Energie.

»Viel Boden unter den Füßen« bedeutet, daß das Pferd sicher steht (»ein Bein an jeder Ecke«), im Gegensatz zu eng zusammenstehenden Beinen, die sich unter dem Körper verstecken.

Bei einer »hohen Kruppe« liegt der Widerrist tiefer. Das ist ungünstig, weil der Sattel immer nach vorn rutschen und sich hinter der Schulter »eingraben« wird. Das kann das Pferd stören oder sogar Haut und Muskeln verletzen. Der Reiter hat auf diesem Pferd das unangenehme Gefühl, dauernd bergab zu reiten. Für das normale Reiten sollte die Kruppe mit dem Widerrist auf einer Ebene liegen, eventuell ein wenig tiefer.

»Die Zügellänge« bezieht sich auf den Abstand zwischen dem Pferdemaul und der Hand des Reiters. Bei optimaler Länge ist die Gefahr, bei einem plötzlichen Halt über den Kopf des Pferdes geworfen zu

werden, nicht ganz so groß. Die richtige Zügellänge hängt auch davon ab, ob Hals und Schultern in richtiger Proportion zueinander stehen. In diesem Fall hat das Pferd eine gute Vorhand. Ansonsten spricht man von einer schlechten oder kurzen Vorhand.

Die Schulter eines Reitpferdes sollte die »richtige Schräge« haben. Der Winkel zwischen Schulteransatz und Widerrist sollte etwa 40 bis 45 Grad betragen. Dieser Winkel sollte seine Entsprechung in dem Winkel finden, der durch Fesseln und Füße mit dem Boden gebildet wird. Der Winkel vom Hinterbein zur Fessel (die Fuß-Fessel-Achse) darf etwas größer sein. Zu lange und zu stark gebogene Fesseln können sich als Schwachpunkte erweisen, zu aufrechte Fesseln wiederum sorgen für einen unbequemen Ritt.

FARBEN UND ABZEICHEN

Fellfärbung und Abzeichen haben sich über viele Millionen Jahre entwickelt, um dem Tier eine möglichst gute Tarnung in seinem speziellen Lebensraum zu verschaffen. Je ähnlicher es der Umgebung war, desto geringer war die Gefahr, von einem Raubtier entdeckt und verfolgt zu werden.

Eine der ursprünglichsten Farben für Pferde und Ponys ist falb (eine Art gelbes Beige) mit schwarzen Punkten (diese schwarzen Punkte sind die Mähne, Stirnschopf, Schweif und die unteren Teile der Beine). Vor einem waldigen Hintergrund oder auf einer Ebene, die alles andere als ein reines Grün bietet, sind die Falben besonders gut getarnt.

In alten Sagen ist von guten und von bösen Farben bei Pferden die Rede. Füchse seien angeblich launisch,

Schwarze besonders gemein und ohne Durchhaltevermögen, Schwarzbraune und Braune wiederum verläßlich. In Wahrheit haben Farben jedoch keinerlei Auswirkungen auf das Temperament, den Charakter und die Konstitution.

Die einzige Ausnahme bilden Pferde mit rosa Haut und weißen Haaren (manche weißhaarige Pferde haben auch dunkle Haut). Diese Pferde sind viel wetterempfindlicher als andere, da der rosa Haut das verstär-

Innerhalb der Farbklassen gibt es verschiedene Schattierungen und Varianten. Falls es bei der Farbbestimmung eines Pferdes Zweifel

gibt, entscheidet die Farbe der wichtigsten Punkte: Maul, Ohrenspitzen, Mähne und Schweif sowie der untere Teil der Beine.

Rappe	Schwarzbrauner	Brauner	Leberfuchs
Fuchs	Falbe	Rotschimmel	Palomino
Schecke	Brauner Schecke	Gemischter Schecke	Blauschimmel
Apfelschimmel	Fliegenschimmel	Schimmel	Albino

Strich

Blesse

Laterne

Schnippe

Stern

*Die Abzeichen im Gesicht
sind gut geeignet, um Pferde
zu beschreiben und zu iden-
tifizieren. Sie werden z.B. in
tierärztlichen Bescheinigun-
gen zusätzlich zu den Anga-
ben über Größe, Geschlecht,
Farbe, Alter und Zucht ver-
merkt. Dazu gehören auch
die Abzeichen im Gesicht
und an den Beinen (Abbil-
dung unten). Die Form und
Größe eines Sterns sollten
notiert werden, ebenso die
Breite der Blesse. Die Kombination von Stern und
Strich nennt man »unterbro-
chene Blesse«.*

kende Melanin fehlt, das für die Farbe bei Haut und
Haaren sorgt. Die rosa Schattierung entsteht, weil das
Blut durch die an sich farblose Haut schimmert. Weil
diese Haut Sonne und Nässe und damit Bakterien gegenüber nicht sehr widerstandsfähig ist, ist sie anfälli-
ger für Hautkrankheiten, Sonnenbrand und Allergien.

Die Vielzahl der heute gängigen Farben bei Pferden
ist das Ergebnis heimischer Zucht – eine Verbindung
zur Tarnung besteht nicht mehr. Manche Pferde, wie
die Palominos, die Paints und Pintos (Schecken, braune und gemischte Schecken), werden bestimmter Farben wegen gezüchtet, im letzten Jahrhundert wurden
im deutschen königlichen Gestüt cremefarbene Zugtiere gezüchtet.

Manchmal findet man bei Pferden auch Zebrastreifen und waagerechte Streifen (die stets dunkler als das
Fell gefärbt sind) an den Beinen oder auch am Hals,
am Widerrist oder an den Flanken. Bei manchen Ponyrassen läuft ein dunkler Streifen den Rücken ent-
lang, der Dorsal- oder der Aalstrich. Einige wenige
Ponys und mehrere Eselarten haben einen weiteren
Streifen quer dazu in Höhe des Widerrists.

Es ist durchaus nicht ungewöhnlich für Fohlen, die
Farbe zu verändern, wenn sie im ersten Herbst ihr Fell
wechseln. Unter dem Babyflaum, der sich in Flecken
löst, erscheint dann allmählich die Erwachsenenfarbe.
Das Aussehen in dieser Zeit läßt den Betrachter oft an
Mottenfraß denken … Fohlen von Füchsen werden
grau, wenn ein Elternteil grau war, Falbenfohlen werden oft schwarzbraun.

Echte Albinos haben keinerlei Farbpigmente. Die
Haare sind weiß, Augen und Haut rosa wie bei Al-
binokaninchen. Bei manchen sogenannten Albinos
gibt es blaue Augen. Da hier aber Farbe im Spiel ist,
handelt es sich nicht um reine Albinos. Bei Pferden

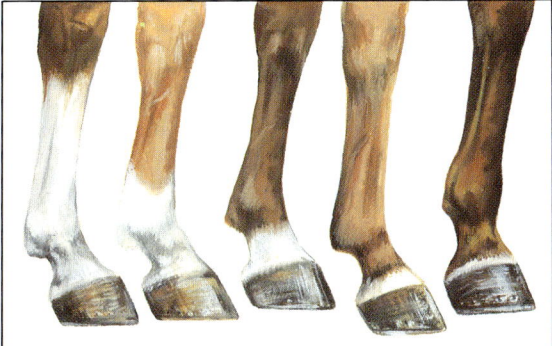

*Weiße Beinabzeichen. Von
links: weißes Bein, weiße
Socke, weiße Fessel, kurze
weiße Fessel und Kronrand.*

gibt es aber nur selten blaue Augen, und wenn, dann
handelt es sich dabei meist um ein Auge in einer weiß-
lichen Iris oder einer opaken, weißen Hornhaut. Es
gibt keinen wissenschaftlichen Beweis dafür, daß diese
Augen weniger gut sehen als dunkle. Man weiß aber,
daß Albinos mit ihren rosa Augen tatsächlich schlechter sehen können.

Wie andere Merkmale, so wird auch die Fellfarbe
durch die Verteilung der Gene bei der Zeugung bestimmt. Manche Farben, wie beispielsweise Schwarzbraun oder Braun, sind dominant (das zeigt sich immer am Fell), andere dagegen sind rezessiv (wenn sie
nicht im Fell erscheinen, werden sie als »verborgene«
Gene vererbt).

Die Farbe der Füchse ist allen anderen Farben gegenüber rezessiv – um ein echter Fuchs zu werden,
muß ein Pferd in der Regel zwei Fuchs-Eltern haben.

SO BEWEGT SICH DAS PFERD

Pferde beherrschen von Natur aus vier Gangarten – Schritt, Trab, Kanter und Galopp. Einige Rassen beherrschen aber ohne Probleme auch noch andere Arten, die die Menschen mit selektiver Züchtung weiterentwickeln. Unter anderem sind dies der Paß (bei Gespannpferden sehr gebräuchlich, da er schneller als das Traben ist), der Tölt bei Island Ponys und die fünf Gangarten des amerikanischen Reitpferdes – hierzu gehören der Walk, der Trot und Kanter sowie Slow Gait und Rack.

Bei der Grundausbildung und bei den Wettkampfdressuren gibt es für Schritt, Trab und Kanter jeweils vier Variationen – die versammelte Gangart, die Arbeits-, die mittlere und die starke Gangart. Bei der versammelten Gangart zeigt sich maximale Konzentration, viel Energie und Antriebskraft. In ihrer höchsten Vollendung werden die versammelten Gangarten mit geringstmöglichem Kontakt, gerade noch durch das Gewicht des Zügels geführt. Beim Arbeitstempo sind die Schrittlängen etwas größer und nicht versammelt. Das Pferd akzeptiert die Trense, die es leicht im Maul hält, ohne sich hineinzulegen oder sich zu verweigern. Bei mittleren Gangarten hat das Pferd einen aktiveren, längeren Schritt, bei ausgedehnten Gangarten wird die maximale Schrittlänge erreicht.

Die vier Grundgangarten: Bei Schritt handelt es sich um einen »Viertakt«, bei dem die vier Beine den Boden einzeln erreichen. Der Trab ist ein »Zweitakt«: Die jeweils diagonalen Beinpaare werden gleichzeitig aufgesetzt. Beim

Kanter (»Dreitakt«) beginnt das Pferd seinen Gang mit einem beliebigen Hinterbein, das andere Hinterbein folgt zusammen mit dem schräg davorliegenden Vorderbein. Der Galopp ist dann wieder ein »Viertakt«.

Das echte Tempo einer Gangart, also die Zahl der Schritte in einer bestimmten Zeit, sollte beim Wechsel von einem zum nächsten Gang nicht schneller werden. Die Zahl der Hufschläge im Arbeitsgang sollte der im ausgedehnten Gang entsprechen. Bei der ausgedehnten Gangart verlängern sich die Schritte; das Pferd selbst bewegt sich nicht schneller.

Der Schritt ist ein echter Viertakt, jeder Hufschlag ist in einer regelmäßigen Eins-zwei-drei-vier-Folge zu hören (der natürliche Schritt ist allerdings etwas weniger regelmäßig). Beim Trab ist ein Zweitakt zu hören »eins – zwei, eins – zwei«. Dabei berühren die diagonalen Beine fast gleichzeitig den Boden; zwischen den Tritten liegt eine kurze Schwebephase, wenn das Pferd sich beim Wechsel der Beine für einen Moment »in der Luft« befindet. Beim Kanter handelt es sich um einen Dreitakt, bei dem die Schwebephase nach dem Zähler drei folgt. Das Pferd beginnt diesen Gang mit einem der Hinterbeine, danach folgt das andere Hinterbein und dann das gegenüberliegende Vorderbein. Den Abschluß bildet das andere Vorderbein zusammen mit dem Hinterbein, das den Schritt begonnen hat. Das Vorderbein, das zuletzt wieder auf dem Boden landet, wird auch das »führende Bein« genannt, da es so aussieht, als würde das Pferd während des Kanters mit diesem Bein in seine Laufrichtung zeigen.

Beim Galopp handelt es sich wieder um einen Viertakt, sozusagen eine erweiterte Version des Kanters. Beim Kanter landen allerdings immer zwei diagonal stehende Beine zugleich, während sie beim Galopp den Boden einzeln erreichen und dadurch den Vierereffekt bewirken.

Schritt

Trab

HACKNEYS

Hackneys haben einen sehr ausgeprägten Trabstil. Die Vorderbeine werden gekrümmt und sehr hoch gehoben, und die Hufe werden in einer abgerundeten Form (mit einer kurzen Pause in der Luft) fast nach vorn »geworfen«. Das Tier bewegt sich wie auf Sprungfedern und berührt kaum den Boden. Der Gesamteindruck der Gangart spielt bei der Ermittlung des Gewinners in einem Wettbewerb eine große Rolle.

Der Paßgang ist ein Zweitakt – allerdings werden hier, im Gegensatz zum Trab, nicht die diagonal gegenüberliegenden Beine, sondern jeweils die beiden Beine einer Seite im Schritt zusammen bewegt. In der Fortbewegung werden also abwechselnd die beiden Beine jeweils einer Seite vorgeführt.

Die Aussetzerphase ist dabei etwas länger als beim trabenden Pferd. Ein Paßgänger ist fast so schnell wie ein galoppierendes Pferd.

Der Tölt ist ein schneller Fünfgang (in seinem seitlich paarweisen Schritt dem normalen Paßgang sehr ähnlich, nur langsamer und rhythmischer, so daß daraus ein Viertakt wird). Der Slow Gait (gelegentlich auch Stepping Pace oder langsamer Tölt genannt) gehört zu den fünf Gangarten der Saddlebred Horses: ihre Schritte sind hinten links, vorne links, hinten rechts und vorne rechts. Die peruanischen Pasos laufen ganz ähnlich; bei ihnen nennt man es den Sobreandando. Er wird in höchster Versammlung in sehr auffallender Pose, Kopf hoch, Kinn zurück, ruhig und beherrscht geritten. Knie und Sprunggelenke sind dabei sehr gestreckt.

Der spanische Schritt ist ein sehr auffallender, schneller Schritt, bei dem die Vorderfußwurzelgelenke betont gestreckt und gehoben werden. Für ein Pferd ist das äußerst ermüdend. Außerdem werden die Vorderbeine sehr beansprucht und gestaucht. Darum ist diese Gangart einem Pferd nur kurzfristig und auf weichem Boden in der Arena zuzumuten.

Viele Richter mögen es, wenn Pferde sich auf einer schnurgeraden Linie bewegen; es gefällt ihnen besonders, wenn sich die Hinterbeine auf der gleichen Höhe bewegen wie die Vorderbeine, also ganz gerade von hinten nach vorn durchgezogen werden. Bei den Dressuren und bei den meisten Pferdeschauen ist dies ein wichtiger Punkt. Unter Wettkampfbedingungen, wie beim Military oder Schauspringen, werden Pferde, die »krummbeinig« laufen (wenn das Setzen der Beine nicht der eben skizzierten Art entspricht), sich im Eifer des Gefechtes eher stoßen, was immer wieder zu ernsthaften Verletzungen führen kann.

Kanter

Galopp

DAS FELL UND SEINE PFLEGE

Links: Das Wälzen ist eine Form der Fellpflege. Haut und Haare werden mit Staub oder Matsch, der auf dem Körper trocknet, bedeckt. Dadurch befreien sich die Pferde von Parasiten, deren Verletzungen in der Haut zu Bakterien- und Pilzinfektionen führen können. So werden auch Fett und Schuppen entfernt.

Unten: Das Scheren verhindert übermäßiges Schwitzen sowie Konditionsverlust. Die Art der Scherung wird durch die Aufgaben und die Haltung des Pferdes bestimmt: Jagdschnitt (oben) für schwerarbeitende Pferde, die im Stall gehalten werden, Deckenschnitt (Mitte) für leichtarbeitende in kombinierter Haltung, der Minimalschnitt (unten) für Pferde im Freien.

Pferde und Ponys wechseln ihr Fell zweimal im Jahr. Das Sommerfell ist kurz und dünn, damit die Körperhitze schnell nach außen abgeführt werden kann, wenn es nicht so sehr auf Schutz vor Kälte und Nässe ankommt. Das Winterfell dagegen ist länger und somit dicker (weil die langen Haare übereinanderliegen). So wird der Körper von einer Schicht warmer Luft umgeben, die vor Wind und Nässe schützt. Bei einheimischen Rassen, Cobs und Kaltblütern ist das Winterfells besonders dicht, damit Wasser noch besser abfließen kann. Diese Rassen haben auch lange Haare an den Fesseln (Kötenzöpfe oder Behang genannt), die vor Schlamm und Nässe schützen.

Manche Ponyrassen, besonders die in den nördlichen Gefilden, tragen im Winter ein doppeltes Fell. Außen befinden sich lange Haare, die Wind und Regen abhalten, darunter kürzere und weichere Haare, die für besondere Wärme sorgen. Schweif und Mähne sind aus dem gleichen Grund sehr drahtig und dick.

Bei allen Rassen produziert die Haut eine natürliche Fettschicht, um Haut und Haar geschmeidig zu halten. Sie dient als Schutz vor Regen und zum Teil auch vor Fliegen. Die oberste Hautschicht besteht aus Horn, das sich in dem Maße ablöst, wie neue Hautzellen gebildet werden. Die abgelösten Hornteilchen machen sich bei ungepflegten Tieren als Schuppen auf dem Fell bemerkbar.

Normalerweise werden Fett und Schuppen nicht im Übermaß produziert. Bei zahmen Pferden, die viel im Freien leben, bleiben sie auf der Haut und im Fell. Bei Stallhaltung müssen Fett und Schuppen allerdings

DER FELLWECHSEL

Pferde wechseln ihr Fell im Frühling und im Herbst. Dabei sehen sie besonders im Herbst ziemlich struppig aus. Einer alten Redewendung zufolge macht ein Pferd zur Brombeerzeit keinen besonders guten Eindruck. Das Sprichwort stimmt! Das Haar fällt sehr ungleichmäßig aus, und oft dauert es bis zu zwei Monate, bis das neue Fell »steht«.

durch Bürsten am ganzen Körper entfernt werden. Dadurch wird die Haut gereinigt, stimuliert und fit gemacht, um die überschüssigen Stoffwechselprodukte auszuschwitzen, die durch Training und Kraftnahrung entstehen.

Wilde Pferde betreiben eine rauhe und einfache Fellpflege. Besonderen Spaß macht dabei die gegenseitige Pflege, bei der die Pferde einander den Rücken mit den Vorderzähnen bearbeiten, um so Parasiten zu entfernen oder zu vertreiben. Oder sie stimulieren ihre Haut selbst, indem sie sich an Hecken und Bäumen kratzen oder sich auf der Erde wälzen.

Mit dem Striegel wird zunächst der trockene Mist, Schweiß und Schmutz entfernt. Dann wird der Körper mit etwa sechs Strich an jeder Stelle gebürstet, mit möglichst langen, festen und weit ausholenden Bewegungen. Nach jedem zweiten oder dritten Strich sollte die Bürste am Striegel gereinigt werden. Gebürstet wird immer nach hinten oder unten.

Legen Sie die Mähne auf die andere Halsseite, und bürsten Sie Strähne für Strähne mit kräftigen Strichen

von der Haarwurzel bis zu den Spitzen wieder zurück. Dadurch befreien Sie das Haar von überschüssigem Fett. Um den Schweif zu kämmen, nehmen Sie ihn unterhalb der Schweifwurzel in eine Hand; nehmen Sie sich jeweils eine Strähne vor und bürsten zuerst die Spitzen aus. Dann arbeiten Sie sich bis zur Haarwurzel nach oben.

Als nächstes nehmen Sie zwei Schwämme, die Sie nie verwechseln dürfen. Spülen Sie sie in warmem Wasser aus (im Sommer ist kaltes Wasser erfrischender), und wischen Sie mit dem ersten Schwamm vorsichtig Ablagerungen und Schmutz aus den Augen, Nüstern und Lippen. Mit dem anderen Schwamm reinigen Sie den Schlauch bei Wallachen, den Euter bei Stuten, den Bereich unter der Schwanzwurzel und zwischen den Hinterbeinen. Bei kaltem Wetter wird mit einem Handtuch nachgetrocknet.

Nehmen Sie eine Wasserbürste (eine kleine Handbürste mit weichen Borsten), befeuchten Sie die Borsten etwas, und bürsten (oder »formen«) Sie die Mähne, besonders von den Haarwurzeln aus, ebenso wie die Schweifwurzel, um die Haare zu glätten. Mit einem Frotteehandtuch sollten Sie dem Fell den letzten Glanz geben.

Unten links: Pferdehufe müssen täglich gereinigt werden. Erdklumpen können sich darin ansammeln. Die einziehende Feuchtigkeit kann zu Infektionen führen.

Unten: Ebenfalls täglich sollten Augen, Nüstern und Lippen mit einem Schwamm und warmem Wasser gereinigt werden. Seien Sie an diesen Stellen sehr vorsichtig.

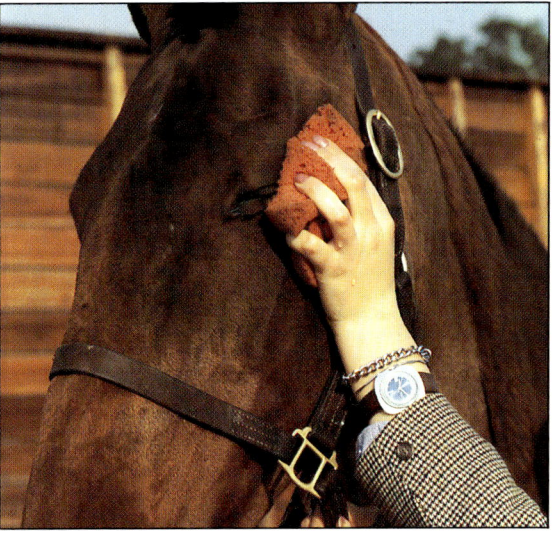

ZÄHNE UND HUFE

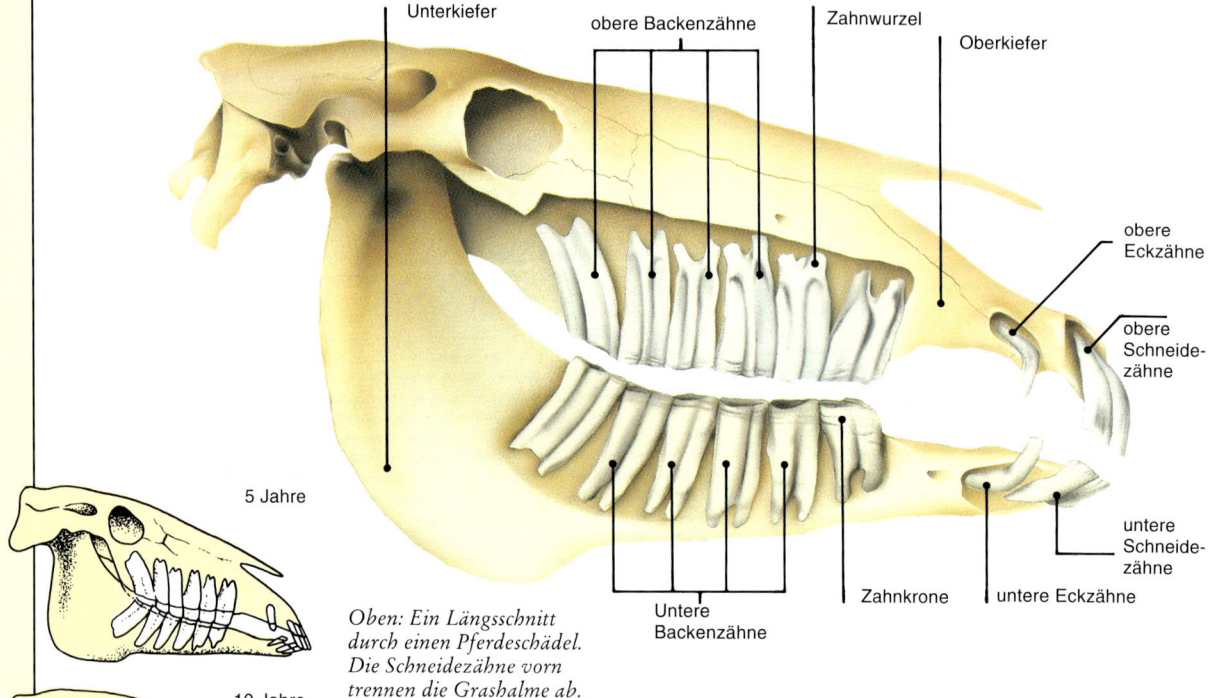

Unterkiefer · obere Backenzähne · Zahnwurzel · Oberkiefer · obere Eckzähne · obere Schneidezähne · Untere Backenzähne · Zahnkrone · untere Eckzähne · untere Schneidezähne

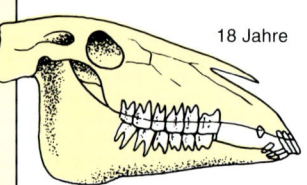

5 Jahre

10 Jahre

18 Jahre

Oben: Ein Längsschnitt durch einen Pferdeschädel. Die Schneidezähne vorn trennen die Grashalme ab. Die Backenzähne sind besonders große und starke Mahlzähne. Die Eckzähne haben heutzutage keine spezielle Funktion mehr, sie sind ein Rückschlag zu den Urahnen.

Links: Zähne wachsen unaufhörlich aus dem Kiefer heraus. Im Laufe der Jahre verkürzt sich der Zahnhals, und die Wurzeln bekommen eine ausgeprägte Form. Im Alter bleiben dem Pferd nur noch Zahnstümpfe.

Im Verhältnis zu ihrer Körpergröße haben Pferde größere und stärkere Zähne als Menschen. Ihr Futter ist sowohl in der Wildnis als auch in der Tierhaltung sehr grob und zäh. Es muß besonders gut gekaut werden, damit die Verdauungssäfte ausreichend Angriffsfläche finden, um die Nahrung für das Pferd verwerten zu können.

Die domestizierten Pferde brauchen eine besondere Zahnpflege, damit gründliches Kauen und ein gesundes Maul gewährleistet bleiben. Entzündungen oder allgemeines Unbehagen im Maul sind Hauptgründe für Kopfschütteln, Abneigung gegenüber der Trense und schlechtes Benehmen im allgemeinen. Der Ober-

kiefer ist breiter als der Unterkiefer, deshalb werden die Zähne durch die Kaubewegungen schräg geschliffen. Die äußeren Kanten der oberen und die inneren Kanten der unteren Zähne (die Backenzähne werden zum Zermahlen des Futters eingesetzt) können sehr scharf werden und Wangen und Zunge verletzen. An den äußeren Enden der Backenzähne können sich Haken bilden, die möglicherweise beim Schließen des Mauls hinderlich sind, wenn sie nicht entfernt werden.

Der Tierarzt, oder auch ein Pferdezahnarzt, kann die scharfen Haken und Kanten abschleifen oder glattfeilen – eine Behandlung, die man Pferden ein- bis zweimal im Jahr gönnen sollte. Besonders bei älteren Pferden kann es zu Zahnsteinablagerungen kommen, was zu Zahnfleischentzündungen führt, wenn man sie nicht entfernt.

Die Zähne wachsen kontinuierlich. Wenn ein Zahn gezogen wird oder – durch einen Schlag – abbricht, dann fehlt dem gegenüberliegenden Zahn der natürliche Gegendruck, der für die Abnutzung sorgt. Letzterer muß dann vom Tierarzt regelmäßig gekürzt werden, weil sonst das Kauen beeinträchtigt wird. Er könnte sogar bis in die Lücke hineinwachsen und so verhindern, daß das Maul geschlossen werden kann.

Die Pferdehufe haben eine außerordentlich komplexe Struktur. Sie reagieren sehr empfindlich auf Überlastung und Druck und sind hervorragend mit

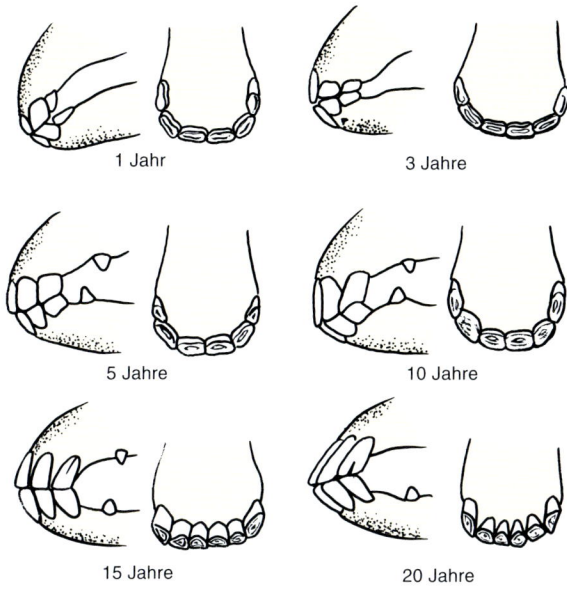

1 Jahr 3 Jahre 5 Jahre 10 Jahre 15 Jahre 20 Jahre

Oben: Wenn die Zähne im Laufe eines Pferdelebens abgeschliffen werden, dann verändert sich dabei das Muster auf den Schneide- *zähnen und die Form der Backenzähne. So läßt sich eine ziemlich genaue Vorstellung vom Alter eines Pferdes gewinnen.*

Unten: Ein Längsschnitt durch einen Pferdefuß zeigt die äußere Schicht des stoßdämpfenden Hornes, das die empfindlichen Gewebeschichten und die Knochenstruktur des Fußes schützt.

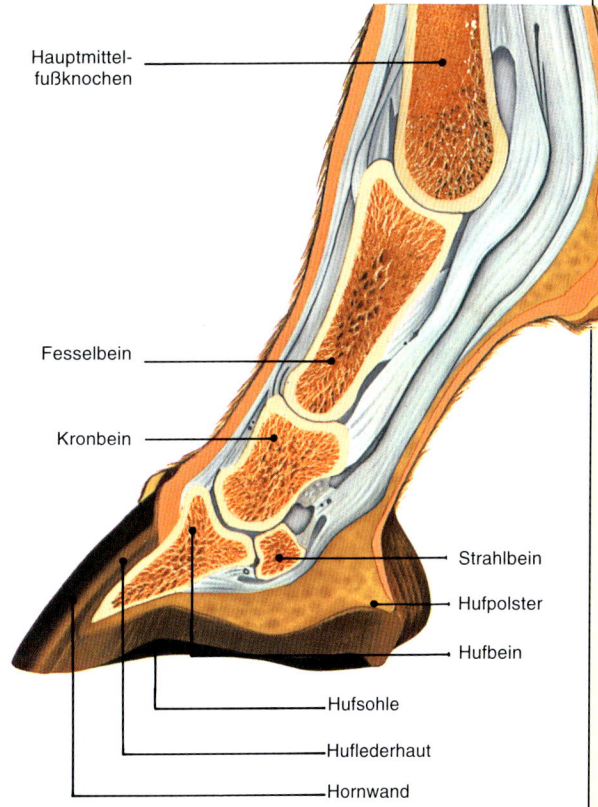

Hauptmittel- fußknochen
Fesselbein
Kronbein
Strahlbein
Hufpolster
Hufbein
Hufsohle
Huflederhaut
Hornwand

Blutgefäßen und Nervenzellen versorgt. Von außen und von unten sind sie durch Horn geschützt (eine Art modifizierter und verhärteter Haut). Das Horn wächst vom Saumband aus, dem fleischigen oberen Rand des Hufes, vergleichbar der Nagelhaut beim Menschen. Im Inneren des Hufes sind die harten äußeren Hornstrukturen durch Haut- und Gewebeschichten fest mit den empfindlichen Teilen verbunden, die ihrerseits die Knochen des Fußes umgeben.

Wenn der Fuß belastet wird, dann wird er flacher und verformt sich dabei etwas. Die empfindlichen Gewebeteile und die Blutgefäße werden so zwischen Horn und Knochen gequetscht. Dadurch wird das Blut im Bein nach oben in die Venen gedrückt, bis es eine Art Ventil erreicht, das es am Zurückfließen hindert. Wird der Huf wieder entlastet, fließt frisches Blut in die Kapillare – ein ununterbrochener Prozeß (auch Hufmechanismus genannt).

Bis vor kurzem glaubte man noch, daß allein der Druck auf den Hufstrahl für den Bluttransport sorgt. Jüngste Untersuchungen haben aber gezeigt, daß der Hufstrahl zwar eine gewisse Rolle dabei spielt, die Ausdehung des gesamten Fußes aber von größerer Bedeutung ist. Hufstrahl und Hufpolster sorgen in der Hauptsache dafür, daß die Erschütterungen ge-

dämpft werden, die auf den Fuß einwirken. Das Hufhorn wächst zwar ständig nach, es wird jedoch sehr schnell abgelaufen, wenn ein Pferd auf hartem Boden arbeitet. Pferde werden beschlagen, um Fußkrankheiten zu verhindern. Dadurch wird wiederum das Horn nicht abgelaufen; der Schmied muß also vor jedem neuen Beschlag überschüssiges Horn entfernen. Das geschieht etwa alle vier bis acht Wochen, je nach Verschleiß und Wachstum.

Es dauert durchschnittlich sechs Monate, bis ein Huf sich komplett erneuert hat. Die Qualität des vorhandenen Horns läßt sich nicht verändern; neues Horn läßt sich jedoch durch einen Futterzusatz aus Methionin, Biotin und anderen Mitteln verbessern. Lassen Sie sich von Ihrem Tierarzt beraten.

DIE ZUCHT

Die Geschlechtsorgane des Hengstes bestehen aus dem Penis, zwei Hoden in einem Hodensack, die durch Samenleiter mit der Prostata und den bulbourethralen Drüsen verbunden sind, und den Samenbläschen. Das Sperma wird in den Hoden produziert und gelangt durch den Penis bis zu den Eizellen der Stute. Ist der Deckakt erfolgreich, dann dringt ein Spermium in das Ei ein und befruchtet es.

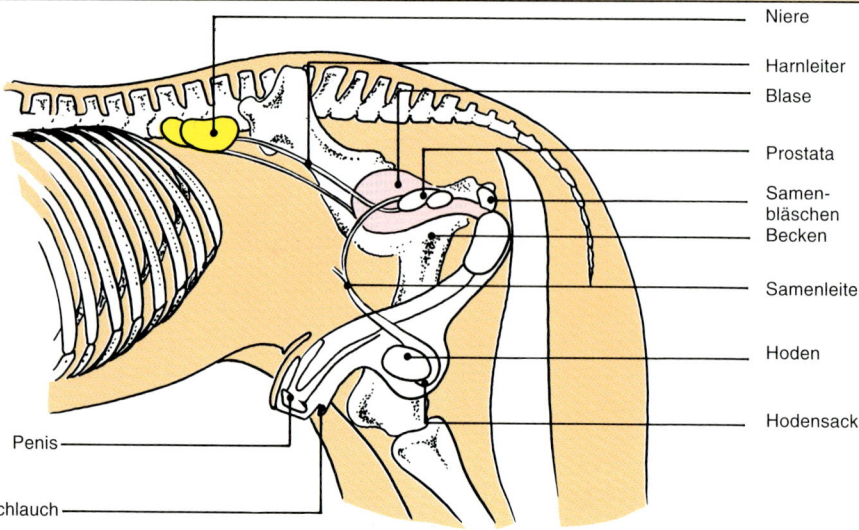

Niere
Harnleiter
Blase
Prostata
Samenbläschen
Becken
Samenleiter
Hoden
Hodensack
Penis
Schlauch

Die Pferdezucht kann sehr viel Spaß machen, man darf dabei allerdings die außerordentlichen Risiken – vor allem auch finanzieller Art – nicht außer acht lassen. Kommerzielle Züchter lassen ihre Stuten jedes Jahr fohlen, und sie gönnen ihnen keine längeren Pausen; in freier Natur kommt das kaum vor. Auch Hengste paaren sich als Zuchttiere viel öfter, als sie es in der Wildnis tun würden.

Erstklassige Hengste aller sportlichen Disziplinen sind sehr teuer, besonders aber die Traber. Manche werden ganz entgegen ihren Bedürfnissen gehalten: Sie haben keinen natürlichen Kontakt zu ihren Stuten, werden wie in Einzelhaft auf der Weide gehalten und haben nur selten Gelegenheit, andere Pferde wenigstens zu sehen. Es ist nicht verwunderlich, daß diese Pferde oft abartige Persönlichkeitsmerkmale entwickeln und sehr launisch sind.

Hengste, die ein artgemäßeres Leben führen, die viel Kontakt zu anderen Pferden haben und viel Zeit im Freien verbringen, haben ein ausgeglicheneres Wesen. Empfehlenswert wäre die Gesellschaft einer Ponystute, die nicht für die Zucht bestimmt ist. Die Hengste sind dann leichter und sicherer zu handhaben, vor allem, wenn sie selbst eine Stute zum Decken aussuchen dürfen. Unter diesen Bedingungen lernen sie schnell, sich natürlich zu geben, und sie weichen sehr geschickt den Tritten von Stuten aus, die noch nicht richtig rossig und deckbereit sind. Außerdem hat sich bestätigt, daß die Empfängnisrate beim natürlichen Decken viel höher ist.

Stuten werden rossig, wenn ihre Gehirne durch die länger werdenden Tage, die zunehmende Wärme und das wachsende Gras im Frühling und im Sommer zur Produktion besonderer Hormone (chemischer Botenstoffe) angeregt werden, die für die nötige Empfängnisbereitschaft sorgen. Diese äußeren Bedingungen haben beim Hengst einen ähnlichen Effekt. Seine Hormone fördern die Spermaproduktion, und er wird bereit für rossige Stuten. Züchter können die Zuchtperiode künstlich verlängern, indem sie in Winternächten das Licht im Stall länger brennen lassen, indem sie mehr füttern oder die Stallungen beheizen.

Stuten werden regelmäßig alle 18 bis 21 Tage rossig. Sie zeigen dem Hengst ihre Bereitschaft dadurch, daß sie sich breitbeinig vor ihn stellen, den Schweif hoch auf eine Seite richten, den Eingang zur Vagina öffnen und schließen (»rossen«) und seine Annäherungsversuche nicht verhindern. Stuten, die zwar rossig, aber nicht deckbereit sind, schlagen aus.

Wird durch das Decken ein Ei befruchtet, dann wird die Stute nicht mehr rossig, und die Tragezeit beginnt. Der Züchter vergewissert sich durch Blut- und Urintests, ob die Stute tatsächlich trächtig ist oder nicht. Allerdings kann die Stute selbst bei einer bestätigten Trächtigkeit den Embryo verlieren und wieder rossig werden. Dann ist ein neuer Deckakt erforderlich. Um eine Trächtigkeit festzustellen, bedient man sich heute auch der Ultraschalluntersuchung.

Die Tragezeit dauert etwa elf Monate. Während der ersten Monate kann die Stute sanft geritten werden. Sie darf nicht überfüttert oder eingeengt werden, da ihre Gesundheit und die des sich entwickelnden Fohlens sonst beeinträchtigt werden könnte. In den letzten vier Monaten sollte die Stute nicht mehr geritten

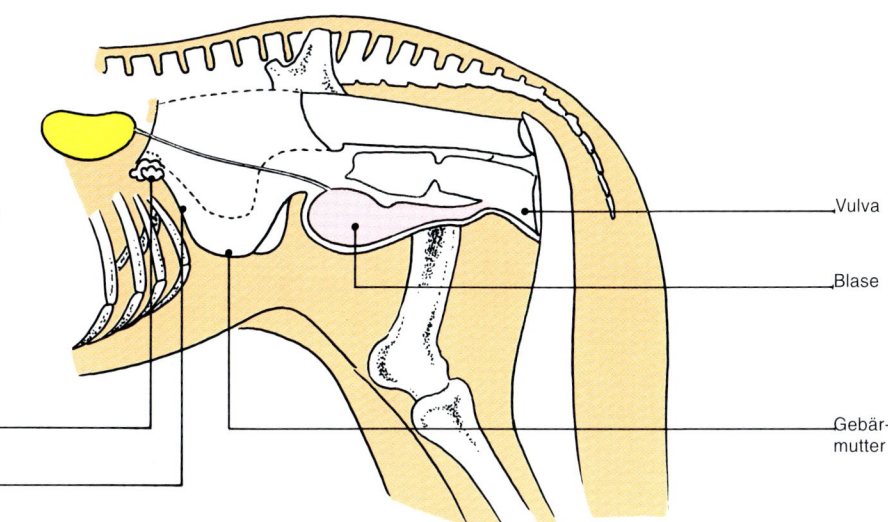

Rechts: Die Geschlechtsorgane einer Stute bestehen aus den Eierstöcken, den Eileitern, der Gebärmutter, dem Gebärmutterhals, der Vagina und der Vulva. Während des Zyklus der Stute werden Eizellen von den Eierstöcken in die Eileiter abgegeben, wo sie mit dem Hengstsperma zusammentreffen und befruchtet werden können.

Eierstock

Eileiter

Vulva

Blase

Gebär-
mutter

werden. Ihre Futterration sollte gemäß den Anweisungen des Tierarztes erhöht werden. Wenn sich der Zeitpunkt des Abfohlens nähert, braucht sie mehr Energie und Proteine, dafür aber weniger Füllstoffe. Sie sollte sich viel im Freien aufhalten dürfen, wo sie sich nach Belieben bewegen kann – das tut der Stute und dem ungeborenen Fohlen gut.

Die Stute sollte in streßfreier Umgebung gehalten werden, am besten in der Nähe von ruhigen, friedlichen Pferden – das können andere Stuten oder Wallache sein –, die sie nicht zu sehr aufregen oder ärgern. Eine Trennung von ihren Freunden kann Angstgefühle auslösen und im Extremfall eine Fehlgeburt zur Folge haben.

Oben: Der Deckakt in einem Gestüt mutet künstlich an. Die Stute wird in ihrer Bewegungsfreiheit eingeschränkt, indem sie festgehalten wird; manchmal sind sogar ihre Beine gefesselt. Es wird argumentiert, daß ein »wertvoller« Hengst auf diese Weise vor Tritten und damit einhergehenden Verletzungen geschützt werden soll. Zu ihrer eigenen Sicherheit trägt die Stute eine Jute- oder Lederabdeckung über dem Nacken; Hengste beißen nämlich oft während der Ejakulation.

■ Eisprung
■ Fruchtbare Zeit
■ Zuchtsaison
■ Tragezeit

Rechts: Die Zuchtperiode einer Stute erstreckt sich von März bis Oktober. In dieser Zeit kommt es alle 18 bis 21 Tage zu einem Eisprung. Die fruchtbarste Zeit ist zwei Tage vor bis zwei Tage nach dem Eisprung (oben). Die Tragezeit dauert etwa elf Monate. Unten rechts wird der Verlauf der Trächtigkeit einer Stute gezeigt, die im März gedeckt wurde.

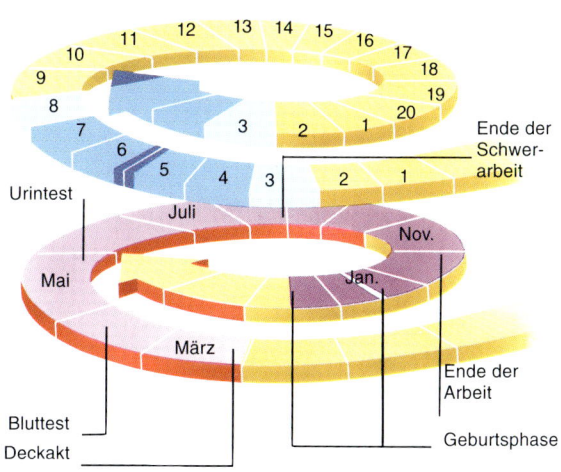

Urintest

Mai

Juli

Ende der
Schwer-
arbeit

Nov.

Jan.

März

Bluttest

Deckakt

Ende der
Arbeit

Geburtsphase

DAS FOHLEN

Man sollte mit Fohlen schon von Geburt an richtig umgehen – je früher sie sich an Menschen gewöhnen und die Kommandos lernen, desto eher werden ihnen diese Verhaltensweisen in Fleisch und Blut übergehen, und umso leichter kommt man mit den halbwüchsigen, starken Tieren zurecht. Das gilt besonders für die Zeit des Zureitens.

Es gibt keine besonderen Verhaltensmaßregeln, außer dem Rat, den jungen Tieren gegenüber stets die korrekten Anweisungen zu gebrauchen und das richtige Verhalten zu zeigen. Es wäre ein großer Fehler, Fohlen wie Welpen zu behandeln und mit ihnen zu spielen, auch wenn die Versuchung noch so groß sein mag. Sie wachsen schnell zu großen starken Pferden heran, die dann möglicherweise immer noch Gefallen

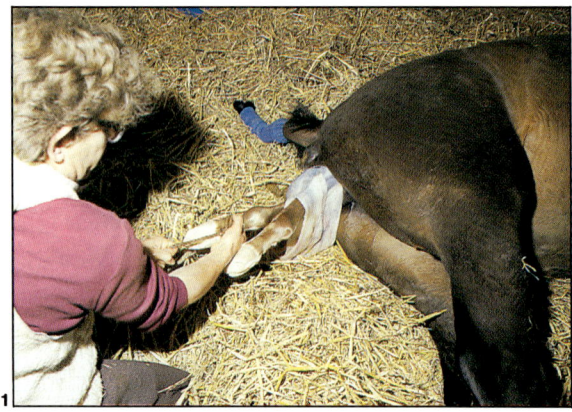

1

2

Gegen Ende der Tragezeit liegt das Fohlen auf dem Rücken (oben). Es dreht schließlich Kopf und Vorderbeine selbst in eine Art Tau- *cherposition (Mitte), so daß die Geburt beginnen kann. Der Rest des Körpers dreht sich dann während des Abfohlens von alleine (unten).*

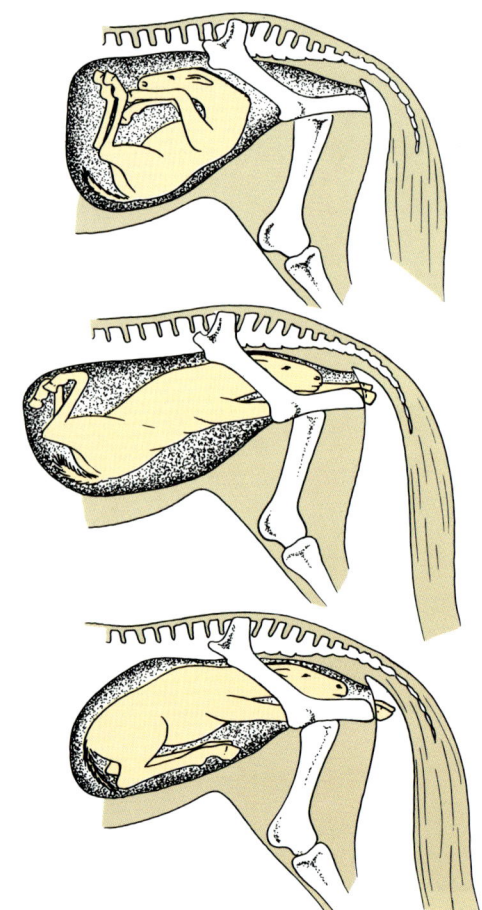

1. Es ist meist nicht nötig, einer Stute zu helfen. Sollte es allerdings zu Verzögerungen oder zu einer Fehllage des Fohlens kommen, dann sollte ein Tierarzt da sein.

2. Das Fohlen ist gut zur Welt gekommen, und die Stute leckt es sauber. Sie nehmen ihren gegenseitigen Geruch auf. Beide liegen und sammeln neue Kräfte.

daran finden, sich von hinten zu nähern und die Hufe auf Ihre Schultern zu legen. Oder sie präsentieren Ihnen die Seite und bocken, nur weil sie gerne gekratzt werden möchten. Ein solches Tier wird keinen Käufer finden und kann sogar gefährlich werden, etwa wenn sich das menschliche Verhalten plötzlich ändert und das Pferd dadurch verwirrt wird.

Fohlen von nichteinheimischen Rassen stehen im ersten Winter mit den Muttertieren im Stall, wenn sie noch nicht entwöhnt sind. In der freien Natur würden sie jetzt nicht abgehärtet, vielmehr würde ihr Wachstum aufgrund unzureichender Nahrung gehemmt.

Die altmodische Ansicht, Fohlen und Muttertier müßten in den ersten Wochen nach der Geburt zusammen in den Stall gesperrt werden, ist überholt. Es ist wichtig, die Tiere nach den ersten Tagen nach drau-

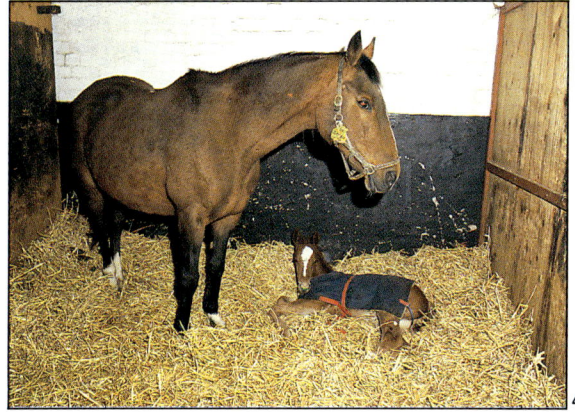

3. *Ein Fohlen sollte selbst auf die Beine kommen, weil damit ein wichtiger Lernprozeß verbunden ist. Nach etwa zwei Stunden kann eventuell behutsam geholfen werden.*

4. *Schon am Tag nach der Geburt sind Stute und Fohlen wieder guter Dinge.*

ßen zu lassen – je nach Wetterlage auf eine Weide oder in eine Halle mit nichtstaubendem Belag.

So kann sich das Muttertier allmählich von der Geburt erholen und das Fohlen gleichzeitig bei seinen ersten Schritten begleiten.

Zunächst sollte man die Stute und ihr Fohlen unter sich lassen, sie dann aber vorsichtig mit anderen Stuten und Fohlen zusammenbringen und sie in einer möglichst natürlichen Herdengemeinschaft halten. Fohlen werden das Zusammenleben in einer Herde erlernen. Sie erkennen, wer stark ist und wer schwach, wer freundlich gesinnt ist und wer nicht.

In den ersten Wochen wird das Fohlen die Stutenmilch trinken. Man sollte ihm aber die Möglichkeit geben, sich mit festem Futter zu beschäftigen, wenn es mag. In diesem Alter kann es noch kein Heu verdau-

en. Wenn es mit der Zeit immer mehr vom Futter seiner Mutter frißt, sollte es eigenes Futter bekommen. Seine Nahrung muß jetzt sehr hochwertig sein und viele Proteine enthalten. Allmählich wird das Fohlen Heu und natürlich auch Gras annehmen. Es ahmt das Muttertier nach; dabei kann es durchaus passieren, daß die Nahrung zunächst wieder ausgespuckt wird. Das Futter muß immer von erstklassiger Qualität und absolut sauber sein. Außerdem sollte ständig Trinkwasser zur Verfügung stehen.

In freier Wildbahn geschieht die Entwöhnung so behutsam, daß man es kaum bemerken würde. Es kommt sogar vor, daß Stuten mit einem Neugeborenen ihr einjähriges Fohlen hier und da noch einmal an den Zitzen nuckeln lassen.

Bei Stallhaltung wird in der Regel nach sechs Monaten entwöhnt. Wird damit zu früh begonnen oder geht es zu schnell, kann es dem Fohlen als traumatisches Erlebnis in Erinnerung bleiben. Am besten läßt man dem Tier ausreichend Zeit und führt Stuten in die Herde ein, die als »Kindermädchen« fungieren. Dann entfernt man die Muttertiere nach und nach. Die Fohlen werden sich den »Mutterersatztieren« anschließen, bis alle Fohlen mit den »Kindermädchen«, die ja keine Milch mehr geben, allein sind.

Eine andere Möglichkeit ist, die Fohlen zeitweise von ihren Müttern zu trennen. Wenn dieser Zeitraum mit jedem Tag länger wird, können die Fohlen nach einigen Wochen sich selbst überlassen werden.

Fohlen sollten möglichst draußen mit Altersgenossen spielen. Das ist für die körperliche und geistige Entwick- *lung der Tiere sehr vorteilhaft. Die Gruppenbildung ist schon die erste Lektion vom Leben in einer Herde.*

GESUNDHEIT

Bei guter Pflege bleiben Pferde so gesund, daß sich Ihre Termine beim Tierarzt auf die Verschreibung von Wurmmedikamenten, auf Impfungen und die jährliche Routineuntersuchung beschränken können. Dennoch gibt es eine Reihe von verbreiteten Krankheiten und Problemen, die auch in den besten Gestüten auftreten können.

Lahmheit ist bei Pferden ein sehr verbreitetes Leiden. Grund dafür kann einfach ein Stein sein, der sich im Huf verklemmt hat, aber auch eine Krankheit. Sehnenentzündungen aufgrund von Zerrungen und Stößen können jederzeit auftreten, während andere Krankheitsbilder wie Gallen (Schwellungen an den Fesseln) oder Arthritis Verschleißerscheinungen sind.

Hufrehe tritt bei Ponys, Cobs und solchen Pferden auf, die für die Gewichtserhaltung nur wenig Futter brauchen. Hier ist Überfütterung meist die Ursache, obwohl auch auffällige Blutwerte dahinterstecken können. Hufrehe kann dazu führen, daß Pferde eingeschläfert werden müssen, darum sollten Sie beim geringsten Verdacht sofort den Tierarzt informieren.

Hufrollenentzündung, die das Strahlbein im Fuß nach besonderen Anstrengungen und nach Stauchungen befallen kann, ist ebenfalls für chronische Lahmheit verantwortlich.

In Ländern, in denen Pferde hauptsächlich im Stall gehalten werden, sind Allergien immer dann ein Problem, wenn die Ställe schlecht belüftet sind. Sie sind für eine Reihe von Krankheiten, wie z.B. die Dämpfigkeit verantwortlich. Man weiß heute, daß es sich dabei um eine allergische Reaktion auf Schimmelpilzsporen, Milben oder Staub im Futter oder im Lagerstreu handelt, die die Lungen in Mitleidenschaft ziehen kann. Das Pferd bekommt dann einen rauhen, trockenen Husten und hat große Atemnot.

Grippe ist hochansteckend und kann die Lungen dauerhaft schädigen. Der Erholungszeit beträgt in der Regel mehrere Monate.

Bei der Druse handelt es sich um eine diphtherieähnliche Infektion, die ebenfalls Schäden an Lungen und Herz hinterlassen kann und sehr ansteckend ist.

Das Kehlkopfpfeifen, auch Stimmbandlähmung genannt, wird durch Muskelschwund an der Luftröhre hervorgerufen. Die Nerven werden geschädigt, dadurch entsteht eine Paralyse, und die Luft kann nicht ungehindert in die Lungen strömen – das Pferd macht beim Ausatmen ein lautes, pfeifendes Geräusch. Pferde können auch Husten, Schüttelfrost und Stirnhöhlenbeschwerden haben.

Koliken stehen für die Mehrzahl der Verdauungsprobleme. Lethargie, Appetitlosigkeit, Scharren und

Oben: Wälzen ist ein Anzeichen für Koliken. Wenn ein Pferd sich wälzt und dann aufsteht, ohne sich zu schütteln, kann es innere Schmerzen haben.

Unten: Haarverlust kann auf eine ganze Reihe von Hautproblemen hinweisen, z.B. auf Sattelekzeme. Da sie oft sehr ansteckend sind, sollten sie unter Beachtung aller nötigen Hygienemaßnahmen behandelt werden.

Wälzen sind Indizien für Koliken. Es gibt drei Arten von Koliken: spasmische, blähende und durch Darmverschlingungen hervorgerufene. Sie können durch nährstoffarmes Futter oder durch unregelmäßiges Füttern ausgelöst werden. Auch Überfressen, leicht gärendes Futter, Streß, falsche Haltung und – als Hauptursache – Wurmbefall können dahinterstecken. Bei einer anderen bekannten Kolikenart können die Eingeweide gelähmt werden.

Kreuzverschlag entsteht, wenn ein Pferd nach einem reichhaltigen Fressen sofort schwere Arbeit verrichten muß. Das Pferd wird steif und unsicher und kann möglicherweise einen Kollaps erleiden.

Pferde leiden an Wurmbefall. Das beeinträchtigt ihre Kondition und sollte regelmäßig mit Wurmmitteln behandelt werden. Würmer sind, genau wie zuviel Gras, auch für Durchfall verantwortlich.

Da viele Hautkrankheiten sehr ansteckend sind, müssen bei der Behandlung strenge Hygienebestimmungen beachtet werden. Läuse sind besonders bei solchen Pferden üblich, die im Frühling im Freien grasen. Die Sommerräude wird durch Allergien ausgelöst und befällt Mähne und Schweif. Bei der Scherpilzflechte handelt es sich um eine Pilzinfektion, die auf andere Tiere und auch auf Menschen übertragen werden kann. Durch Dasseln kommt es zu schmerzhaften Schwellungen auf dem Rücken. Futter und Einstreu können Hautallergien auslösen. Nesselfieber ist eine weitere verbreitete Hautkrankheit.

GESUNDHEITSUNTERSUCHUNGEN

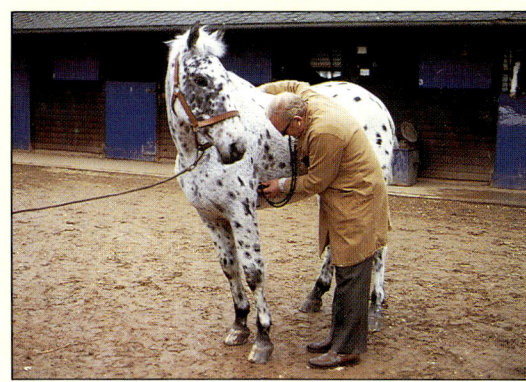

Jedes Pferd, ob Arbeitspferd oder nicht, sollte einmal im Jahr dem Tierarzt vorgeführt werden. Bei Reitpferden und Zugtieren wird der Arzt das Herz untersuchen (Herzrhythmus und Puls). Man wird die Lungen überprüfen und nach Anzeichen von Blutstau suchen, was auf eine Infektion oder Allergie hinweisen könnte. Andere Untersuchungen konzentrieren sich auf Hufe, Augen, Fell und Bewegungsapparat – Anzeichen von Steifheit könnten auf Arthritis hinweisen.

Rechts: Wird dauernd das gleiche Bein ruhiggestellt, können Lahmheit oder eine Verletzung vorliegen.

PFERDE DER WELT

Seitdem der Mensch Pferde domestiziert, züchtet er auch besondere Rassen. Er kreuzte Pferde mit unterschiedlichen Merkmalen, um Tiere zu »produzieren«, die körperlich und geistig genau seinen Anforderungen entsprachen. So entstanden mit der Zeit Hunderte von Rassen. Solche, für die man keine Verwendung mehr hatte, starben aus – Zugpferde und Streitrösser sind Beispiele dafür –, aber auch viele der heutigen Arten sind bereits gefährdet. Neue Rassen entstanden, um neue Aufgaben zu erfüllen. Der große Zuwachs der Freizeitreiter und der Pferdewettkämpfer in den letzten 20 Jahren hat speziell für diese Zielgruppen geeignete Rassen hervorgebracht.

Eine neue Rasse wird durch Anlegen eines Zuchtbuches formell anerkannt. Hier gibt es zwei verschiedene Arten: Neue Rassen werden üblicherweise in offenen Zuchtbüchern geführt. Diese legen fest, daß Hengst und Stute nicht unbedingt der gleichen Rasse angehören müssen, sondern die Bedingungen schon erfüllt sind, wenn sie nur reinrassig sind.

Bei einem offenen Zuchtbuch besteht die Möglichkeit, eine Rasse fortwährend weiterzuentwickeln und

Zuchtfehler durch Kreuzungen zu beheben. Bei älteren Rassen ist das Zuchtbuch geschlossen, was nichts anderes bedeutet, als daß beide Eltern eines Pferdes registrierte Mitglieder einer Rasse sind.

Es gibt bei den Pferderassen vier Kategorien: Ponys, Kaltblüter, Warmblüter und Vollblüter. Ponys sind nicht größer als etwa 150 cm. Darüber hinaus gibt es jedoch noch andere Unterschiede zu Pferden. Viele Ponyrassen haben sich in der Wildnis entwickelt, und im Gegensatz zu den meisten anderen Rassen sind sie dabei auf natürliche Weise schlau und robust geworden. Sie werden selten krank oder lahm.

Weil sie sich meist innerhalb ihrer Rasse fortpflanzen, werden ihre schlichten Wesensmerkmale unverfälscht an die Nachkommen weitergereicht. Die schweren Arbeitspferde gehören zu den Kaltblütern; sie sind sanft, gutmütig sowie ausdauernd und gelten als harte Arbeiter.

Zu den Vollblütern gehören die reinrassigen Araber mit ihrem feurigen, stolzen und temperamentvollen Wesen. Die Warmblüter sind heute am verbreitetsten. Hier findet man alle Rassen der Sport- und Reitpferde

Links: Ein Meister-Hunter als Beispiel für Kraft und athletischen Ausdruck, wie es für diesen Typ verlangt wird. Hunter werden speziell für das Land gezüchtet, in dem sie arbeiten sollen. Viele wurden mit Vollblütern gekreuzt, um ihnen Durchsetzungsvermögen und Sprungkraft mitzugeben. Durch Blutbeigaben schwererer Pferde, manchmal auch von Robustpferden, wurden die Hunter ausdauernd, so daß sie ihren Reiter den ganzen Tag lang durch schwieriges Gelände tragen konnten.

Rechts: Dieses Pferd ist ein gutes Beispiel für einen Hack heutiger Tage. Früher verwendete man diesen Begriff ganz allgemein für ein Reitpferd zweifelhafter Abstammung. Der moderne Hack aber hat Vollblut in sich und wird nach seiner Erscheinung, nach seinem Auftreten, seinem Benehmen, nach seiner Aktion und der Qualität seiner Leistung beurteilt.

und einige der leichteren Zugpferdrassen. Die meisten zählen Araber zu ihren Vorfahren, die mit Zugpferden oder Ponys gekreuzt wurden.

So entstanden Pferde mit Geist und Durchhaltevermögen, die viel robuster waren als die Vollblüter und die Araber. Es entwickelten sich aber auch fügsame, verständige und harte Arbeiter.

Außerdem gibt es bei Pferden Kategorien, die in keinem Zuchtbuch erfaßt sind, aber trotzdem als besondere Arten anerkannt wurden. Dazu gehören der Cob, der Hack und der Hunter; es gibt aber auch registrierte Vollblut-Hunter oder Vollblut-Hacks.

Der Begriff Hack leitet sich ab von Hackney oder Haquenai, so nannte man im Mittelalter ein Mietpferd geringer Qualität.

Erst allmählich bürgerte sich dieser Begriff als allgemeine Bezeichnung für Reitpferde ein, im Gegensatz zu Pferderassen für die Jagd. Es gab zwei Arten von Hacks – den »Park-Hack« und den »Covert-Hack«. Der Park-Hack wurde von den Reichen zum Vergnügen geritten (daher der Ausdruck »hack«, den man auch für »Spazierritt« benutzt) und mußte deshalb be-

sonders gut aussehen. Er hatte vorzügliche Manieren und war leicht und bequem zu reiten. Ein Covert-Hack wurde von der Aristokratie bei der Fuchsjagd geritten, während der Reitknecht mit dem Hunter in gemäßigterem Tempo folgte. Auch vom Covert-Hack wurde erwartet, daß es ein wohlerzogenes und leicht zu reitendes Pferd war.

Heute bezieht sich der Begriff Hack auf ein hochwertiges Reittier, mit dem man beim Ausritt einen guten Eindruck macht. Neben guten Manieren und tadellosem Aussehen erscheint es sehr ausgeglichen, zeigt gute Aktion, reagiert bestens auf Hilfen und nimmt problemlos kleinere Hindernisse. In Europa schätzt man einen kleinen Vollblüter mit einem Schuß Araberblut als Hack, in den USA zieht man dagegen den Saddlebred vor.

Jedes Land hat Pferdeschauen mit eigenen Hack-Arten, doch gelten ähnliche Leistungsmerkmale. Im Schauring wird der Hack nach seiner äußeren Erscheinung, seinem Auftreten, seiner Aktion, seinem Benehmen, nach seiner Ausbildung und nach der Qualität seiner Vorführung beurteilt.

Der Begriff Hunter bezieht sich auf ein Pferd, mit dem ein Reiter sicher auf eine Fuchsjagd gehen kann, und mit dem er vernünftig und bequem durch die Jagdsaison kommt.

Für unterschiedliche Landschaftsformen werden bei der Jagd verschiedene Pferdetypen benötigt. In flacheren Gebieten mit weiten, offenen Ebenen und hohen Zäunen sind Geschwindigkeit und Sprungkraft besonders gefragt. Vollblüter oder ihre nahen Verwandten eignen sich dafür am besten.

In rauhem, hügeligem Gelände, wo man nur sehr mühsam vorankommt und wo das Verfolgen einer Duftspur schwierig ist, sind Kreuzungen aus Vollblütern und leichten Zugpferden oder auch mit robusten Ponyrassen besser geeignet. Sie stehen für ein Reitpferd der ruhigen Art, mit sicherem Gang, viel Durchsetzungskraft und einem guten Instinkt für die Selbsterhaltung.

Schau-Hunter werden nach Gewichtsklassen unterschieden. In Großbritannien gibt es die Schwerge-

wichts-Hunter, die über 90 kg tragen können, Mittelgewichts-Hunter für 80 bis 90 kg, Leichtgewichts-Hunter für bis zu 80 kg, kleine Hunter (zwischen 140 und etwa 150 cm groß) und Hunter für Damen, die mit dem Seitensattel geritten werden können.

Bei ihren Merkmalen legt man besonderen Wert auf die äußere Erscheinung, auf gutes Benehmen, ein ausgeglichenes Temperament, auf angenehmes Reiten und gute Aktion bei allen Gangarten, besonders im Galopp. In den USA werden Hunter auch in Erfahrungsklassen eingeteilt. In den amerikanischen und britischen Klassifizierungen werden von den Arbeits-Huntern auch Sprünge verlangt.

Reitponys wurden im wesentlichen entwickelt, um Kindern ein passendes Reittier zur Verfügung zu stellen. Die robusten Rassen, die in freier Wildbahn leben, haben viele wertvolle Eigenschaften; sie sind intelligent, unempfindlich und sehr gehsicher. Dafür ist ihr Körperbau etwas plump, und die Tiere können sehr eigensinnig sein. Aus diesem Grunde sind reinrassige

Links: Auf der Suche nach einer optimalen Ponykreuzung für Kinder entstanden unterschiedliche Rassen. Das Ziel war, die Robustheit, den guten Allgemeinzustand und das freundliche Wesen eines Wildponys mit Klasse, Schnelligkeit und Athletik eines Arabers zu kombinieren. Das hier gezeigte Amerikanische Shetland, 1969 durch die Kreuzung eines Shetland-Hengstes mit einer Appaloosa-Stute entstanden, stellt ein besonders gelungenes Reitpony für Kinder dar.

Rechts: Cobs sind stämmige Reitpferde. Sie entstehen z.B. durch Kreuzungen zwischen Schwergewichts-Hunter und Vollblut oder zwischen Welsh Cob und Vollblut oder Araber. Das Ziel der Zucht ist ein starkes, gehorsames und gelassenes Pferd.

Wildponys nicht als Reittiere für Kinder geeignet. In vielen Ländern werden die wilden Rassen inzwischen mit Arabern oder Vollblütern gekreuzt, um dem ursprünglichen Wesen ein ansprechendes Äußeres, Athletik, Eleganz und Sanftmut hinzuzufügen.

Auf Pferdeschauen werden in vielen Ländern Wettbewerbe für Reitponys durchgeführt. Die Tiere werden dabei in drei Klassen eingeteilt: bis 120 cm, bis 130 cm und bis 140 cm Größe. Die Ponys werden hier nach äußerer Erscheinung, Manieren, Aktion, Eindruck und nach der Leistung des Reiters beurteilt. Ponys mit einem Schuß Vollblut schneiden in der Regel besonders gut ab. In der Klasse der Arbeitsponys werden auch Sprünge verlangt.

Der Cob ist ein starker, stämmiger Pferdetyp. Lediglich der Welsh Cob wird als eigenständige Rasse eingestuft. Er ist das Ergebnis von Kreuzungen zwischen einer schweren Hunter-Stute und einem Vollbluthengst oder einer Welsh-Cob-Stute mit einem Vollblutreitpony oder sogar mit einem Araberhengst.

Cobs sind kompakt und kräftig, gehorsam und gelassen. Sie sind bei gemäßigtem Tempo sehr gut zu reiten. Für nervöse oder ältere Reiter stellen sie das ideale Reitpferd dar. Sie sind auch dann gut einzusetzen, wenn ein Ausbilder für Rennpferde ein ruhiges Pferd braucht, um eine Herde junger Vollblüter zu beaufsichtigen. Cobs sind so stark, daß sie einen schweren Reiter den ganzen Tag lang tragen können.

Bei britischen Pferdeschauen gibt es meistens auch Präsentationen von Cobs. Sie werden beim Schritt, Trab, Kanter und Galopp gezeigt. Ihre Aktion sollte ruhig, weit ausgreifend und angenehm sein. Sie werden danach beurteilt, wie sie mit allen Gangarten zurechtkommen.

In der Vergangenheit wurden Cobs gerne als Streitrösser eingesetzt, eine Rolle, die heute zum Glück nicht mehr gefragt ist.

DIE RASSEN DER WELT

Obwohl der Lebensraum vieler Pferde- und Pony-rassen ursprünglich an ganz bestimmte Orte gebunden war, findet man sie heute auf der ganzen Welt. In den folgenden Tabellen sind sie nach Herkunftsländern geordnet. Es wurden alle wichtigen Pferde- und Ponyrassen berücksichtigt; weniger bekannte werden mit den Rassen aufgeführt, aus denen sie hervorgegangen sind.

Auf den folgenden Seiten erhalten Sie Informationen über den Ursprung der einzelnen Rassen, über die Aufgaben, die sie im Laufe der Jahrhunderte erfüllt haben, und darüber, wofür sie sich heute am besten eignen. Ahnenkarten zeigen die Abstammung jeder Rasse chronologisch bis ins 20. Jahrhundert hinein.

In zusätzlichen Feldern finden Sie weitere Einzelheiten zur Identifizierung sowie besondere Merkmale und Einsatzbereiche.

NORD-AMERIKA

Quarter Horse 52
Mustang 54
Morgan 55
Appaloosa 56
Standardbred 58
Amerik. Saddlebred 60
Tenn. Walking Horse 61
Palomino 62
Pinto 63
Pony of the Americas 64
Canadian Cutting Horse 65

SÜD-AMERIKA

Falabella 66
Criollo 67
Peruanischer Paso 68
Paso Fino 69
Galiceño Pony 70
Mangalarga 71

GROSSBRITANNIEN UND IRLAND

Exmoor Pony 72
Dartmoor Pony 73
Fell Pony 74
Dales Pony 75
New Forest Pony 76
Connemara Pony 77
Shetland Pony 78
Highland Pony 79
Welsh Ponys 80
Cleveland Bay 82
Hackney 83
Shire-Pferd 84
Suffolk Punch 85
Irish Draught 86
Irisches Jagdpferd 87

WESTEUROPA

Anglo-Araber 88
Französicher Traber 89
Camargue-Pferd 90
Percheron 92
Bretone 93
Friese 94
Belgisches Zugpferd 95
Freiburger 96
Trakehner 97
Hannoveraner 98
Oldenburger 100
Ostfriese 101
Holsteiner 102
Schleswiger 103
Lipizzaner 104
Haflinger 106
Gelderländer 107

OSTEUROPA UND ASIEN

Tarpan 124
Konik 125
Wielkopolska 126
Kladruber 127
Shagya-Araber 128
Furioso 129
Muraköser Pferd 130
Orlow-Traber 131
Donpferd 132
Budjonny 133
Achal Tekkiner 134
Tersker 135
Karabakh 136
Wladimir Pferd 137

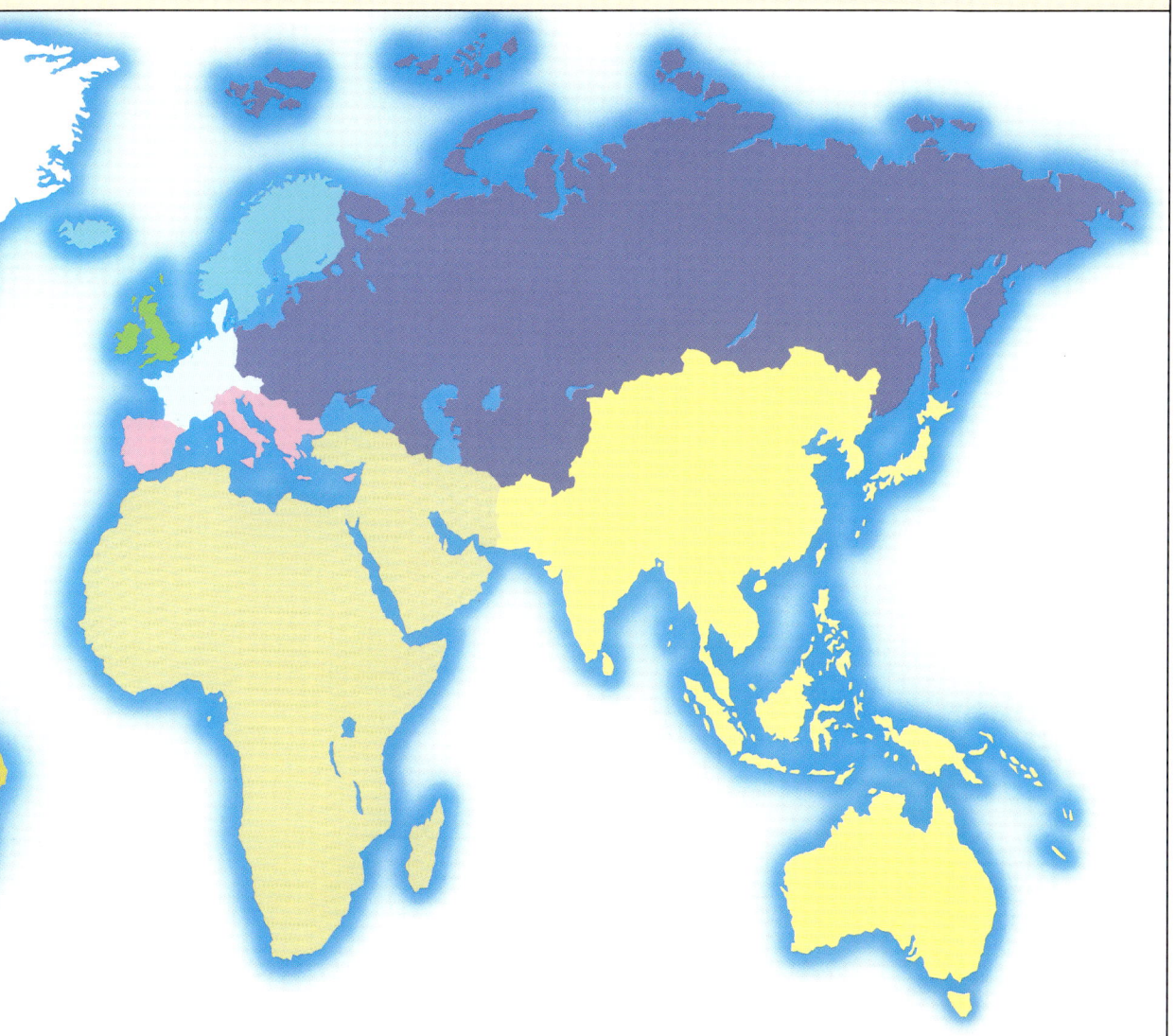

SÜDEUROPA

Salerner 116
Italienisches Kaltblut ... 117
Andalusier 118
Altér Real 120
Lusitaner 121
Skyros 122
Bosniake 123

SKANDINAVIEN

Schwedisches
Warmblut 108
Schwedischer
Ardenner 109
Frederiksborger 110
Knabstrupper 111
Dölepferd 112
Fjordpferd 113
Finnischer Klepper 114
Island Pony 115

NAHOST UND AFRIKA

Berber 138
Kaspisches Pony 139
Perser 140
Basuto Pony 141

ASIEN UND AUSTRALIEN

Manipur Pony 142
Mongolisches
Wildpferd 143
Java Pony 144
Sumba Pony 145
Burma Pony 146
Australisches
Stock Horse 147
Australisches Pony 148
Brumby 149

ARABER

Der Araber ist das älteste reinrassige Pferd. Es gibt Beweise dafür, daß er sich aus einer Gruppe prähistorischer Wildpferde entwickelt und sich über Asien bis zum Nahen Osten verbreitet hat. 8000 Jahre alte Felsmalereien in Südlibyen zeigen ein Pferd, das dem modernen Araber bemerkenswert ähnlich sieht.

Der Araber wurde in verschiedenen Ländern gefangen und domestiziert. Daraus haben sich unterschiedliche Zweige entwickelt. Trotzdem bleiben die Pferde der Beduinen-Araber die berühmtesten ihrer Art; sie sind als Original- oder Elitearaber bekannt.

Die Beduinen brauchten Pferde, die zäh genug waren, um im rauhen Wüstenklima leben zu können, die aber auch schön genug aussahen, um stolz auf sie zu sein. Ihre selektive Zucht betreiben die Beduinen möglicherweise schon seit 2000 Jahren. Stuten werden nach Ausdauer und Mut, Hengste dagegen nach Schönheit und Intelligenz ausgewählt.

Die Beduinen haben immer großen Wert auf die Reinheit der Stammbäume gelegt; nur echte Asil-Pferde (asil = reinen Blutes) wurden in der Zucht einge-

KURZINFO

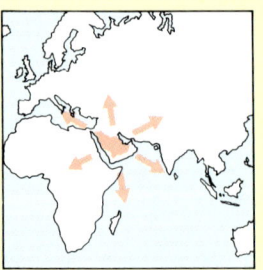
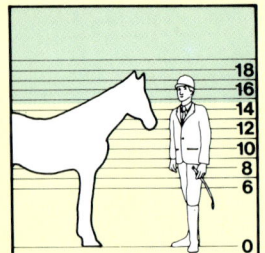

Farbe: Fuchs, Schwarzbrauner, Grauschimmel.
Größe: 140 bis 150 cm.
Exterieur: Kleiner Kopf, konkaves Gesicht, geschwungener Hals, lange, abfallende Schultern, kurzer Rücken, gute Gurttiefe, starke Hinterhand, Schweif hochgestellt und gebogen, feste, trockene Beine, kurze Röhren.
Charakter: Tapfer, intelligent, feurig und ausdauernd.
Einsatzgebiete: Reiten, Verbesserung von anderen Rassen.

Dieser Araber zeigt einen kleinen Kopf mit konkavem Gesicht und schmalem Maul – Merkmale, die typisch sind für diese Rasse. Weil diese Art schon seit Hunderten von Jahren an Menschen gewöhnt ist, mag er menschliche Gesellschaft gern. Er ist außerdem sehr aufgeweckt.

setzt. Um die Charaktermerkmale der Tiere zu verstärken, wurde Inzucht betrieben, ein Mittel, das in Europa im Verdacht steht, die Schwächen der Pferde zu vermehren.

Bei der Entwicklung der Araberzucht hat der Islam eine große Rolle gespielt. Als das islamische Reich sich im 8. Jahrhundert ausdehnte, erkannte der Prophet Mohammed die Bedeutung eines zähen und wendigen Pferdes für die Schlachten. Er befahl seinen Anhängern, sich der Pferdepflege mit größter Sorgfalt zu widmen und schrieb, daß dem Menschen für jedes Gerstenkorn, das er dem Pferd zu fressen gebe, eine Sünde im Himmel vergeben werden solle.

Mit der Ausdehnung des Islam fand der Araber seinen Weg nach Westeuropa, wo seine besondere Überlegenheit gegenüber den schweren Streitrössern der

ABSTAMMUNG

Asiatisches
Wildpferd

Araber

Europäer bald offensichtlich wurde. Nachdem die Mauren aus Spanien vertrieben worden waren, kreuzte man die zurückgebliebenen Araberpferde mit einheimischen Rassen, um so eine neue Kampfpferd-Rasse – den Andalusier – zu entwickeln. Dieser war immer noch groß und stark, aber auch schnell und sehr wendig. Das Ansehen, das der Araber durch seine Ausdauer, Schnelligkeit und Wendigkeit erworben hatte, machte diese Rasse schnell berühmt.

Aufgrund der Fähigkeit, Körperbau und Gesundheit, die leichte und fließende Aktion, seine Ausdauer und seine Sanftmut an all seine Nachkommen weiterzuvererben, war der Araber in ganz Europa begehrt, wenn neue Rassen entwickelt oder einheimische Rassen verbessert werden sollten. So hat er mehr als jeder andere Einfluß auf die Pferdearten der Welt genommen. In allen Warmblütern wie auch in vielen Ponys fließt etwas Araberblut.

Die Popularität der Araberpferde ist immer noch ungebrochen, und ihre Zucht wird auf der ganzen Welt betrieben. Trotzdem besteht die Gefahr, daß wahllose Zucht – um den Bedarf zu decken – zu einem Qualitätsverlust führt.

Der Araber ist aber nicht nur für Kreuzungen geeignet, er ist auch ein exzellentes Reitpferd. Obwohl reinrassige Araber nicht bei der Military eingesetzt werden, eignen sie sich gut für Querfeldeinrennen.

Ein Araberfohlen mit seiner Mutter. Araber reichen ihre Qualitäten an ihre Nachkommen weiter; sie sind seit eh und je begehrte Tiere, die bei der Entwicklung von *neuen und bei der Verbesserung bestehender Rassen mitwirken. Viele Araber-Zuchtvereinigungen wachen sorgfältig über die Reinhaltung dieser Art.*

VOLLBLUT

KURZINFO

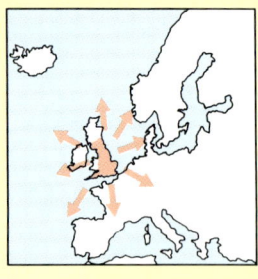
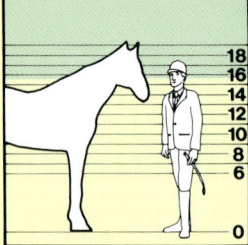

Farbe: Meist kräftige Farben.
Größe: 140 bis 170 cm, je nach Verwendungszweck; im Durchschnitt etwa 160 cm.
Exterieur: Unterschiedlich; edler Kopf, langer, gewölbter Hals, abfallende Schultern, tiefe Brust, kurzer, kräftiger Rücken, tiefer Körper, muskulöse Hinterhand, trockene Beine.
Charakter: Mutig und temperamentvoll.
Einsatzgebiet: Renn-, Reit- und Zuchtpferd.

Das Vollblut ist auf der ganzen Welt als *das* Rennpferd schlechthin berühmt. Es gilt als das schnellste und beste Pferd überhaupt, obwohl es noch gar nicht so lange eine eigenständige Rasse ist.

Pferderennen, die in England seit alters beliebt waren, erlebten während der Herrschaft Charles' II. eine neue Blüte. Die schnellsten einheimischen Stuten – wahrscheinlich waren auch die heute ausgestorbenen Galloways dabei – wurden eine Zeitlang mit importierten Arabern, Berbern und Türken gekreuzt, um Geschwindigkeit und Leistung dieser Rennpferde zu verbessern. In dieser Zeit wurden zwar viele Araberhengste eingesetzt, drei ganz spezielle hatten aber besonderen Einfluß.

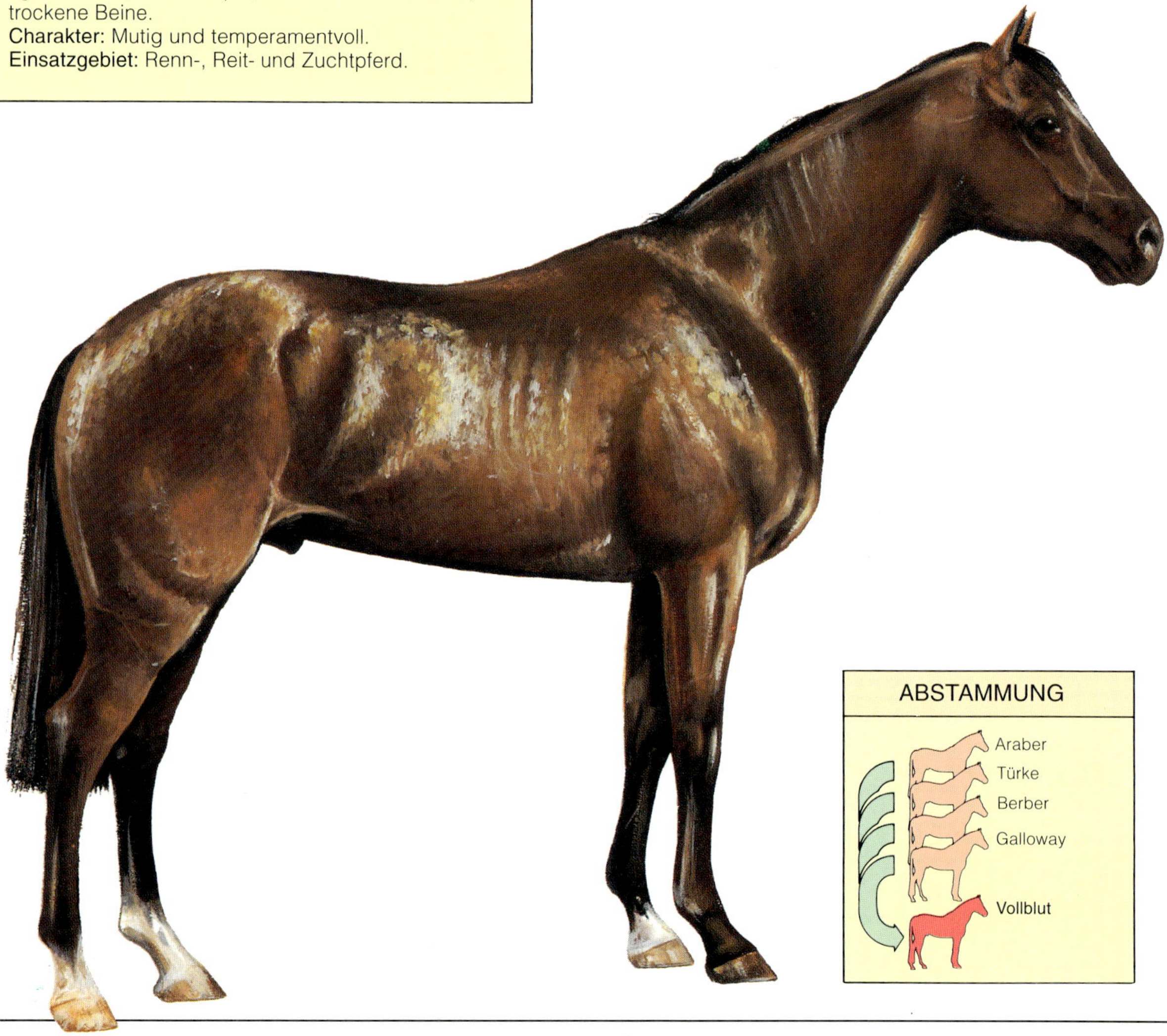

ABSTAMMUNG

Araber
Türke
Berber
Galloway

Vollblut

Vollblutrennen in Happy Valley, Kalifornien. Die Vereinigten Staaten sind für ihre jungen und außergewöhnlichen Sprinter bekannt. In den letzten 200 Jahren hat sich des Vollblut zum führenden Rennpferd der Welt entwickelt; es wird heute bei Rennen in über 50 Ländern eingesetzt.

Als erster kam der Byerley-Türke nach England, er wurde 1690 erstmals zu Zuchtzwecken verwendet. 1704 kam der Darley-Araber. Er war der Urahn von Eclipse, dem berühmtesten Rennpferd aller Zeiten. Ein Darley-Araber zeugte auch Flying Childers, der niemals besiegt wurde. Als letzter kam 1728 der Godolphin-Araber.

Diese Hengste wurden so erfolgreich mit den besten englischen Rennstuten gekreuzt, daß alle Vollblüter, die im allgemeinen Zuchtbuch (seit 1791) registriert worden sind, zu ihnen zurückverfolgt werden können. Interessanterweise wurde keiner der Hengste je selbst bei Rennen eingesetzt. Der Grund für die Beliebtheit von Araberblut ist wohl die Tatsache, daß es für Qualität steht und die Garantie bietet, artentreu zu züchten.

Als Pferderennen zu einem eigenständigen Geschäftszweig wurden, kümmerten sich die Züchter mehr um die Stammbäume und setzten nur noch solche Pferde ein, die sich auf der Rennbahn bereits bewährt hatten. Zunächst liefen die Vollblüter auf Langstrecken über 6,4 bis 19,3 km. Allmählich wurden die Strecken dann kürzer, so daß auch jüngere Pferde an Rennen teilnehmen konnten. Sie wurden besonders gut gefüttert und versorgt; so wurde diese Rasse immer größer und schneller, bis um 1850 ein Höhepunkt erreicht war.

Im Ausland war das Interesse am Vollblut schon immer sehr groß, deshalb wurden viele Pferde exportiert. Heute wird es auf der ganzen Welt gezüchtet,

VOLLBLUTARTEN

Vollblüter unterscheidet man im allgemeinen nach Bahn- und Hindernisrennpferden. Bei den Bahnläufern gibt es drei Kategorien:
1. Sprinter (für Strecken zwischen 1 und 1,5 km) – das sind junge, frühreife Pferde mit viel Tempo und wenig Ausdauer; 2. Pferde für die klassische mittlere Distanz von 1,5 bis 3 km z.B. auf dem Kentucky- oder Epsom-Derby; 3. Steher, das sind Spätentwickler, die über große Distanzen laufen können.
Bei den Hindernisspringern gibt es die Hindernisspringer und die Hürdenspringer. Sie müssen zäh, ausdauernd und sprungfreudig sein. Bei der Pferdezucht werden die verschiedenen Anforderungen der einzelnen Kategorien berücksichtigt.

und es gibt eine ganze Reihe von Ländern, die berühmt für erstklassige Zuchtergebnisse sind. Die USA sind bekannt für außergewöhnliche, junge Sprinter. In Frankreich findet man besonders gute Pferde und Steher für mittlere Strecken.

Das Vollblut, das durch sein gutes Exterieur, durch lange, leichte Aktion und durch Ausgewogenheit besticht, ist auch ein perfektes Reitpferd. Durch Kreuzungen mit etwas ruhigeren Temperamenten erhält man gute Springpferde, Military-Pferde und Hunter. Bei der Entwicklung und Verbesserung der Anglo-Araber, Hannoveraner, Trakehner und Westfalen hat das Vollblut wichtige Beiträge geleistet.

QUARTER HORSE

Das Quarter Horse wurde zwar erst 1941 offiziell als eigenständige Rasse anerkannt, es ist aber in Wirklichkeit die älteste amerikanische Pferderasse, die es gegenwärtig noch gibt.

Im 17. Jahrhundert vergnügten sich Siedler in Virginia und Carolina an Sonn- und Feiertagen damit, auf der Hauptstraße ihres Dorfes Pferderennen durchzuführen. Dabei ging es für gewöhnlich über eine Distanz von einer Viertelmeile (etwa 400 m).

Pferde aus Kreuzungen zwischen einheimischen Chicasaw Indianerponys (Mustangs mit Araber-, Berber-, und Türkenabstammung) und englischen Vollblütern erwiesen sich auf dieser Strecke als überaus schnell. Sie wurden bald zu begehrten Zuchttieren. Eines der Tiere, der 1756 aus England importierte Hengst Janus, gilt als Stammvater dieser Rasse. Janus selbst lief in England über vier Meilen; seine Nachkommen wurden auf der Viertelmeile berühmt.

Bald begann man mit der sorgfältigen Züchtung des Quarter Horse, um ein sehr schnelles Pferd mit der nötigen Beschleunigungskraft für Sprintrennen zu erhalten. Mit Einführung der Vollblutrennen wurden auch die Rennen über eine Viertelmeile immer besser organisiert und noch beliebter.

Das Quarter Horse wurde bald nicht nur aufgrund seiner Schnelligkeit, sondern auch wegen diverser anderer Qualitäten geschätzt. Es ist ein außerordentlich starkes Pferd mit sehr kräftiger Schulter und Hinterhand, das schwere Männer sowie Lasten über weite Strecken tragen kann. Es kann spurten und enge Kurven drehen – ein ideales Pferd, um Vieh zu stellen und einzufangen. Mit den Siedlern gelangte es nach Westen, wo es sich bald als ideales Pferd für die Arbeit auf großen Farmen erwies.

Das moderne Quarter Horse vereint Kraft, Tempo und Wendigkeit mit Intelligenz, außerdem ist es leicht zuzureiten und zu handhaben, weshalb es sehr beliebt wurde. Je nach Aufgabe, für die es bestimmt ist, gibt es verschiedene Quarter-Horse-Arten; ihnen allen sind die rassetypischen Qualitäten zu eigen. Die schwere-

Mit seiner kräftigen Hinterhand kann das Quarter Horse sich bei der Vieharbeit angemessen bewegen. Es vermag plötzlich zu starten und zu stoppen und sehr enge Kurven zu nehmen. Es ist freundlich und intelligent. In den USA ist es die beliebteste Pferderasse.

QUARTER HORSES IM RENNEN

Das Quarter Horse, benannt nach der Entfernung, die es besonders gut beherrscht, wird immer noch für Rennzwecke gezüchtet. Das teuerste Pferderennen der Welt ist das All American Futurity für dreijährige Quarter Horses. Über die Viertelmeile bleibt das Quarter Horse trotz der Herausforderung durch das Vollblut immer noch ungeschlagen, mit einem derzeitigen Rekord von etwa 20 Sekunden.

ren Pferde werden für die Arbeit mit dem Vieh, die leichteren für Rennen gezüchtet. Ein solches Pferd beim Viehtrieb zu beobachten, wie es aus dem Stand losgaloppiert, abrupt mit rutschenden Hufen stoppt und wie auf einem »Markstück« wendet, ist ein aufregendes Spektakel.

Die Vielseitigkeit des Quarter Horse wird durch die vielen verschiedenen Wettbewerbe bestätigt, an denen es teilnimmt. Da gibt es die Arbeiter, Springer, Jäger und die Polopferde. Es behauptet sich auch in offenen Wettkämpfen gegen andere Rassen.

Das Quarter Horse ist heute mit zwei Millionen registrierten Tieren die zahlenmäßig bedeutendste Rasse in Amerika. Seine Beliebtheit hat dazu geführt, daß es in alle Welt exportiert wurde. Außerhalb der USA sind weitere 800000 Pferde registriert. Es gibt Züchtungen in Kanada, Südamerika, Australien, England und Südafrika.

Dash For Cash, das Quar-
ter Horse mit den höchsten
Preisgeldern in den USA.
Trotz der Einführung des

Vollbluts haben Quarter-
Horse-Rennen in Amerika
nichts von ihrer Beliebtheit
eingebüßt.

KURZINFO

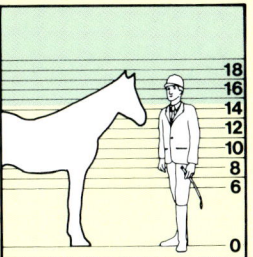

Farbe: Kräftige Farben, meist Füchse.
Größe: 140 bis 150 cm.
Exterieur: Kurzer Kopf, muskulöser Nacken, kurzer
Rumpf, breite, kräftige Hinterhand, schlanke Beine.
Charakter: Intelligent und vielseitig.
Einsatzgebiet: Reiten, Farmarbeit, Rodeos, Rennen.

ABSTAMMUNG

Araber
Berber
Türke
Andalusier
Vollblut

Quarter Horse

MUSTANG

Der Mustang ist das nordamerikanische Wildpferd; es stammt von den Pferden spanischer Siedler ab und hat deshalb Blut von Andalusiern, Arabern und Berbern in sich. Mustangs sind über 300 Jahre frei umhergezogen – eine Zeitspanne, in der sie sich zu zähen, genügsamen und unabhängigen Pferden entwickelt haben. Viele wurden von Indianern eingefangen, später waren sie auch bei den Cowboys sehr beliebt. Bei den ersten Mustangs waren das spanische und das Berberblut unübersehbar.

Mustangs haben ein gutes Gespür für Rinder. Neben der Arbeit mit den Viehherden kreuzte man sie auch mit größeren Rassen, die Siedler mitbrachten, um größere Arbeitspferde zu züchten. Später wurde auch mit dem Vollblut gekreuzt. Mit dem Quarter Horse gelang die bemerkenswerteste Züchtung einer neuen Rasse, die auf den Mustang zurückgeht. Er war aber auch bei anderen Rassen wie dem Appaloosa, Palomino und dem Pinto beteiligt.

Die Zahl der wildlebenden Mustangs ist so stark zurückgegangen, daß sie heute per Gesetz geschützt sind. Außerdem wurden zahlreiche Register angelegt, um die verschiedenen Unterarten zu erhalten. Im Re-

KURZINFO

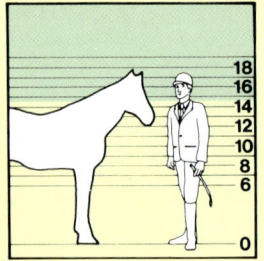

Farbe: Jede Farbe.
Größe: 140 bis 150 cm.
Exterieur: Unterschiedlich; leicht gebaut, trockene Beine und Füße.
Charakter: Unabhängig, hartnäckig.
Einsatzgebiet: Viehwirtschaft, Reiten, Ausdauerrennen.

gister für Spanische Mustangs z.B. werden die Berberabkömmlinge geführt. Diese Pferde eignen sich besonders als Reitpferd und für Ausdauerrennen. Im Register für spanische Berbermustangs werden die Tiere erfaßt, die keine reinrassige Berberabstammung aufweisen, aber die korrekten Merkmale haben.

ABSTAMMUNG

Andalusier
Araber
Berber
Türke

Mustang

MORGAN

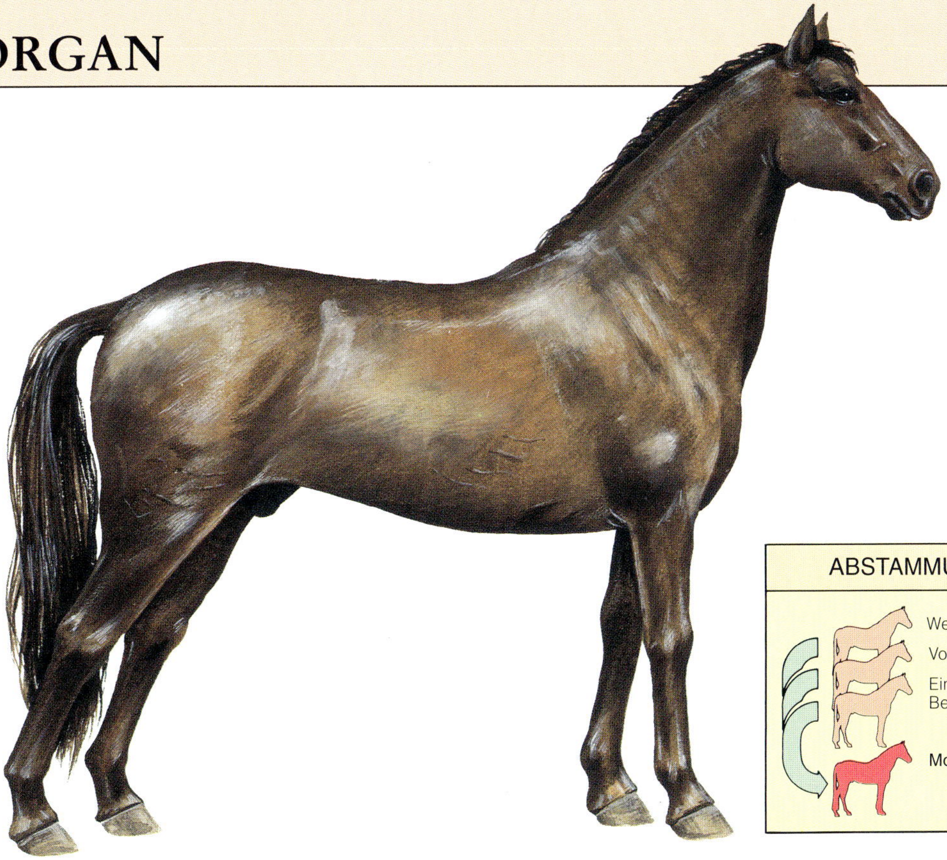

ABSTAMMUNG

Welsh Cob
Vollblut
Einheim.
Bestand

Morgan

Der Morgan ist die erste rein amerikanische Rasse. Urvater war ein Hengst namens Figure, der 1793 in Massachusetts geboren wurde und schließlich nach einem seiner Besitzer, Justin Morgan von Vermont, benannt wurde.

Die Herkunft dieses Hengstes ist unbekannt, man nimmt aber an, daß es sich dabei um eine Mischung aus Welsh Cob, Vollblut und einheimischen Rassen mit Araber- und Berberabstammung handelte.

Der Morgan zeichnete sich sowohl beim Reiten als auch beim Wagenrennen aus, konnte schwere Gewichte ziehen, war ein sehr gutes Reit- und Farmpferd und außerdem als Zuchtpferd gefragt. Größe, Aussehen und vor allem Charakter gab er mit solcher Beständigkeit an seine Nachkommen weiter, daß zum Zeitpunkt seines Todes (im Jahre 1821) eine neue Rasse entstanden war.

Im 19. Jahrhundert wurde der Morgan schon bei der Entwicklung anderer berühmter Rassen verwendet: beim Standardbred, Saddlebred und Tennessee Walking Horse.

In der Vergangenheit wurde der Morgan zumeist als Farm- und Wagenpferd eingesetzt. Noch heute ist der Morgan die einzige Rasse, die als Arbeits-, Schau- und Zugpferd gezeigt wird.

KURZINFO

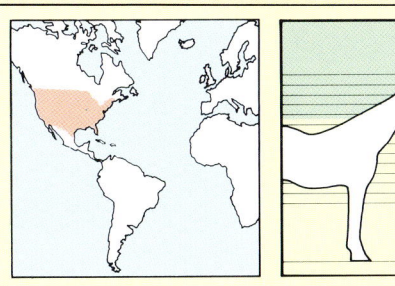

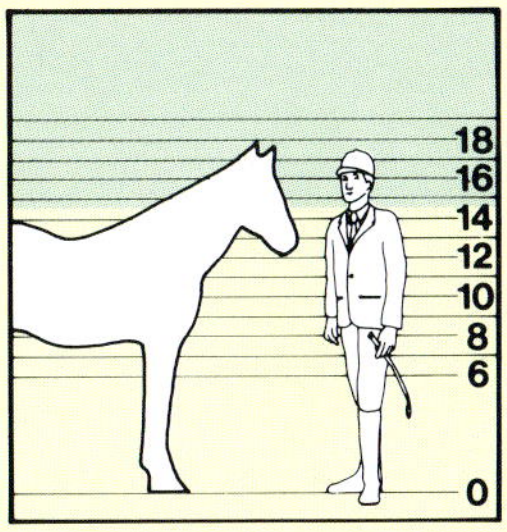

Farbe: Hauptsächlich Schwarzbrauner, auch Brauner, Rappe und Fuchs.
Größe: 140 bis 150 cm.
Exterieur: Mittelgroßer Kopf, Gesicht leicht konkav, dicker Nacken, tiefe Brust, breiter Rücken, muskulöser Körper, hochgesetzter Schweif, die Beine sind optimal angesetzt.
Charakter: Gutmütiger Schwerarbeiter, sehr aktiv.
Einsatzgebiete: Reit- und Geschirrpferd.

Dank seiner Kraft und Ausdauer, seiner eleganten Gangart und Gutmütigkeit ist er auch heute noch sehr beliebt – ein ideales Familienpferd, das vielseitig eingesetzt werden kann.

APPALOOSA

Frühe Höhlenmalereien wie die in Lascaux legen nahe, daß gefleckte Pferde schon in prähistorischer Zeit gelebt haben. Man weiß, daß es solche Pferde im alten Persien und in China gegeben hat, auch in ägyptischen Wandmalereien sind sie zu finden.

Gefleckte Pferde, die wahrscheinlich von den persischen Tieren abstammten, wurden in Spanien schon seit etwa 100 n. Chr. gezüchtet und zu einem besonders guten Reitpferd weiterentwickelt.

Im 16. Jahrhundert nahmen die spanischen Eroberer unter anderen auch diese Pferde mit nach Mexiko. Entlaufene Tiere haben sich von dort aus über ganz Nordamerika verteilt.

Die Nez-Percés-Indianer im nordwestlichen Amerika (das heutige Washington, Oregon und Idaho) waren besonders erfahrene Pferdezüchter, die mit den entlaufenen Tieren Pferde von besonderer Schnelligkeit, Kraft und Wendigkeit züchteten. Die Indianer lebten in der Nähe des Palouse River und die Pferderasse wurde bald unter dem Namen »A Palouse« und

später als »Appaloosa« bekannt. 1877 wurde der Indianerstamm von der Armee fast gänzlich ausgerottet. Ihre Pferde wurden aber eingefangen. Durch sorgfältige Weiterzüchtungen entstand ein geflecktes Pferd, das 1938 als eigenständige Rasse anerkannt wurde. Man findet es zwar hauptsächlich in den westlichen Landesteilen, es gehört heute aber zu den sechs beliebtesten Rassen Nordamerikas.

Bei den Appaloosa gibt es sechs Hauptfellmuster, aber keine zwei Pferde gleichen einander. Leopardbunt besteht aus einem durchgehend weißen Untergrund mit dunklen Flecken. Bei Schneeflocken-bun-

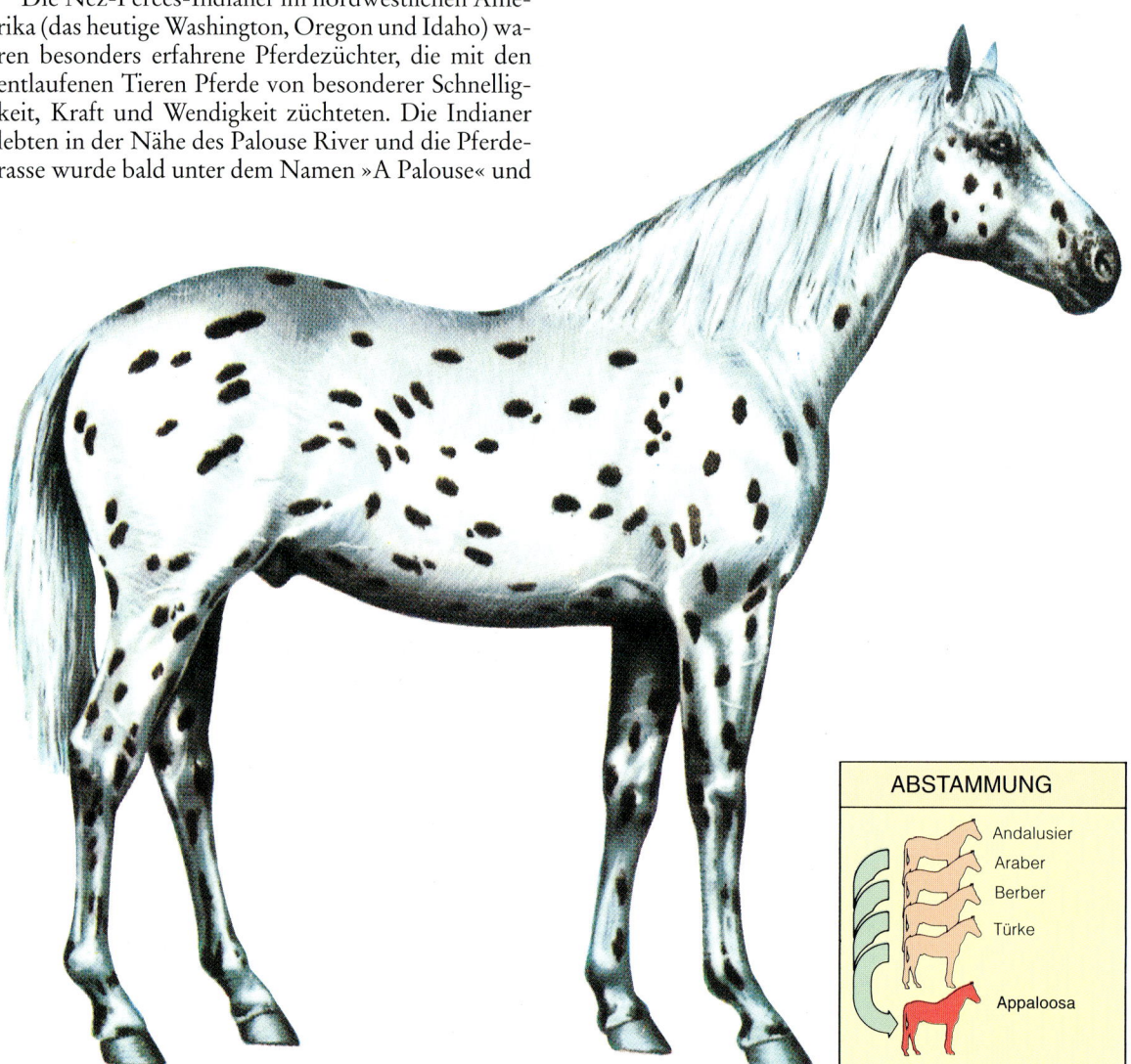

ABSTAMMUNG

Andalusier
Araber
Berber
Türke
Appaloosa

Es gibt sechs Grundmuster bei den Appaloosa. Die Farbe selbst ist zweitrangig, solange das Muster in die Kategorisierung paßt, wie z.B. zum Leopard-bunt (links) und dem Decken-bunt (unten).

KURZINFO

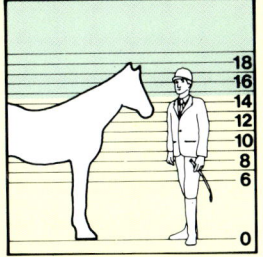

Farbe: Sechs farbige Grundmuster – Marmor-bunt, Leopard-bunt, Schneeflocken-bunt, Frosted Tip, Decken-bunt und Weiße Decke.
Größe: 140 bis 150 cm.
Exterieur: Kurzer Rücken, dünne Mähne und Schweif, trockene Füße, die oft gestreift sind.
Charakter: Mutig und sanft.
Einsatzgebiet: Freizeitreiten, Viehhüten, Paraden und Zirkusvorstellungen.

ten Pferden sind es weiße Flecken auf einheitlich dunklem Grund. Decken-bunte Tiere haben einen fast völlig dunklen Körper mit dunklen Flecken auf weißem Rücken und/oder Hinterhand.

Ein hauptsächlich heller Körper mit dunklem Rücken und/oder Hinterhand wird Weiße Decke genannt. Marmor-bunt beginnt mit einem dunklen Fell bei der Geburt, das im Laufe des Erwachsenwerdens außer einigen dunklen Markierungen an Beinen und im Gesicht fast bis zur Farbe Weiß verblaßt.

Frosted Tip beschreibt einen dunklen Untergrund mit hellen oder weißen Flecken auf Lenden und Flanken. Innerhalb der Muster gibt es noch zahlreiche Variationen.

Der Appaloosa hat eine sehr leichte Bewegung; er ist von Natur aus fügsam. Als Reitpferd ist er deshalb sehr beliebt, ebenso für Fährtenjagd, Gespannfahren und für Farmarbeit. Er wird auf der ganzen Welt wegen seiner auffälligen Musterung bewundert und gern bei Shows und im Zirkus eingesetzt.

STANDARDBRED

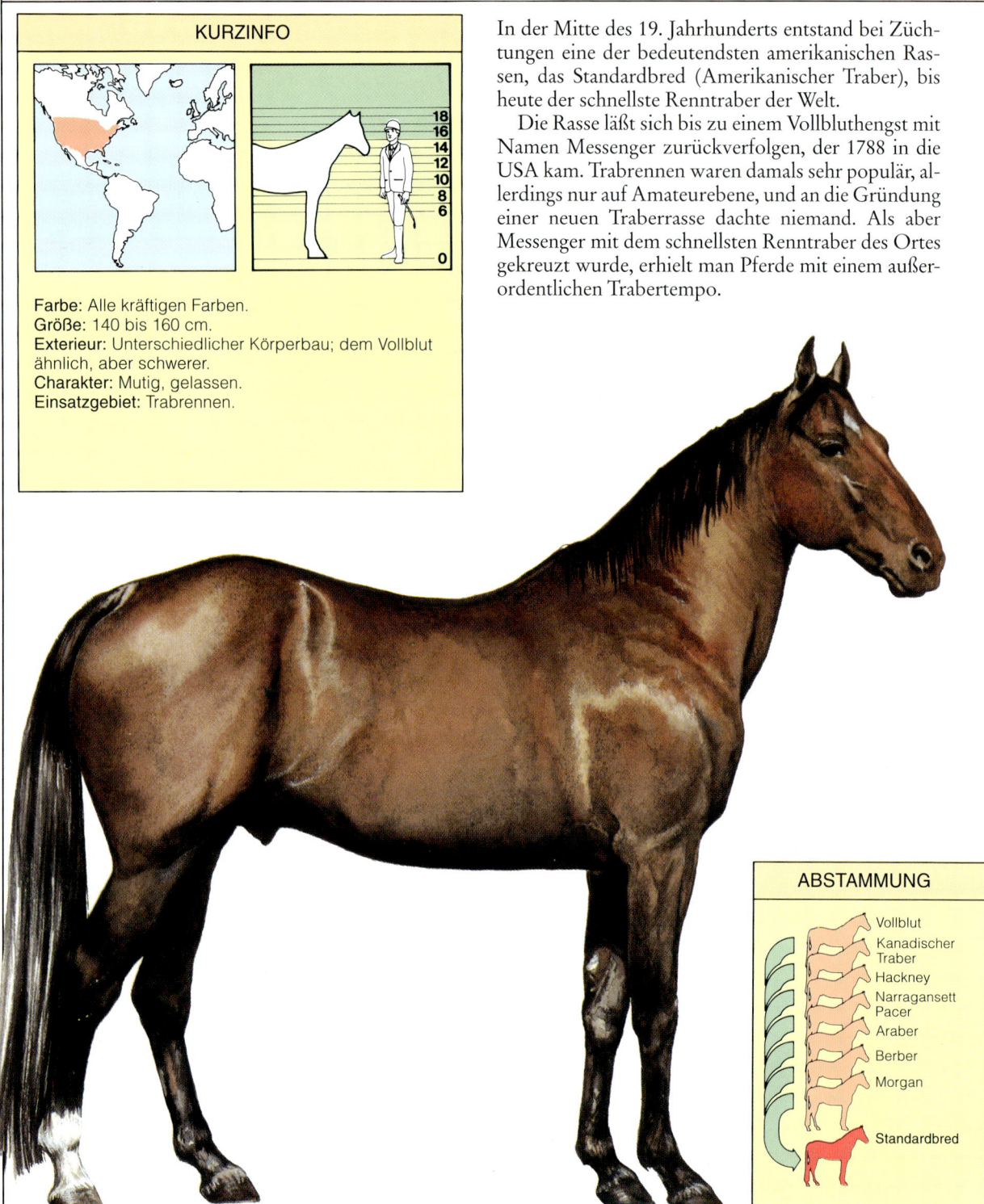

KURZINFO

18
16
14
12
10
8
6
0

Farbe: Alle kräftigen Farben.
Größe: 140 bis 160 cm.
Exterieur: Unterschiedlicher Körperbau; dem Vollblut ähnlich, aber schwerer.
Charakter: Mutig, gelassen.
Einsatzgebiet: Trabrennen.

In der Mitte des 19. Jahrhunderts entstand bei Züchtungen eine der bedeutendsten amerikanischen Rassen, das Standardbred (Amerikanischer Traber), bis heute der schnellste Renntraber der Welt.

Die Rasse läßt sich bis zu einem Vollbluthengst mit Namen Messenger zurückverfolgen, der 1788 in die USA kam. Trabrennen waren damals sehr populär, allerdings nur auf Amateurebene, und an die Gründung einer neuen Traberrasse dachte niemand. Als aber Messenger mit dem schnellsten Renntraber des Ortes gekreuzt wurde, erhielt man Pferde mit einem außerordentlichen Trabertempo.

ABSTAMMUNG

Vollblut
Kanadischer Traber
Hackney
Narragansett Pacer
Araber
Berber
Morgan

Standardbred

Messenger zeugte vier Söhne, von denen fast alle Standardbreds abstammen. Nachdem Trabrennen im 19. Jahrhundert immer beliebter wurden, bediente man sich der selektiven Zucht, um noch schnellere Traber zu erhalten. Vollblüter wurden mit robusten Rassen gekreuzt, die sehr trabtalentiert waren: die Kanadischen Traber, Hackneys, Narragansett Pacer, Pferde mit Araber- und Berberabstammung und Morgans. Der erfolgreichste Abkömmling Messengers, sein Urenkel Hambletonian 10 (geboren 1849), zeugte 1300 Nachkommen. Er gilt als Vater des modernen Standardbred.

Pferderennen mit Wagen werden in Trab- und Paßrennen eingeteilt. In beiden Fällen zieht das Pferd einen Sulky (ein leichtes Gefährt mit zwei Rädern), dabei wird es von einem Fahrer gelenkt. Traber bewegen die Beine diagonal in herkömmlicher Weise.

Paßgänger bewegen jeweils die Beine einer Seite gleichzeitig. Der Paßgang ist eine natürliche Gangart. Pferde mit einem Talent für den Paßgang erhalten dafür schon in jungen Jahren ein besonderes Training. Viele Paßgänger tragen Fußfesseln, die ihre Bewegungen synchronisieren und verhindern, daß die Pferde aus dem Schritt fallen.

1871 wurde das Amerikanische Traber-Register gegründet, und 1879 definierte man die Aufnahmebedingungen. Traber mußten die Meile (1,6 km) in 2:30 Minuten laufen, Paßgänger in 2:25 Minuten. Diesem Standard verdankt die Rasse ihren Namen.

Trabrennen sind auf der ganzen Welt beliebt; man findet sie in Australien, Neuseeland, Südafrika und in mehreren europäischen Staaten wie z.B. Deutschland und Frankreich. Mit dem Standardbred wurden viele andere Traberrassen (etwa der Deutsche Traber, der Französische Traber und der Orlow-Traber) verbessert. Der Körperbau des Standardbred hat keine einheitlichen Merkmale, da er in erster Linie auf Schnelligkeit gezüchtet wurde. Er ähnelt dem Vollblut, ist aber schwerer und robuster und hat eine sehr kräftige Hinterhand. Das Standardbred ist zwar in erster Linie ein Trabrennpferd, seine Schnelligkeit und Ausdauer, sein Eifer und sein ruhiges Wesen machen es aber auch zu einem exzellenten Reitpferd. Seine Qualitäten befähigen es ebenso für Ausdauerritte.

IMMER SCHNELLER

1871 wurden die Standards für diese Rasse festgelegt: Eine Meile (1,6 km) in 2:30 Minuten für Traber und 2:25 Minuten für Paßgänger. 1845 wurde diese Zeit bereits durch eine Stute der Lady Suffolk verbessert, die für eine Meile 2:29,5 benötigte. 1938, fast 100 Jahre später, stand der Rekord für die Meile bei 1:55,25, den der Wallach Greyhound erzielte. Der jüngste Traberrekord liegt bei 1:54,2 Minuten.
Paßgänger sind sogar noch schneller. Die beste Zeit für eine Meile, gelaufen von Steady Star, ist 1:52 Minuten, das entspricht einer Geschwindigkeit von 51 km/h.

Ein Paßgänger bei einem Rennen in Palm Beach, Florida. Er bewegt seine Beine nicht diagonal, sondern lateral (jeweils eine Seite) und ist damit etwas schneller als ein Traber. Pferde mit einem angeborenen Talent für diese Gangart werden von früher Jugend an trainiert.

AMERIKANISCHES SADDLEBRED

Das Saddlebred wurde im 19. Jahrhundert von Plantagenbesitzern in Kentucky entwickelt, die ein Pferd suchten, mit dem sie sich bequem auf ihrem Besitz bewegen konnten und das im Gespann einen besonders guten Eindruck machte. Sie kreuzten die besten ihrer Vollblüter, Morgans und Narragansett Pacer und erhielten so ein intelligentes und gefügiges Tier, das sich auch durch Schnelligkeit und Ausdauer auszeichnete. Der hochgetragene Kopf und die betonte Aktion machen einen äußerst eleganten Eindruck.

Körperbau sowie Aktion des Saddlebred wurden durch intensive Zuchtbemühungen fortwährend verbessert. Heute ist es ein sehr beliebtes und erfolgreiches Schaupferd. Für diesen Zweck wurde die Rasse in drei Klassen eingeteilt. Der Dreigänger beherrscht die drei natürlichen Gangarten. Der Fünfgänger zeigt neben den drei angeborenen Gangarten zwei weitere, die der Mensch entwickelt hat: den Slow Gait und den Rack. Der Slow Gait ist eine sehr langsame, weiche Viertaktbewegung, bei der besonders die Vorderbeine sehr hoch gehoben werden. Der Rack ist eine etwas schnellere Variante des Slow Gait mit forscher Knie- und Sprunggelenkaktion. Das Edle Wagenpferd wird mit vierrädrigen Wagen gezeigt und nach zwei Gangarten beurteilt, dem Walk und dem Trott.

Das Saddlebred ist zwar in erster Linie als Schauringpferd bekannt, als Reit- und Wagenpferd ist es jedoch ebenso geeignet.

KURZINFO

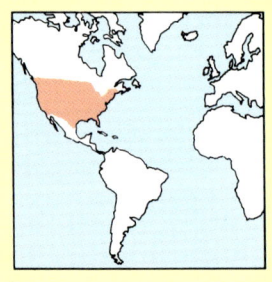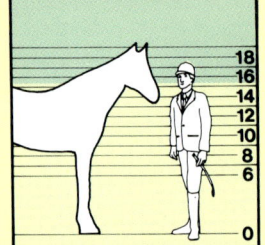

Farbe: Rappe, Brauner, Schwarzbrauner, Grauschimmel und Fuchs.
Größe: 150 bis 160 cm.
Exterieur: Schmaler, ausgeprägter Kopf, große Augen, langer, eleganter Hals, abfallende Schultern, kurzer Rumpf, kräftige, elastische Hinterhand, lange, elegante Beine, hohe Kopf- und Schweifhaltung.
Einsatzgebiet: Reit- und Schaupferd.

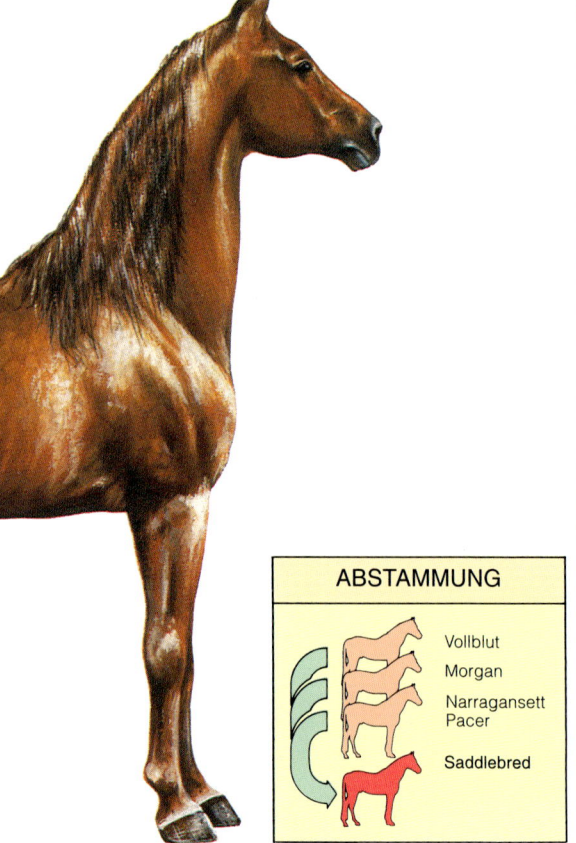

ABSTAMMUNG

Vollblut

Morgan

Narragansett Pacer

Saddlebred

TENNESSEE WALKING HORSE

Das Tennessee Walking Horse (Kurzform: der Walker) entwickelte sich im 18. Jahrhundert aus den Vollblütern, Morgans, Standardbreds, Saddlebreds sowie Narragansett Pacern der Siedler in Tennessee.

Zunächst war der Walker ein vielseitiges Arbeitspferd, seine besonders angenehme Art, ihn zu reiten, machte ihn dann aber sehr beliebt bei den Eigentümern der riesigen Plantagen im Süden.

Der Walker hat einen einzigartigen Körperbau. Seine Statur ist kraftvoll, die Vorderbeine stehen etwas auseinander, die Hinterbeine mit den Sprunggelenken weisen vom Körper weg. Seine Gangarten – der Flatfoot Walk, der Running Walk und der Kanter – wurden für besonders angenehmes Reiten entwickelt und werden von keiner anderen Pferderasse beherrscht. Der Flatfoot Walk zeichnet sich durch eine sanfte, gleitende Aktion aus, als ob das Pferd über dem Boden schwebte. Dabei setzen die Hinterbeine etwa 30 bis 50 cm vor den Vorderbeinen auf. Der Running Walk ist eine schnellere Version dieser Gangart, bei der das Pferd sich aufrichtet und ein Tempo von 25 km/h halten kann. Beim Kanter hebt sich die Vorderhand in einer Art drehender Bewegung, während die Hinterhand fast unverändert bleibt. Der Running Walk ist den Pferden inzwischen angezüchtet worden.

KURZINFO

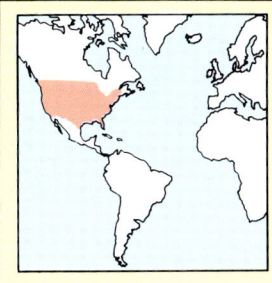
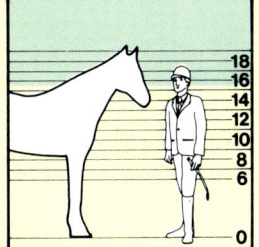

Farbe: Fuchs, Rappe, Schwarzbrauner, Rotschimmel; oft mit weißen Abzeichen.
Größe: 150 bis 160 cm.
Exterieur: Klares Profil, langer, kraftvoller Hals, abfallende Schultern, breite Brust, kurzer Rücken, stark abfallende Hinterhand, elegante Beine, üppiger, hochgetragener Schweif.
Charakter: Sanft und willig.
Einsatzgebiete: Reiten und Schauring.

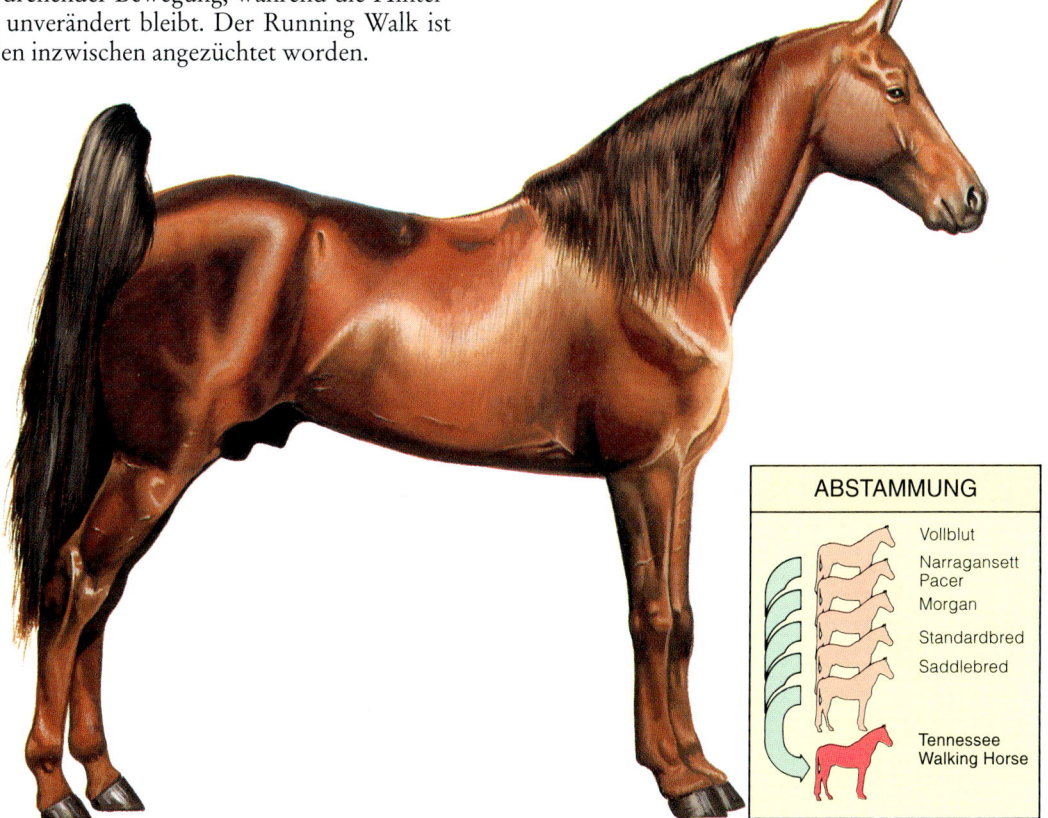

ABSTAMMUNG

Vollblut
Narragansett Pacer
Morgan
Standardbred
Saddlebred

Tennessee Walking Horse

PALOMINO

ABSTAMMUNG

Mustang

Palomino

Der Palomino ist wegen seiner wunderbaren Farbe auf der ganzen Welt sehr beliebt. Er wird weniger über den Körperbau als über die Farbe definiert; da man keine artenreine Züchtung betreibt, wird er nur in den USA als eigenständige Rasse anerkannt. In anderen Ländern wird er als Art geführt, außerdem gibt es Palomino-Gesellschaften und -Zuchtbücher.

Man nimmt an, daß die Anfänge der Palominos im alten China liegen, da die frühen Herrscher dort der Sage nach goldene Pferde geritten haben. Nach Amerika sind sie jedenfalls mit den spanischen Siedlern gekommen. Nachdem die Spanier besiegt und ihre Pferde weggelaufen waren, vermischten sich die Palominos mit den wildlebenden Mustangs Nordamerikas. Später wurden sie dann aus den Herden der Wildpferde herausgefangen und von Cowboys geritten.

Ein Palomino sollte die Farbe einer frisch geprägten Goldmünze haben, auch wenn in den USA etwas hellere und etwas dunklere Schattierungen akzeptiert werden. Die Mähne muß weiß sein.

In Nordamerika wurde der Palomino als Reitpferd von besonderer Qualität gezüchtet. Dort wird er bei der Fährtenjagd, bei der Arbeit mit Viehherden und bei Rodeos eingesetzt. In Großbritannien werden Palomino-Ponys heute gern als Reitpferde für Kinder benutzt.

KURZINFO

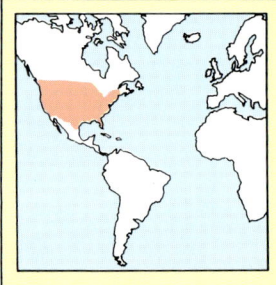

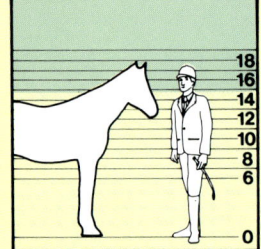

Farbe: Golden mit heller Mähne und Schweif, weiße Abzeichen an den Beinen sind erlaubt.
Größe: Unterschiedlich, gewöhnlich über 140 cm.
Exterieur: Unterschiedlich, in der Regel wie ein Reitpferd oder Reitpony.
Charakter: Unterschiedlich.
Einsatzgebiet: Freizeitpferd, Fährtenjagd, Farmarbeit und Rodeos.

Der Albino gehört in den Vereinigten Staaten zu den anerkannten Farben. Man züchtet ihn hier schon seit dem frühen 20. Jahrhundert. Mit großer Wahrscheinlichkeit stammt er vom Araber-Morgan ab. Er ist schon seit mehreren Generationen reinrassig.

PINTO

Dieses Pferd wurde wegen seiner auffallenden Färbung immer mit Indianern in Verbindung gebracht. Heute wird es gern als Freizeitpferd oder bei Vorführungen eingesetzt. Ähnlich wie der Palomino wurde auch der Pinto ursprünglich nur als Farbe registriert.

Man unterscheidet die Obero-Färbung – sie zeigt große dunkle Flecken auf weißem Untergrund – und die Tobiano-Färbung – hier sind kleine Flecken auf weißem Untergrund in allen möglichen Farben (außer Schwarz) zu sehen. In den USA werden die Pintos in drei Registern geführt, je nach Körperbau. Im American-Paint-Horse-Register sind die Pferde erfaßt, deren Abstammung auf Quarter-Horse- oder Vollblutzüchtungen bzw. auf deren Körperbau zurückzuführen ist. Diese Gesellschaft bemüht sich um Aufwertung des Paint Horse, deshalb werden nur Pferde berücksichtigt, deren Eltern Paint Horses, Quarter Horses oder Vollblüter sind. Im Pinto-Register werden alle Rassen und Typen aufgenommen, wenn sie die Pinto-Färbung tragen.

Es gibt drei Unterteilungen: den Stock-Horse-Typ, den Hunter-Typ (ein englisches Pferd mit Araberoder Morganabstammung) und den Saddlehorse-Typ (ebenfalls ein englisches Pferd mit einer Saddlebred-Abstammung). Die Gesellschaft für marokkanische gefleckte Pferde befaßt sich auch mit Gangpferden.

KURZINFO

 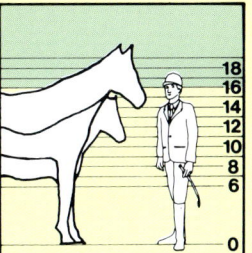

Farbe: Rappe mit weißen Flecken oder Schimmel mit beliebiger Farbe (außer Schwarz).
Größe: Unterschiedlich.
Exterieur: Unterschiedlich.
Charakter: Unterschiedlich.
Einsatzgebiet: Vergnügungsritte, Farmarbeit, auch Schauring.

ABSTAMMUNG

Mustang

Pinto

PONY OF THE AMERICAS

Das Pony of the Americas ist die erste eigenständige Züchtung einer amerikanischen Ponyrasse. Es gibt sie erst seit kurzem; Leslie Boomhower aus Mason City, Iowa, hat sie in den frühen 50er Jahren entwickelt. Er kreuzte einen Shetland-Hengst mit einer Appaloosa-Stute. Das Ergebnis war ein sehr attraktives kleines Appaloosa-Hengstfohlen.

Das Pony of the Americas ist in den letzten Jahren immer beliebter geworden; es gibt bereits ein eigenes Zuchtbuch, und überall in Amerika und Kanada wurden eigene Clubs gegründet. Fohlen werden bis zu einem Alter von drei Jahren provisorisch in das Zuchtbuch aufgenommen, erst danach können sie offiziell anerkannt werden. Entscheidend für die Aufnahme sind Größe, Art und Färbung.

Das Pony läuft mit langen Schritten und mit guter, freier Aktion. Für junge Reiter ist es ein ideales Pferd zum Ausreiten, für Verfolgungsjagden, Schauspringen und Rennen.

KURZINFO

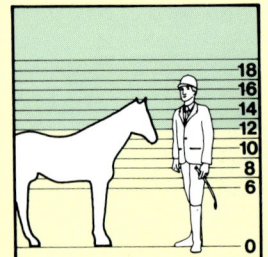

Farben: Farben und Muster wie Appaloosa.
Größe: 110 bis 130 cm.
Exterieur: Arabertypischer Kopf, gutgebaute Schultern, tiefe Brust, kurzer Rücken, rundlicher Rumpf, starke Hinterhand, saubere Beine.
Charakter: Willig und vielseitig.
Einsatzgebiet: Reitpony für Kinder.

ABSTAMMUNG

Shetland Pony
Appaloosa

Pony of the Americas

CANADIAN CUTTING HORSE

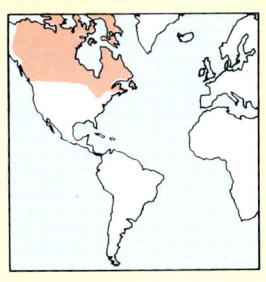
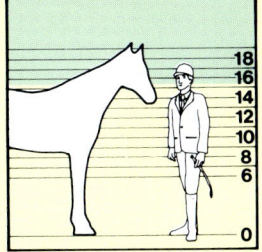
In Kanada gibt es keine einheimische Pferderasse, nur ein einheimisches Pony, das Sable Island Pony.

Mit Züchtungen hat man sich aber trotzdem schon seit der Zeit der ersten Siedler beschäftigt. Ein Ergebnis ist das Canadian Cutting Horse, das sich in seiner Entwicklung irgendwann einmal vom Quarter Horse abgesetzt hat. Es ist außergewöhnlich stark, schnell und wendig und, genau wie das Quarter Horse, bestens für die Vieharbeit geeignet. Es ist bisher nur als Art, nicht aber als Rasse anerkannt.

Das Canadian Cutting Horse ist ein wenig größer als das Quarter Horse, es *zeigt aber eine annähernd vergleichbare Wendigkeit und Ausdauer.*

ABSTAMMUNG

Europäischer Bestand
Quarter Horse

Canadian Cutting Horse

FALABELLA

Mit einer Größe von weniger als 70 cm ist das Falabella das kleinste Pferd der Welt. Ursprünglich entstand es aus einer Kreuzung zwischen einem kleinen Vollblut und einem kleinen Shetland. Zumeist werden sie als Haustiere gehalten, manchmal sieht man sie auch bei Gespannfahrten.

ABSTAMMUNG

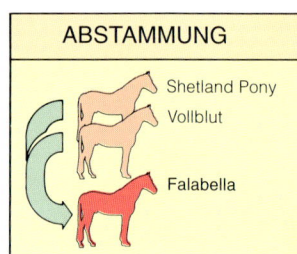

Shetland Pony
Vollblut
Falabella

Mit einer Größe von maximal 86 cm ist das Falabella das kleinste Pferd der Welt. Es ist nach der Familie Falabella benannt, die diese Rasse auf ihrer Farm nahe Buenos Aires entwickelt hat.

Das Falabella ist das Ergebnis einer Kreuzung zwischen einem kleinen Vollblut und Shetland Ponys, um auf diese Weise besonders kleine Pferde zu erhalten. Weiter läßt sich die Entstehungsgeschichte nicht zurückverfolgen. Bis heute sind die Gene dominant, die für die Kleinwüchsigkeit verantwortlich sind. Kreuzt man ein Falabella mit einer beliebigen Stute, dann erhält man Fohlen, die deutlich kleiner bleiben als ihre Mutter. Über Generationen werden die Nachkommen schließlich die Größe eines Falabellas erreichen.

Das Falabella ist ein Miniaturpferd und kein Pony; es bedarf der gleichen sorgfältigen Pflege wie ein Vollblut. Durch die Reduzierung der Größe hat auch seine Kraft abgenommen, einen Reiter kann es also nicht mehr tragen. Als Zugpferd ist es sicherlich ebenso beliebt wie als Haustier.

KURZINFO

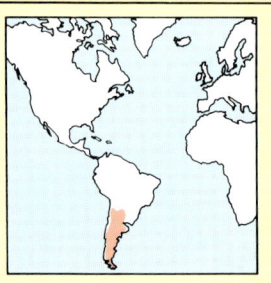

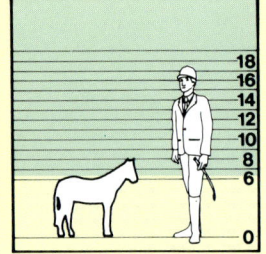

18
16
14
12
10
8
6

0

Farbe: Jede Farbe.
Größe: Weniger als 86 cm.
Exterieur: Proportionen wie bei einem Minipferd, feine Knochen, kleine Füße.
Charakter: Sanft und mutig.
Einsatzgebiet: Als Haustier, gelegentlich auch für Gespannfahrten.

CRIOLLO

Der Criollo, das typische argentinische Pferd, entwickelte sich aus Andalusiern, Berbern und Arabern, die von den Spaniern mitgebracht worden waren. Während sich die Pferde auf den argentinischen Pampas frei bewegten, wurden sie durch natürliche Auslese, durch Anpassung an die rauhen Lebensbedingungen und an die extremen Temperaturen in diesem Land zu einer außergewöhnlich robusten Rasse.

Die Pferde sind schnell, wendig, intelligent und besonders gut bei der Viehhaltung einzusetzen – das beliebteste Pferd der argentinischen Gauchos. Man hat erfolglos versucht, das Criollo durch Kreuzungen mit anderen Rassen noch zu verbessern; heute wird in Argentinien nur noch selektiv gezüchtet. Die besten Zuchttiere werden bei jährlichen Wettbewerben ermittelt, bei denen 108 kg über 750 km ohne Fütterungspausen getragen werden müssen.

Das argentinische Polopony entstand aus einer Kreuzung zwischen Criollo (es steht für Ausdauer und Zähigkeit) und Vollblut (steht für Geschwindigkeit). Der brasilianische Crioulo und der venezolanische Llanero sind mit dem Criollo eng verwandt, da sie sich aus ähnlichen spanischen Tieren entwickelt haben. Von der typischen Criollo-Form unterscheiden sie sich heute aber sehr deutlich.

KURZINFO

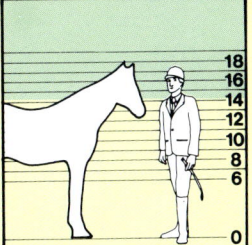

Farbe: Falbe mit dunklen Punkten (Ohrenspitzen, Lippen, Schweif, Mähne) und Dorsalstreifen, manchmal Rotschimmel, Fuchs oder Brauner.
Größe: 140 cm.
Exterieur: Kurzer, breiter Kopf, muskulöser Nacken, kräftige Schultern mit breiter Brust, tiefer Rumpf, elegante, kräftige Beine, kleine Füße.
Charakter: Zäh, willig, sehr ausdauernd.
Einsatzgebiet: Reitpferd, Viehhaltung.

ABSTAMMUNG

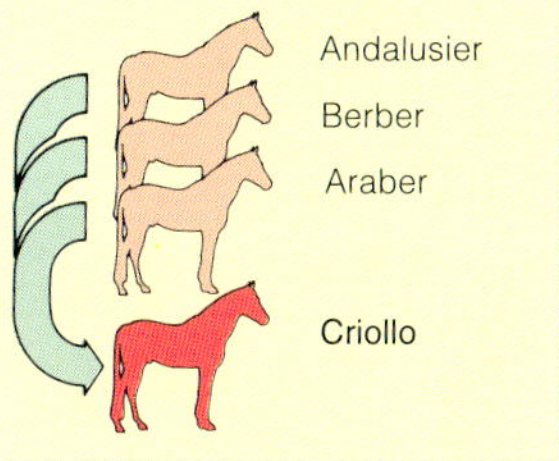

Andalusier

Berber

Araber

Criollo

PERUANISCHER PASO

Der Peruanische Paso ist die bekannteste der südamerikanischen Paso-Rassen, die sich aus dem Andalusier, Berber und dem spanischen Jennet entwickelt haben, die wiederum mit den spanischen Eroberern kamen.

Die Peruaner brauchten ein Pferd, das sie bequem über weite Strecken in rauhem und gebirgigem Gelände trug. 300 Jahre lang pflegten sie diese Rasse sorgfältig. Die Besonderheit des Peruanischen Pasos ist die auffällige Gangart, die vermutlich von den spanischen Jennets weitervererbt wurde. Es handelt sich dabei um einen lateralen Viertakt-Gang, bei dem die Vorderbeine in einem Bogen schwingen, während die Hinterbeine lange, gerade Schritte machen. Die Hinterbeine berühren den Boden kurz vor den Vorderbeinen; dadurch entsteht eine gleichmäßiger Paßgang, den das Pferd über viele Kilometer mit einem Durchschnittstempo von etwa 18 km/h einhalten kann.

Die hohen Gebirge und weiten Strecken erforderten sehr zähe und ausdauernde Tiere. Bei Züchtungen achteten die Peruaner besonders auf Pferde mit gutem Paso-Gang und auf solche, die sowohl stolz als auch sanftmütig waren. Durch diese Auslese entstand eine Rasse, die robust und unempfindlich, dabei aber einfach zuzureiten und zu halten war. Wegen seines bequemen, leichten Ganges und seines Temperaments gewinnt der Paso überall auf der Welt neue Freunde.

KURZINFO

 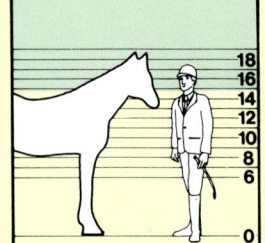

Farbe: Schwarzbrauner, Fuchs, Brauner, Rappe und Grauschimmel.
Größe: 140 bis 150 cm.
Exterieur: Langer geschwungener Hals, Rumpf und Brust tief und breit, kräftige, elegante Beine, volle Mähne und Schweif, hochgetragener Kopf.
Charakter: Sanft, sehr ausdauernd.
Einsatzgebiet: Reitpferd und Viehhaltung.

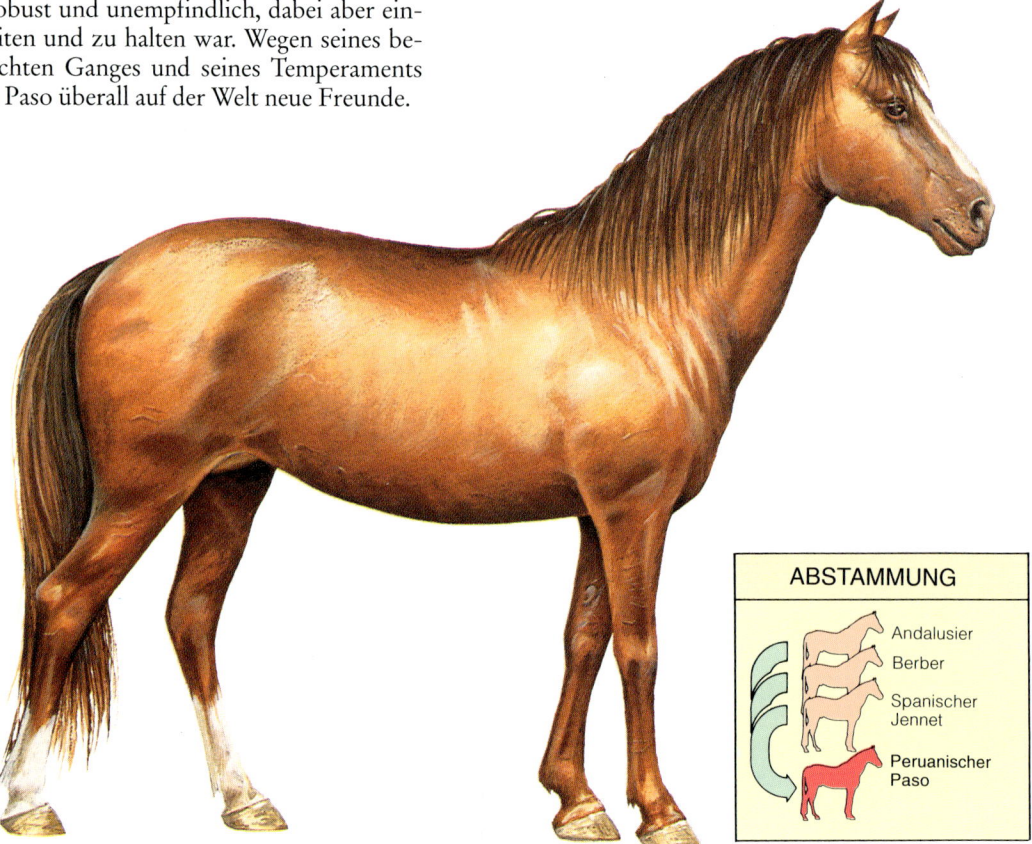

ABSTAMMUNG

Andalusier
Berber
Spanischer Jennet
Peruanischer Paso

PASO FINO

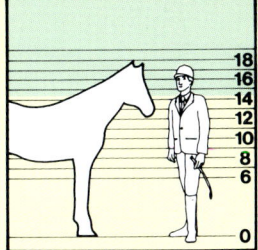

18
16
14
12
10
8
6
0

Farbe: Jede Farbe.
Größe: Etwa 140 cm.
Exterieur: Arabertypischer Kopf, kräftiger Rücken und Oberschenkel, trockene, elegante Beine.
Charakter: Lebhaft und fügsam.
Haupteinsatz: Reitpferd und Viehhaltung.

Der puertoricanische Paso Fino hat eine ähnliche Entwicklungsgeschichte wie der Peruanische Paso. Er beherrscht drei Paso-Gangarten: den Paso Fino, der mit dem Tempo eines langsamen Schritts vorgeführt wird, den Paso Corto (in der Geschwindigkeit des versammelten Trabs, mit dem weite Entfernungen zurückgelegt werden können) und den Paso Largo, der das Tempo eines langsamen Kanters hat.

Abgesehen davon, daß diese Rasse sich an das Klima und an die Lebensbedingungen in Südamerika angepaßt hat, ist es den Originalpferden der spanischen Siedler wahrscheinlich immer noch sehr ähnlich.

In den USA versucht eine amerikanische Gesellschaft für das Paso Fino, die besten Merkmale der verschiedenen Paso-Rassen aus Peru, Brasilien, Venezuela und der Dominikanischen Republik zu kombinieren, um den Idealtyp eines Paso zu schaffen.

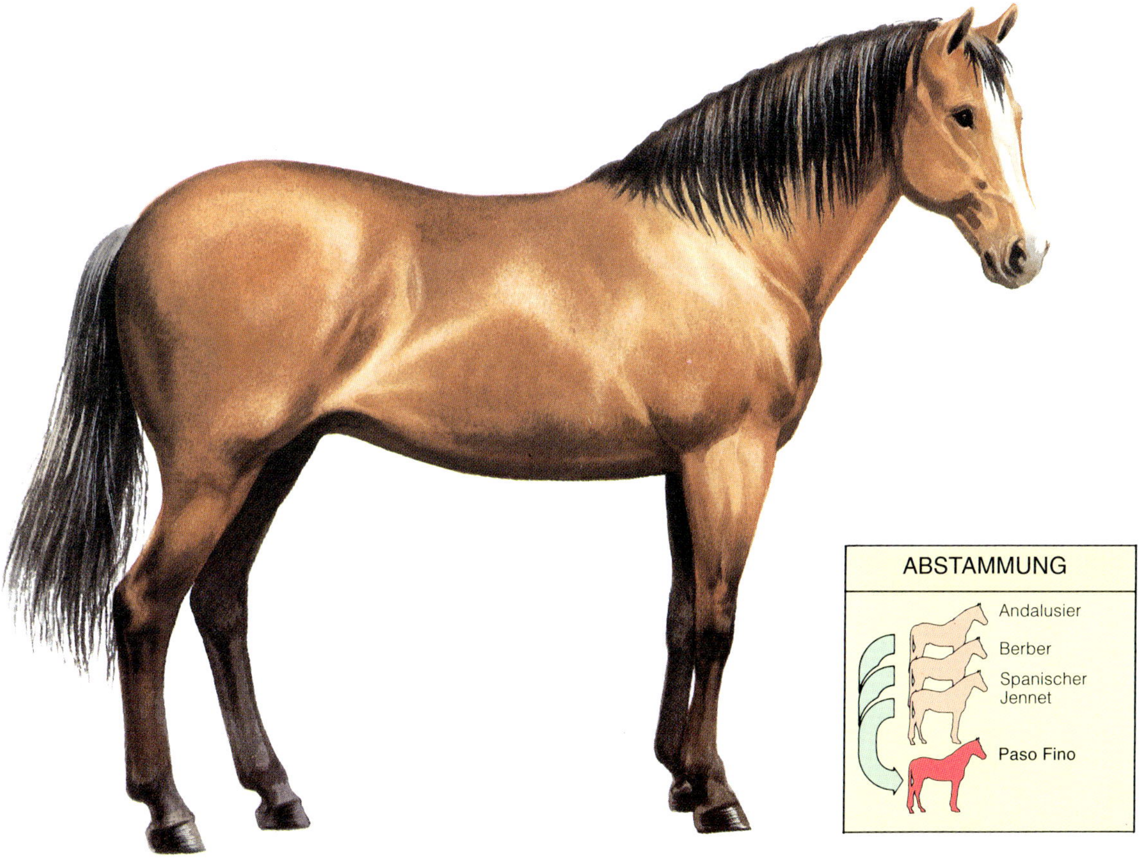

ABSTAMMUNG

Andalusier

Berber

Spanischer Jennet

Paso Fino

GALICEÑO PONY

Das Galiceño stammt von Ponys aus dem spanischen Galizien ab, die ebenfalls von den spanischen Eroberern mit in die Neue Welt genommen worden waren. Vermutlich waren Garrano Ponys, möglicherweise aber auch Minhos aus Nordportugal dabei. Aus ihnen entwickelte sich das Galiceño Pony mehr durch natürliche Auslese als durch selektive Züchtung durch den Menschen.

Die Garranos sorgten dafür, daß das Galiceño einen kräftigen Schuß Araberblut erhielt und deshalb auch viele Merkmale der Araber aufweist. Es ist intelligent, zäh sowie ausdauernd und hat ein freundliches, sanftes Wesen. Äußerlich erscheint es wie ein kleines, schmales Pferd. Sein natürlicher Gang – ein schneller Laufschritt – ist recht ungewöhnlich, sorgt aber über lange Strecken für ein sehr angenehmes Reiten. In seinem Ursprungsland Mexiko wird es für Farmarbeiten und leichte Transporte eingesetzt.

1959 wurden Galiceños erstmals in die USA importiert. Hier erfreut es sich zunehmender Beliebtheit. Es lernt schnell und ist vielseitig einsetzbar. Es findet Verwendung als Farmpferd und bei Wettbewerben.

KURZINFO

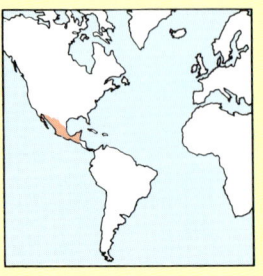
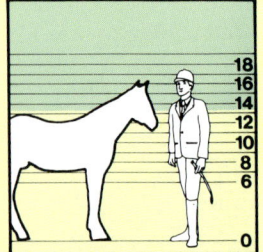

Farbe: Schwarzbrauner, Rappe, Falbe, Grauschimmel und Fuchs.
Größe: 120 bis 130 cm.
Exterieur: Intelligenter Kopf, gerade Schultern, schmale Brust, kurzer Rücken, elegante Beine, kleine Füße.
Charakter: Aufgeweckt, freundlich, intelligent.
Einsatzgebiet: Farm- und Transportarbeit.

ABSTAMMUNG

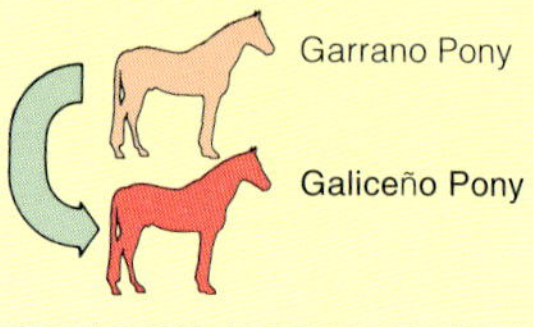

Garrano Pony

Galiceño Pony

MANGALARGA

Die brasilianische Mangalarga-Rasse ist ca. 100 Jahre alt und das Ergebnis einer Kreuzung zwischen Crioulo-Stuten und Beständen aus Andalusiern und Altér Real. So entstand ein elegantes Reitpferd, das eine sehr auffällige, fünfte Gangart beherrscht, die zwischen Trab und Kanter angesiedelt ist, die Marcha, eine angenehm wiegende Bewegung.

Der Campolino, ebenfalls ein Brasilianer, ist eine schwere Variante des Mangalarga.

KURZINFO

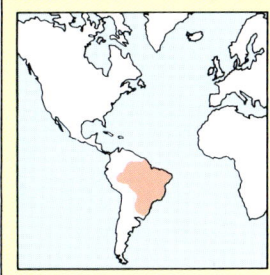
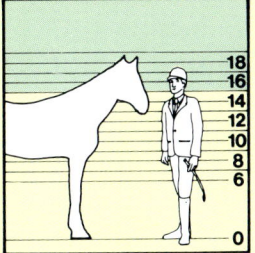

Farbe: Schwarzbrauner, Fuchs, Rotschimmel, Schimmel.
Größe: 150 cm.
Exterieur: Länglicher Kopf, kurzer Rücken, kräftige Hinterhand, niedrig angesetzter Schweif, lange Beine.
Charakter: Unempfindlich, sehr ausdauernd.
Einsatzgebiete: Reiten und Viehtrieb.

ABSTAMMUNG

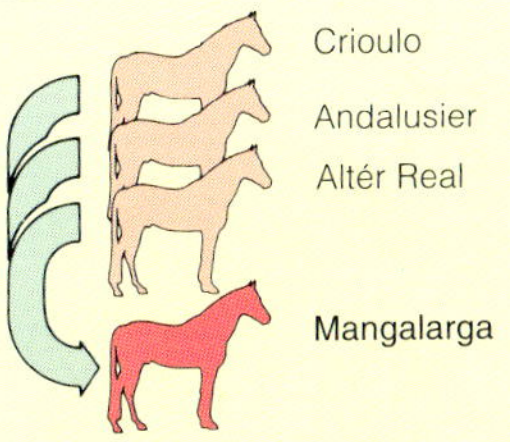

Crioulo

Andalusier

Altér Real

Mangalarga

EXMOOR PONY

ABSTAMMUNG

Keltisches Pony

Exmoor Pony

Das Exmoor ist die älteste einheimische Rasse Großbritanniens. Wahrscheinlich hat es schon in vorgeschichtlicher Zeit existiert. Das Exmoor-Gebiet ist ziemlich isoliert, und die Rasse ist bemerkenswert rein geblieben. Das moderne Pony unterscheidet sich von seinen Urahnen nur unwesentlich.

Die Moorlandschaften sind rauh und abgelegen, weshalb das Exmoor berühmt für seine Zähigkeit und Unverwüstlichkeit ist, die sich in dieser Umgebung herausgebildet haben. Es ist sogar in der Lage, im Winter bei meterhohem Schnee zu überleben. Das Exmoor ist sehr kräftig; es trägt einen Erwachsenen mühelos einen ganzen Tag.

Die Tiere leben immer noch in wilden Herden, sie befinden sich aber in privatem Besitz und sind in Zuchtbüchern registriert. Einmal im Jahr werden sie zusammengetrieben und zur Untersuchung auf die Farmen gebracht. Dabei werden die wertvollen Tiere mit einem Brandzeichen gekennzeichnet und registriert. Wegen seiner Widerstandsfähigkeit und Ausdauer wird das Exmoor gern bei der Züchtung neuer Rassen eingesetzt; Kreuzungen mit Vollblütern ergeben besonders hochwertige Nachkommen. Zu diesem Zweck sind Exmoor Ponys in den letzten Jahren in die ganze Welt exportiert worden.

KURZINFO

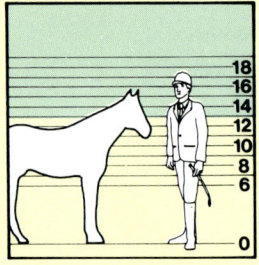

18
16
14
12
10
8
6
0

Farbe: Schwarzbrauner, Brauner oder Grauschimmel, mehlfarbenes Maul.
Größe: Stuten bis 120 cm, Hengste und Wallache etwas größer.
Exterieur: Breite Stirn, kräftiger Hals, tiefe Brust, kurze, saubere Beine, trockene Füße.
Charakter: Intelligent, schnelle Auffassung, wachsam, freundlich.
Einsatzgebiet: Reiten, Zucht.

Ponys, die gerade im Moor gefangen wurden, scheinen zunächst sehr wild zu sein. Nach einem guten Training werden sie dann aber zu idealen Reitponys für Kinder.

DARTMOOR PONY

ABSTAMMUNG

Keltisches Pony

Dartmoor Pony

Dartmoor Ponys gibt es in den einsamen Mooren von Devon schon seit vielen Jahrhunderten. Sie sind eng mit den Exmoor Ponys verwandt und haben wahrscheinlich eine ähnliche Abstammung. Bei der Anpassung an ihren Lebensraum haben sie die gleiche Widerstandsfähigkeit und Gangsicherheit entwickelt.

Die erste Erwähnung dieser Rasse ist im Testament von Bischof Aelwold von Crediton aus dem Jahr 1012 nachzulesen. Die Ponys wurden in den Zinnbergwerken von Dartmoor eingesetzt, um das Zinn aus dem Moor herauszutransportieren.

Eine Zeitlang wurden Dartmoors mit anderen Rassen gekreuzt, daher stammt auch die große Artenvielfalt. Mit der Gründung einer Zuchtgemeinschaft und der Formulierung von festen Standards gegen Ende des 19. Jahrhunderts konnte bereits viel für die Stabilisierung dieser Rasse getan werden. Seitdem hat es bei der Züchtung eines hochklassigen Reitponys für Kinder große Fortschritte gegeben; Dartmoors stehen auch als Zuchtgrundlage für größere Mehrzweckponys hoch im Kurs.

Das Dartmoor Pony ist verläßlich und vernünftig. Außerdem ist es besonders vielseitig: Es springt gern über Hindernisse und ist als Jagd- und Wagenpferd gleichermaßen geeignet. Dank seiner hohen Kopfhal-

KURZINFO

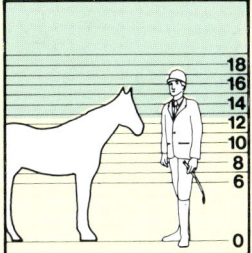

Farbe: Schwarzbrauner, Brauner, Rappe.
Größe: Bis 120 cm.
Exterieur: Kleiner Kopf, winzige Ohren, kräftiger Hals, zurückgesetzte Schultern, kräftige Hinterhand, hoch angesetzter, buschiger Schweif, sehr schlanke, trockene Beine.
Charakter: Ruhig, verläßlich, freundlich, vernünftig.
Einsatzgebiet: Ausgezeichnetes »erstes« Kinderpony.

tung und seiner breiten Schultern fühlen sich Kinder, die reiten lernen, auf dem Dartmoor besonders sicher. Sein freundliches Wesen und seine bequeme Aktion tun ein übriges, um es bei Kindern beliebt zu machen.

FELL PONY

Das Fell Pony lebt im Kumbrischen Bergland auf der Westseite der Pennine Hills. Es stammt vermutlich vom Keltischen Pony ab, wurde aber auch durch den Friesen und später durch das Galloway Pony beeinflußt. Die Friesen brachten ihre Pferde mit nach England, als sie den Römern 120 n. Chr. beim Bau des Hadrianswalls halfen. Nach dem Ende dieses Einsatzes ließen sie eine große Zahl friesischer Hengste zurück, die mit den einheimischen Stuten das Fell Pony und das Dales Pony produzierten. Seit dieser Zeit hat das Fell Pony ziemlich isoliert gelebt. Deshalb ist es heute reinrassiger und leichter erkennbar als irgendeine andere einheimische Rasse (mit Ausnahme des Exmoor).

Das Fell Pony ist für seine außerordentliche Kraft berühmt. Früher wurde es eingesetzt, um Blei aus den örtlichen Minen zur Küste zu bringen. Angeblich hat es tagein, tagaus Ladungen von 100 Kilogramm über 50 Kilometer weit geschleppt. Auf den Farmen im Norden des Landes wurde es auch für schwere Landarbeit, als Wagenpferd, zum Schafehüten und allgemein als Reitpferd eingesetzt.

Das moderne Fell Pony ist sehr stark; es hat große Ausdauer und ist damit in der Lage, Wagen zu ziehen, an Langstreckenwettbewerben teilzunehmen und allgemein als Reit- und Trekkingpferd zu arbeiten.

KURZINFO

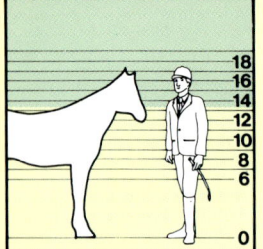

Farbe: Gewöhnlich Rappe, auch Brauner, Schwarzbrauner, Grauschimmel; weiße Abzeichen an den Beinen sind erlaubt.
Größe: 130 bis 140 cm.
Exterieur: Wachsamer Kopf, langer Hals, muskulöser Körper, kräftige Beine mit Behang, Mähne und Schweif lang und buschig.
Charakter: Harter Arbeiter, lebhaft.
Haupteinsatz: Reit- und Wagenpferd, Trekking.

ABSTAMMUNG

Keltisches Pony
Galloway Pony
Friese
Fell Pony

DALES PONY

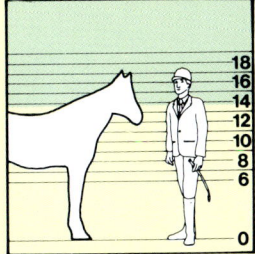

18
16
14
12
10
8
6

0

Farbe: Rappe oder Brauner, weißer Stern erlaubt.
Größe: 130 bis 140 cm.
Exterieur: Schöner Kopf, kräftiger Hals, sehr kräftiges, kompaktes Gebäude, kurze Beine, dicke Mähne und Schweif, Kötenbehang.
Charakter: Verständig, ruhig, sehr guter Arbeiter.
Haupteinsatz: Reiten, Farmarbeit, Trekking.

Das Dales Pony ist mit dem Fell Pony eng verwandt, da sein Ursprung auch auf die Keltischen und auf die Galloway Ponys zurückgeht. Es lebt auf der Ostseite der Pennine Hills.

Wie das Fell Pony ist auch das Dales Pony überaus stark. Es wurde zum Bleitransport zwischen den Minen und den Hafenstädten wie auch allgemein als Lasttier eingesetzt. Aufgrund seiner Trittsicherheit und seiner Wendigkeit trat es auch als gutes Reitpferd und schneller Traber hervor.

Im 19. Jahrhundert kreuzte man Dales-Stuten mit einem Welsh Cob namens Comet, um das Durchschnittstempo der Rasse zu verbessern. Bis zu diesem Hengst lassen sich alle Dales zurückverfolgen.

Mit der Einführung des motorisierten Transportes nahm die Zahl der Dales immer mehr ab, bis sie um 1950 fast ausgestorben waren. Nachdem aber 1963 die Dales Pony-Society gegründet worden war, nahm in der Folge das Interesse für diese Rasse und damit allmählich ihr Bestand wieder zu.

Das Dales Pony ist ein ideales Trekkingpony; auch zum Reiten ist es gut zu gebrauchen, obwohl es sich wegen seiner Stärke eher für Erwachsene als für Kinder eignet. Die Kreuzung mit Vollblütern ergibt ausgezeichnete Spring- und Jagdponys.

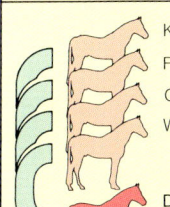

Keltisches Pony
Friese
Galloway Pony
Welsh Cob

Dales Pony

NEW FOREST PONY

Die Ursprünge des New Forest Ponys sind ähnlich denen des Exmoor und des Dartmoor Ponys, da sich der Wald, in dem sie vor 1000 Jahren lebten, bis Devon und Somerset ausgedehnt hat. Der früheste Hinweis auf diese Rasse stammt aus dem 11. Jahrhundert, als König Canute herrschte: Es wurde von Pferden berichtet, die frei im Wald herumliefen.

Ihr Lebensraum liegt nicht so abgelegen, wie wir es von anderen einheimischen Ponys her kennen. Über die Jahrhunderte wurden dort auch Gruppen anderer Rassen freigelassen, so daß das New Forest Pony jetzt eine große Bandbreite verschiedener Arten aufweist. Von Zeit zu Zeit bemühte man sich um Aufwertung der wildlebenden Ponys. So erlaubte z.B. Queen Victoria 1852, daß ein Araberhengst sich acht Jahre lang frei im Wald bewegen durfte, um die Stuten zu decken. Heute werden dafür auch Vollblüter und Hengste anderer einheimischer Rassen eingesetzt.

Das New Forest Pony ist das zweitgrößte der englischen Ponys. Es hat einen schmaleren Rahmen als die anderen und ist damit besonders gut für Kinder geeignet. Trotzdem ist es kräftig genug, auch Erwachsene zu tragen.

New Forest Ponys leben immer noch wild im Wald. Ihre Hengste werden jährlich auf ihre Qualität

KURZINFO

 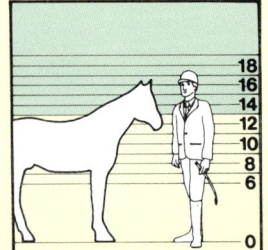

Farbe: Jede Farbe außer Schecke; weiße Abzeichen sind erlaubt.
Größe: 120 bis 140 cm.
Exterieur: Großer Kopf, lange, abfallende Schultern, kurzer Rücken mit viel Gurttiefe; trockene Beine und gute Füße.
Charakter: Intelligent, willig, freundlich, sanft.
Einsatzgebiet: Reitpony für Kinder.

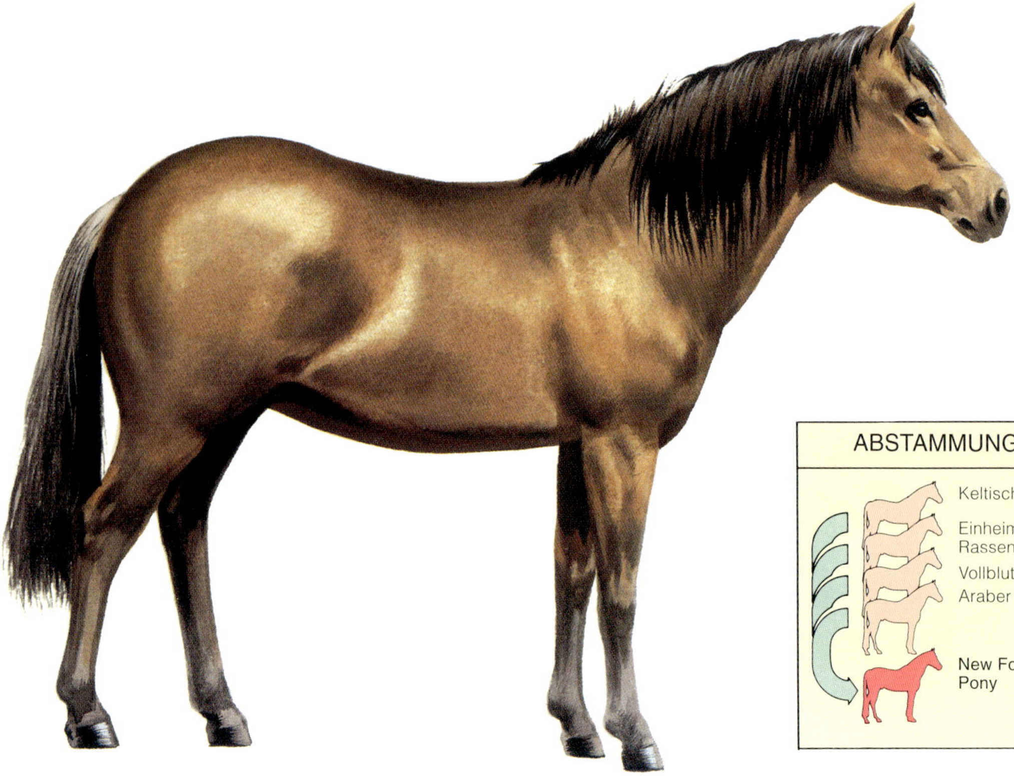

hin untersucht. Aufgrund der langjährigen Nähe und Bekanntschaft mit den Menschen hat es seine natürliche Scheu vor dem Menschen fast verloren und ist besonders fügsam und sanft.

ABSTAMMUNG

Keltisches Pony
Einheimische Rassen
Vollblut
Araber
New Forest Pony

CONNEMARA PONY

Das Connemara ist das einzige einheimische Pony Irlands. Diese Rasse ist sehr alt und hat die Berge der Westküste bereits in prähistorischen Zeiten bewohnt.

Seine Ursprünge liegen im Dunkeln, man nimmt aber an, daß es die gleiche Abstammung hat wie das Highland, das Shetland, das Island Pony und das Norwegische Fjordpferd. Das Connemara ist aber leichter und athletischer als die anderen einheimischen Rassen, und sein Äußeres ist besonders schön, fast orientalisch. Dies ist möglicherweise auf die Kreuzung mit spanischen Jennets zurückzuführen, die mit der Spanischen Armada 1588 Schiffbruch erlitten haben.

Eine andere These: Galway Kaufleute, die im 16. und 17. Jahrhundert mit Spanien Handel trieben, importierten einige spanische und orientalische Pferde. Diese brachen später aus und schlossen sich mit einheimischen wildlebenden Ponys zusammen.

Bis vor kurzem wurde das Connemara Pony als Vielzwecktier eingesetzt. Heute wird es in erster Linie als Reitpony für Kinder geschätzt. Seine Aktion ist frei und flüssig; es beherrscht alle Sparten des Pferdesports – von der Dressur bis zur Jagd. Außerdem besitzt es ein ausgeprägtes Sprungtalent. Aus Kreuzungen mit Vollblütern sind einige äußerst erfolgreiche Wettkampfpferde entstanden. Sein Beitrag zur Entwicklung des Irischen Halbbluts ist unbestritten.

KURZINFO

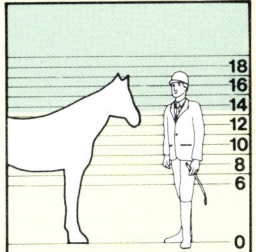

18
16
14
12
10
8
6
0

Farbe: Meist Grauschimmel, aber auch Rappe, Brauner oder Schwarzbrauner.
Größe: 130 bis 140 cm.
Exterieur: Gut getragener Kopf, mittellanger Hals auf schrägen Schultern, tiefer, kompakter Rumpf, kurze Beine.
Charakter: Intelligent, freundlich, vernünftig, gefügig.
Einsatzgebiet: Reiten, Springen, Wagenpferd.

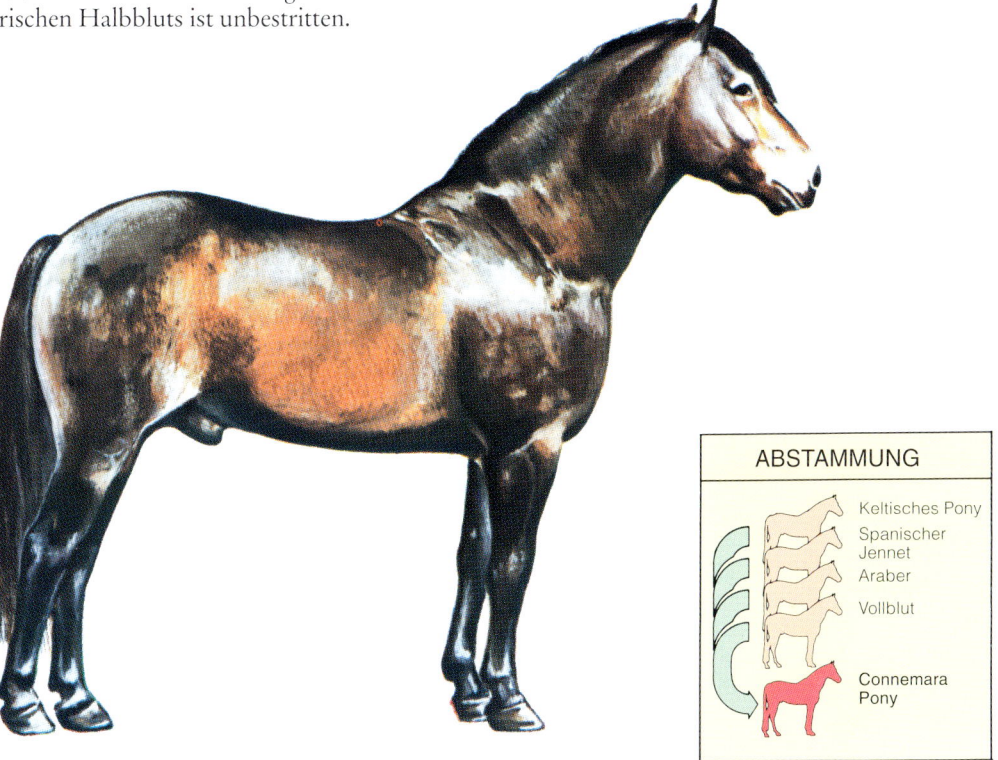

ABSTAMMUNG

Keltisches Pony
Spanischer Jennet
Araber
Vollblut
Connemara Pony

SHETLAND PONY

ABSTAMMUNG

Keltisches Pony

Shetland Pony

KURZINFO

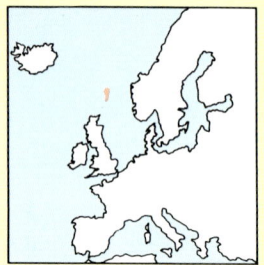

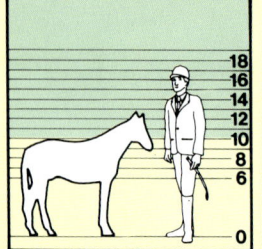

Farbe: Rappe, Schwarzbrauner, Brauner, Fuchs, Grauschimmel oder Teilfärbungen.
Größe: Bis 100 cm.
Exterieur: Kleiner Kopf, abfallende Schultern, breiter, gedrungener Körper, kurzer Rücken, kurze Beine mit etwas Behang, kleine, offene Füße.
Charakter: Unabhängig, eigensinnig.
Einsatzgebiet: Reit- und Wagenpony, Haustier.

Das Shetland Pony stammt von den Shetlandinseln, die vor der Nordküste Schottlands liegen. Hier lebte es fast 2000 Jahre völlig isoliert, bis es im 19. Jahrhundert erstmals auf das Festland gebracht wurde. Die Wurzeln dieser Rasse sind nicht bekannt, man glaubt aber, daß es von einer Art Zwerg-Exmoor abstammt.

Während der jahrhundertelangen Abgeschiedenheit auf den Inseln blieb die Rasse völlig rein. Nachdem man aber im 19. Jahrhundert seine Qualitäten als Grubenpony erkannt hatte, wurde viele der Tiere von den Shetlandinseln geholt, um in den Minen zu arbeiten. In der Folge züchtete man das Shetland nicht so sehr im Hinblick auf Qualität, sondern auf Quantität. Deshalb verlor die Rasse derart an Wert, daß gegen Ende des 19. Jahrhunderts Zuchtfarmen eingerichtet wurden, die sich der »Wiedergeburt« des Shetland-Typs widmen sollten. Als erstem heimischem Pony wurde ihm zu Ehren eine eigene Gesellschaft gegründet; sein Zuchtbuch wurde 1890 eröffnet.

Mit einer maximalen Größe von 100 cm ist das Shetland Pony die kleinste einheimische Rasse. Trotzdem ist es – relativ zu seiner Körpergröße – auch das stärkste Pony der Welt. Bis vor kurzer Zeit fand ausschließlich mit seiner Hilfe der Transport der Inselbewohner statt. Sie zogen Karren mit Torf (Ölersatz) und Seetang (Düngemittel). Seiner Größe nach ist es zwar ein ideales Reitpony für Kinder, aber sein Eigensinn und sein unabhängiger Charakter erfordern eine feste, freundliche Hand.

HIGHLAND PONY

KURZINFO

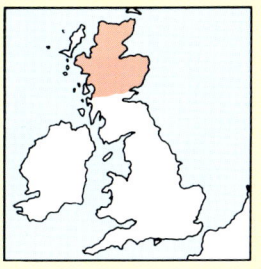
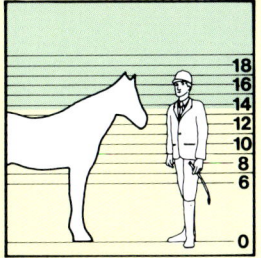

Farbe: Falbe, mit Abstufungen von Goldblau bis Silberblau, mit Dorsalstreifen; manchmal auch Rappe, Schwarzschimmel oder Brauner.
Größe: 130 bis 140 cm.
Exterieur: Gut geformter Kopf, solider, tiefer Rahmen, kurze, kräftige Beine, gut geformte, harte Hufe.
Charakter: Sanft, intelligent, empfindsam und vertrauensvoll.
Einsatzgebiet: Reiten und Trekking.

Das Highland Pony aus dem nördlichen Schottland stammt wahrscheinlich vom gleichen keltischen Typ ab wie das Exmoor Pony und ist danach vom – heute ausgestorbenen – Galloway und später durch Araberblut beeinflußt worden.

Ursprünglich gab es zwei Stämme, die sich den örtlichen Anforderungen gemäß weiterentwickelt haben. Der Festlandstamm, als Garron bekannt geworden, war das größere der beiden Tiere und mit einer Höhe von 140 cm überhaupt die stärkste und größte der einheimischen Rassen. Der Stamm der westlichen Inseln maß im Schnitt 120 cm. Durch Kreuzungen sind diese Unterschiede inzwischen fast gänzlich verschwunden.

Das Highland Pony wurde traditionell von schottischen Kleinbauern zu allen möglichen Arbeiten herangezogen. Sie konnten schwere Gewichte tragen und zeigten sich bei der Arbeit auf dem zerklüfteten und schwierigen Gelände des schottischen Hochlandes erstaunlich behende und trittsicher.

Das Highland Pony trifft man heute hauptsächlich in Schottland an, wo es vielseitige Verwendung findet. Die größeren arbeiten bei den Pirschjägern, um die erlegten Tiere von den Bergen zu holen; sie sind sehr gute Trekkingponys und werden bei Baumfällarbeiten und beim Schafehüten eingesetzt. Die kleineren Tiere eignen sich besonders als Reitponys für Kinder.

ABSTAMMUNG

Keltisches Pony
Galloway
Araber
Clydesdale

Highland Pony

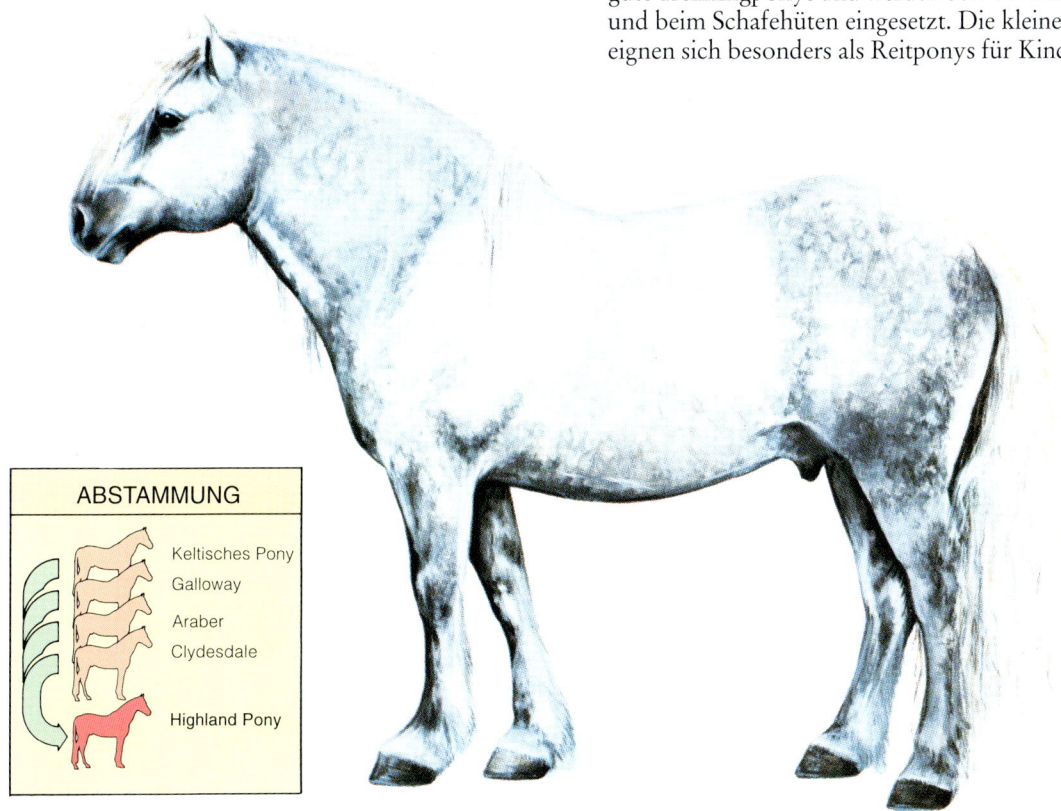

WELSH PONYS

Für viele sind die einheimischen Walliser Ponys die schönsten der britischen Ponyrassen. Das Zuchtbuch der Welsh Ponys ist in vier Sektionen – A, B, C sowie D – aufgeteilt.

Das Welsh Mountain Pony der Gruppe A repräsentiert die ursprünglichste und kleinste der Walliser Rassen; es stammt wahrscheinlich vom Keltischen Pony ab. Es gibt glaubhafte Hinweise darauf, daß schon zu Zeiten der Römer wilde Bergponys lebten, und Julius Caesar gründete am Lake Bala in Merionethshire einen Zuchtbetrieb.

Während der letzten 300 Jahre durften immer zwei Araberhengste in den Walliser Bergen herumstreifen, um den einheimischen Stamm zu verbessern – sicherlich der Grund für ihr arabertypisches Aussehen.

Da diese Rasse schon seit mehr als 1000 Jahren in den Bergen lebt, ist sie sehr robust, gehsicher und schnell geworden. Außerdem vereint sie die besten Qualitäten eines Ponys in sich – Mut, Ausdauer, Intelligenz und Sanftmut. Sie haben auch ein natürliches Talent zum Springen. Viele der Kinderponys haben heute Welsh-Blut in sich. Beim Traben macht das Welsh Mountain Pony, ebenso wie als Wagenpony, eine sehr gute Figur.

KURZINFO

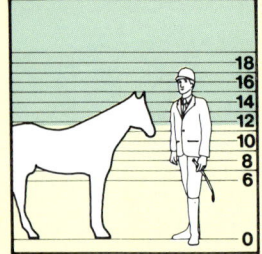

Farbe: Alle Farben außer Schecke.
Größe: Nicht größer als 120 cm.
Exterieur: Kleiner Kopf, konkaves Gesicht, geschwungener Hals, abfallende Schultern, kurzer Rücken, hoch angesetzter Schweif, kurze Beine, schöne Füße.
Charakter: Intelligent, freundlich, tapfer, lebhaft.
Einsatzgebiet: Reiten, Zucht von Reitponys.

Die Züchtung dieser Ponys findet seit alters in den Bergen statt, um sicherzustellen, daß die Tiere ihre angeborenen Qualitäten nicht verlieren. Züchter aus aller Welt importieren die Tiere aus Wales, um den eigenen Zuchtbestand aufzufrischen und weiter zu verbessern. Das Welsh Mountain war die Grundlage für drei andere Walliser Rassen.

ABSTAMMUNG

Keltisches Pony

Araber

Welsh Mountain Pony

Sektion A

KURZINFO

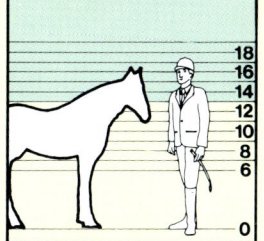

Farbe: Wie das Welsh Mountain Pony.
Größe: Nicht größer als 130 cm.
Exterieur: Wie das Welsh Mountain Pony; Aktion, Temperament und äußerer Eindruck eines guten Reitponys.
Charakter: Wie das Welsh Mountain Pony.

Das Welsh Pony der Sektion B wurde als Qualitätsreitpony für Kinder gezüchtet. Es entstand durch die Kreuzung einer Welsh-Mountain-Stute mit einem kleinen Vollbluthengst namens Merlin, einem direkten Nachkommen des Darley-Arabers (siehe Seite 50); diese Ponys werden auch Merlins genannt. Ein wenig Erbmasse von Arabern und von Ponys der Sektion C könnte ebenfalls dabeisein. Es ähnelt dem Welsh Mountain Pony, ist aber etwas größer und leichter gebaut. Ansonsten hat es alle Ponymerkmale.

Das Welsh Pony der Sektion C ist eine kleinere Version des Welsh Cob. Es ist sehr lebhaft, tapfer und äußerst vielseitig. Es gab Zeiten, in denen es hauptsächlich als Zugtier eingesetzt wurde, eine Arbeit, die heute nicht mehr oft von ihm verlangt wird.

Für die beliebte Freizeitbeschäftigung »Trekking« ist es sehr gut einsetzbar, da es eine erwachsene Person bequem tragen kann. Das Welsh Pony ist ein ideales Jagdpony für Kinder.

Der Welsh Cob ist eine wiederum größere Ausgabe des cobähnlichen Ponys. Es ist vermutlich im 12. Jahrhundert durch die Kreuzung von Welsh Mountain Ponys mit spanischen Pferden entstanden. Es könnte auch eine Verwandtschaft zum – heute ausgestorbenen – Old Welsh Carthorse bestehen. Im Mittelalter wurde es als Last- und Reitpferd benutzt. Welsh Cobs sind gute Traber. Sie wurden überall auf der Welt eingesetzt, um neue Traberrassen zu schaffen oder um bestehende zu verbessern.

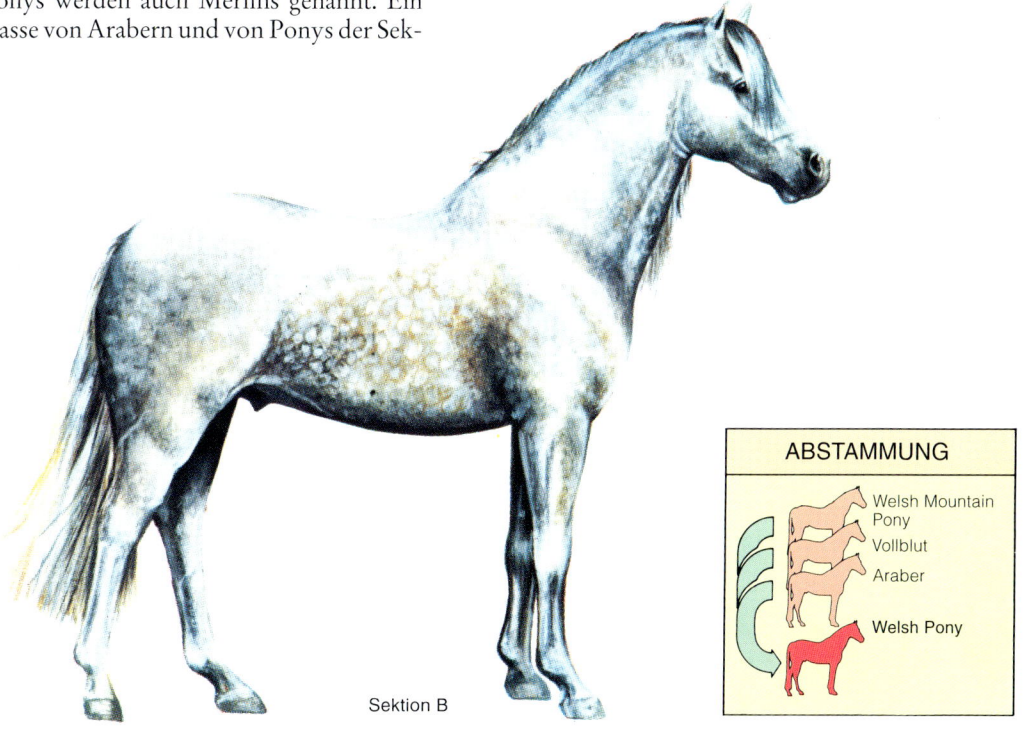

Sektion B

ABSTAMMUNG

Welsh Mountain Pony
Vollblut
Araber

Welsh Pony

CLEVELAND BAY

Der Cleveland Bay ist vermutlich die älteste englische Pferderasse. Man nimmt an, daß seine Ursprünge auf einen Pferdetyp zurückgehen, den die Römer nach Großbritannien gebracht haben. Sicher ist jedenfalls, daß reisende Kaufleute (»Chapmen«) des Mittelalters im Norden Englands ein Lastpferd, das »Chapman-Pferd«, benutzt haben. Von diesem Pferd stammt das Cleveland Bay ab.

Seine Zucht wurde im Nordosten Englands betrieben. Hier wurde es für jeden denkbaren Zweck eingesetzt: in der Landwirtschaft, als Zug- und Wagenpferd, zum Reiten und Jagen. In erster Linie wurde das Cleveland Bay aber als Packtier geschätzt.

Wegen seines guten Aussehens und seiner fügsamen Art war es im 19. Jahrhundert dann als Wagenpferd sehr begehrt. Zu dieser Zeit erhielt die Rasse einen »Schuß Vollblut«. Das Ergebnis war so überragend, daß eine weitere Rasse mit noch mehr Vollblutanteil, das Yorkshire-Coach-Pferd, entstand. In den 30er Jahren ist dieses noble und vornehme Wagenpferd aber ausgestorben. Heute feiert das Cleveland Bay als Wagenpferd bei Wettbewerben dauerhaft Erfolge. Zudem springt es gern und produziert bei Kreuzungen mit Vollblütern Sprung- und Dressurpferde von internationalem Rang.

KURZINFO

 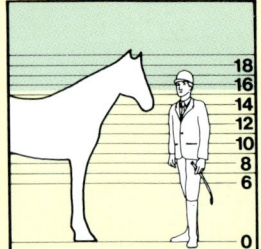

Farbe: Schwarzbrauner; ein kleiner Stern ist gestattet.
Größe: 150 bis 160 cm.
Exterieur: Großer Kopf, langer Hals, langer Körper mit viel Gurttiefe, kurze, kräftige und saubere Beine.
Charakter: Intelligent, vernünftig, ruhig, fügsam.
Einsatzgebiete: Wagen- und Reitpferd.

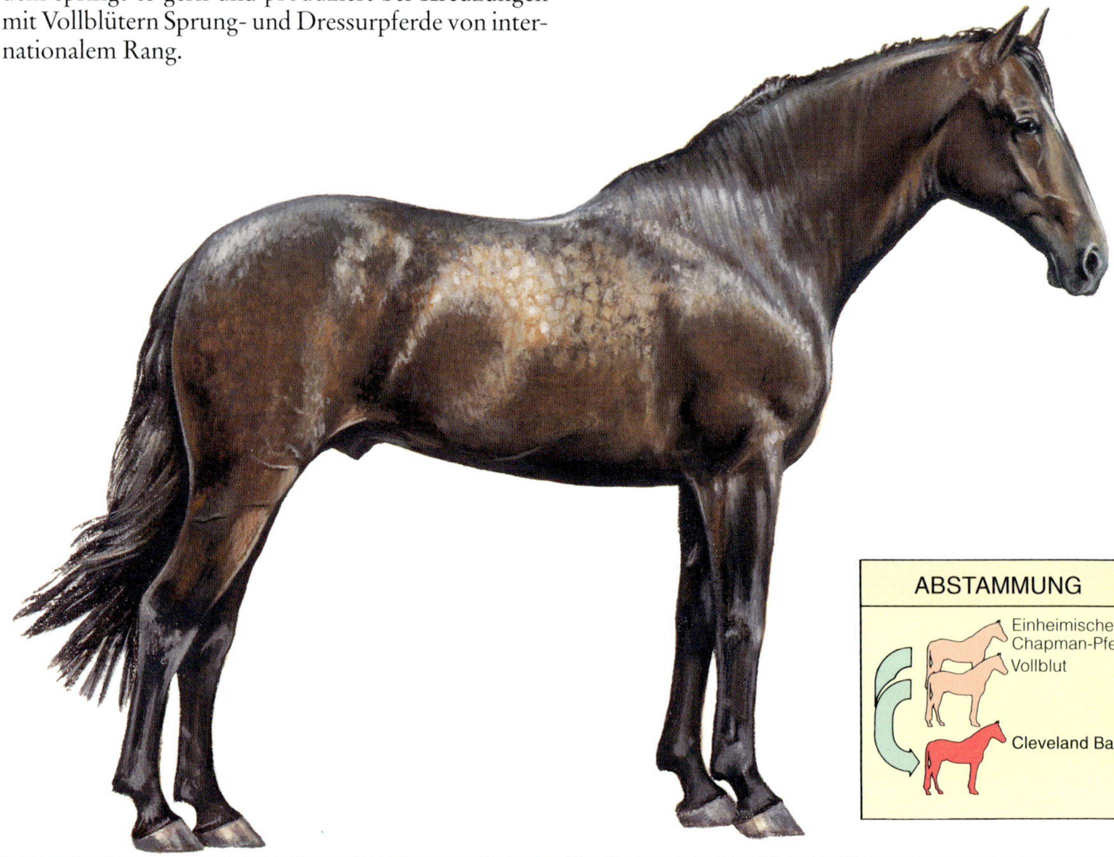

ABSTAMMUNG

Einheimische Chapman-Pferde
Vollblut

Cleveland Bay

HACKNEY

KURZINFO

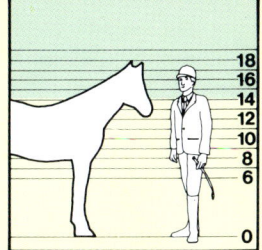

Farbe: Schwarzbrauner, Brauner, Rappe.
Größe: 140 bis 150 cm (Pferde), unter 140 cm (Pony).
Exterieur: Kleiner Kopf mit konvexem Gesicht, langer Hals, kompakter Körper mit tiefer Brust, kurze Beine mit kräftigen Sprunggelenken, feines, samtenes Fell, hochgetragener Schweif.
Charakter: Lebhaft, aufmerksam, mutig.
Einsatzgebiet: Wagenpferd.

Die Geschichte des modernen Hackney ist gut dokumentiert. Das Hackney-Pferd entstand aus britischen Traberzüchtungen, den Norfolk- und den Yorkshire-Trabern, die ihrerseits schon für schnelle Wagenrennen gezüchtet worden waren. Im frühen 19. Jahrhundert entstand aus einer Kreuzung dieser beiden Rassen das leichtere Hackney-Pferd. Zu dieser Zeit entstanden die ersten richtigen Straßen, für die das Hackney mit seinem eleganten, schnellen Trab und seiner ausdauernden Kraft wie geschaffen war.

Mitte des 19. Jahrhunderts entstand das Hackney-Pony aus der Kreuzung eines Hackney-Pferdes mit einer Fell-Ponystute. Die Erbmasse der Hackneys sorgte für Tempo und Eleganz, das Fell Pony steuerte Kraft und die hohe Knieaktion bei.

Das Hackney Pony soll wie ein typisches Pony mit einem kleinen, intelligenten Kopf aussehen, dabei aber, was die spektakuläre Aktion, den Übermut und die Ausdauer angeht, mit dem Pferd gleichziehen.

Das besondere Merkmal der Hackneys ist ihre Aktion. Im Trab zeigen sie eine hohe, raumgreifende Knieaktion, bei der das Vorderbein angehoben und in einer großartigen Bewegung geradezu nach vorn geworfen wird. In den Schauringen sind sie ständige Gäste, auch bei Wettbewerben sind sie sehr beliebt.

ABSTAMMUNG

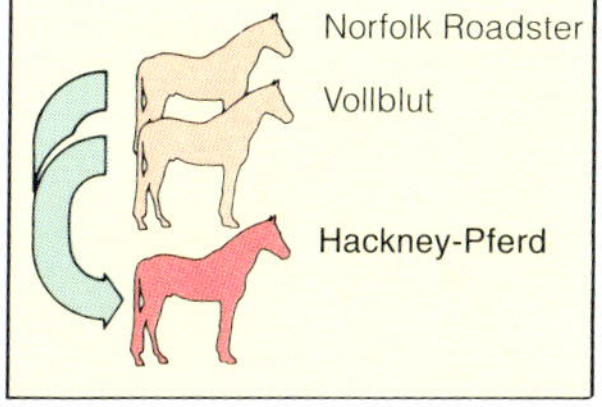

Norfolk Roadster

Vollblut

Hackney-Pferd

SHIRE-PFERD

Unter den Kaltblütern ist das Shire-Pferd das größte; es wird bis 180 cm hoch und wiegt mehr als eine Tonne. Diese Rasse stammt wahrscheinlich vom Großen Pferd und von den Old English Blacks ab, die von den Rittern des Mittelalters als Schlachtrosse verwendet wurden. Der Stammbaum dieser alten Rassen liegt im Dunkeln, wahrscheinlich sind sie aber auf die Friesen und auf die Flandrischen Pferde Nordeuropas zurückzuführen.

Das Old English Black war im 18. und 19. Jahrhundert in den Grafschaften der Midlands ein beliebtes Zugpferd. Besonders gefragt war es, um Rohmaterialien und Waren während der industriellen Revolution zu transportieren. Mitte des 19. Jahrhunderts führte die wahllose Züchtung von Zugpferden, für die ein großer Bedarf bestand, zu einer Verminderung der Qualität dieser Rasse. 1878 wurde die Shire Horse Society gegründet, um die Standards wieder zu heben, aber auch, um sie zu bewahren.

Es ist eine Freude, mit diesen großartigen und aristokratischen Pferden zu arbeiten. Ihre Beliebtheit und die großen Menschenmengen, die sich bei ihren Shows einfinden, haben das Überleben dieser Rasse sichergestellt, obwohl die Tiere als Arbeitspferd nicht mehr gebraucht werden.

KURZINFO

18
16
14
12
10
8
6

0

Farbe: Rappe, Schwarzbrauner, Grauschimmel; jeweils mit weißen Abzeichen.
Größe: 160 bis 170 cm, Hengste erreichen oft bis zu 180 cm.
Exterieur: Leicht konvexes Profil, breite Brust, muskulöser Körper, viel Gurttiefe, lange Beine mit Behang.
Charakter: Ruhiger, freundlicher Schwerarbeiter.
Einsatzgebiete: Zugpferd, Schauring.

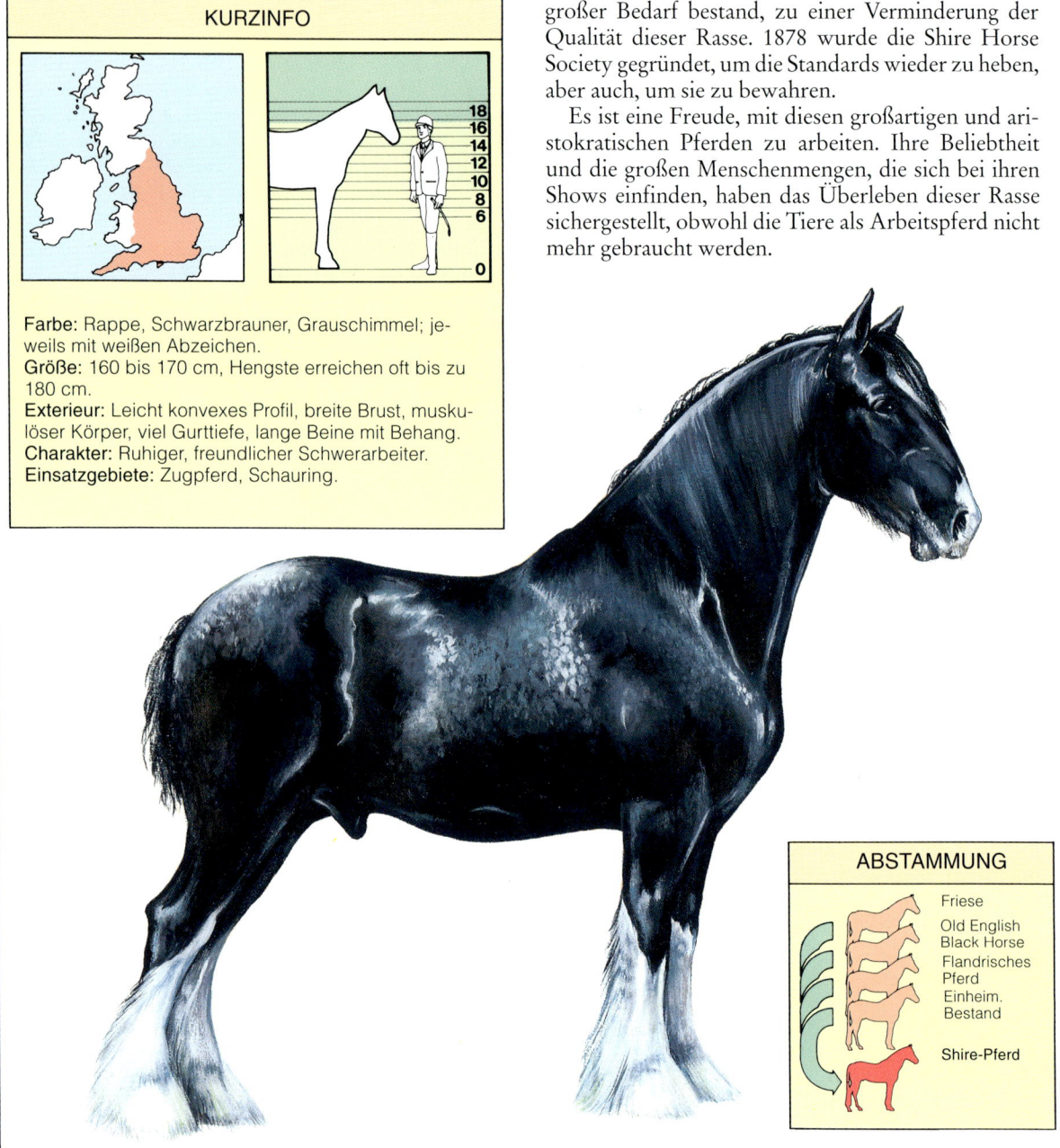

ABSTAMMUNG

Friese
Old English
Black Horse
Flandrisches
Pferd
Einheim.
Bestand

Shire-Pferd

SUFFOLK PUNCH

KURZINFO

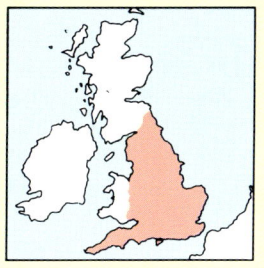
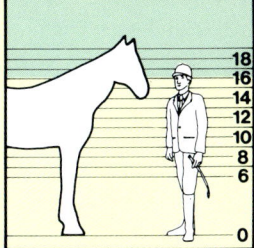

Farbe: Fuchs in sieben Schattierungen – Rot, Gold, Kupfer, Gelb, Hell, Dunkel, Leberfarben.
Größe: 160 cm.
Exterieur: Großer Kopf, tiefer Nacken, massige Schultern, runder, kompakter Körper, saubere Beine, kurze Röhren.
Charakter: Sanft, aktiv und ruhig.
Einsatzgebiet: Zug- und Schaupferd.

Das Suffolk Punch ist das reinrassigste der britischen Kaltblüter. Alle Mitglieder dieser Rasse können bis zu einem Traber (geboren 1760) zurückverfolgt werden; die Rasse selbst wird schon 1506 erwähnt. Es könnte vom Großen Pferd abstammen, und man weiß, daß im 16. und 17. Jahrhundert Suffolk-Stuten von flandrischen Hengsten gedeckt wurden. Im 18. Jahrhundert versuchte man, die Rasse zu verfeinern, indem man sie mit Norfolk Trabern, Cobs und sogar mit Vollblütern kreuzte.

Das Suffolk Punch hat viele gute Seiten. Es arbeitet oft auch im Alter noch sehr gut und ist relativ genügsam. Mit seinen großen, breiten Schultern und kurzen Beinen entwickelt es außerordentliche Zugkräfte. Seine Nachkommen bleiben immer farbtreu – Fuchs.

Früher betrachtete man das Suffolk Punch als das beste Pferd für landwirtschaftliche Arbeit. Heute reichen allein seine Persönlichkeit und seine Ausstrahlung, um den Bestand sicherzustellen.

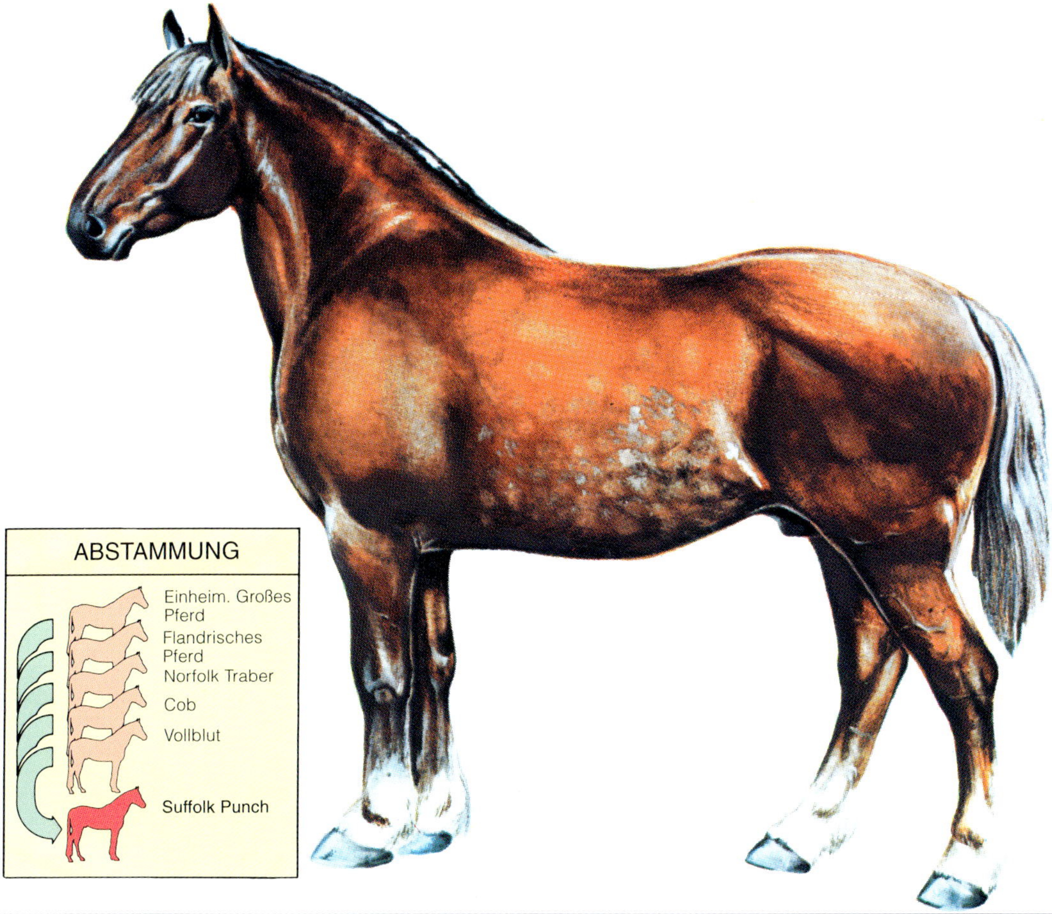

ABSTAMMUNG

Einheim. Großes Pferd
Flandrisches Pferd
Norfolk Traber
Cob
Vollblut

Suffolk Punch

IRISH DRAUGHT

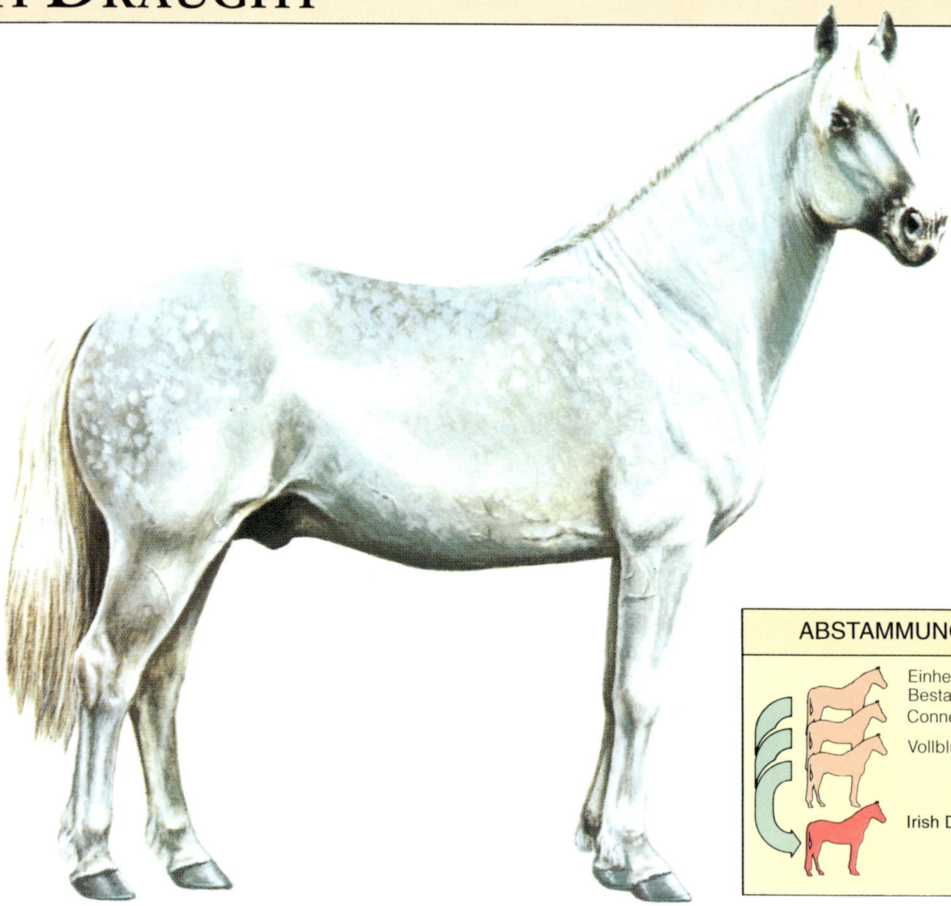

ABSTAMMUNG

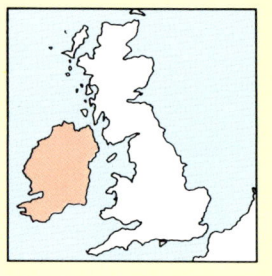

Einheim.
Bestand
Connemara

Vollblut

Irish Draught

Das Irish Draught entwickelte sich im 18. Jahrhundert durch die Kreuzung von Vollbluthengsten mit einheimischen irischen Stuten. Seine frühere Geschichte ist unbekannt. Durch diese Kreuzung entstand ein sehr feines, kräftiges und vielseitiges Pferd, das stark genug als Wagenpferd und für schwere landwirtschaftliche Arbeit war. Außerdem galt es als sehr aktives Pferd mit kräftiger Hinterhand und war ausgezeichnet für das Reiten und Jagen geeignet. Die Blütezeit des Irish Draught dauerte bis zur Rezession der Landwirtschaft im Jahr 1879. Danach ging der Bestand dramatisch zurück, bis die irische Regierung 1907 eingriff und diese Rasse schützte. Versuche zeigten, daß aus den Kreuzungen mit Vollblütern ausgezeichnete Jagd- und Wettkampfpferde entstanden, die sich weltweiter Beliebtheit erfreuten.

Heute hat die Zahl der reinrassigen Pferde in beklagenswertem Maße abgenommen, und die irische Regierung hat wieder zum Schutz der Rasse interveniert. Es gibt auch eine sehr rührige Irish Draught Horse Society, die sich um den Erhalt dieser Rasse bemüht.

KURZINFO

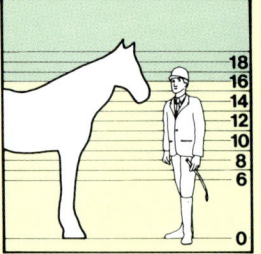

Farbe: Schwarzbrauner, Brauner, Fuchs und Grauschimmel.
Größe: 150 bis 170 cm.
Exterieur: Intelligenter Kopf, kurzer, muskulöser Hals, langer, kraftvoller Körper, starke Beine, sehr wenig Behang.
Charakter: Ruhig, vernünftig, aufmerksam und willig.
Einsatzgebiet: Jagd und Zucht von Wettkampfpferden.

IRISCHES JAGDPFERD

Das Irische Jagdpferd (Irischer Hunter) wurde bis vor kurzem noch als Typ klassifiziert; die Rasse befindet sich noch immer in der Entwicklung. Sie entsteht durch die Kreuzung von Vollblütern mit dem Irish Draught. Die Nachkommen sind erstklassige Wettkampfpferde – hervorragende Springer und Military-Pferde. Seit 1970 beaufsichtigt das Irish Horse Board die Entwicklung der Rasse. Es gibt, abhängig von den Eltern, immer noch eine große Bandbreite von Typen, die Mehrzahl aber hat schöne, wache Köpfe und einen kräftigen Körperbau.

KURZINFO

Farbe: Alle kräftigen Farben.
Größe: 160 cm.
Exterieur: Unterschiedlich, ein klassischer Jagd- und Springertyp.
Charakter: Intelligent, kühn und vernünftig.
Einsatzgebiete: Jagen, Schauspringen und Military.

Unter den Irischen Jagdpferden gibt es viele erstklassiger Springer (hier: Ryan's Son).

ABSTAMMUNG

Irish Draught
Vollblut
Connemara

Irisches Jagdpferd

ANGLO-ARABER

KURZINFO

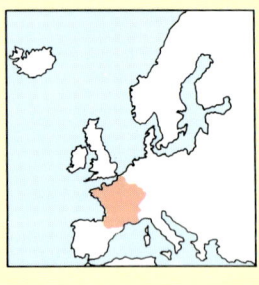
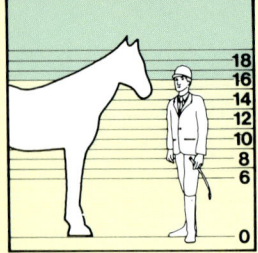

Farbe: Die meisten kräftigen Farben.
Größe: 160 cm.
Exterieur: Hübscher Kopf, ausgeprägter Widerrist, tiefe Brust, kurzer Rücken, gut proportionierte Hinterhand, hochgesetzter Schweif, lange, schlanke Beine.
Charakter: Tapfer, lebhaft, intelligent.
Einsatzgebiet: Reiten und Wettkämpfe.

Der Anglo-Araber, eine Kreuzung zwischen Araber und Vollblut, ist zwar auf der ganzen Welt vertreten, in Frankreich entwickelte er sich aber zu einer eigenständigen Rasse.

Der französische Anglo-Araber entstand etwa um 1840 aus dem Englischen Vollblut und aus reinrassigen Arabern. Zunächst gab es zwei unterschiedliche Stämme, die südliche Teilrasse und eine Reinrasse. Die Teilrasse entstand in der Gegend von Limousin im Südwesten Frankreichs durch die Kreuzung von Arabern oder Vollblütern mit einheimischen Stuten. Diese waren selbst arabischen oder orientalischen Ursprungs. Reinrassige Anglo-Araber entstanden aus Kreuzungen zwischen Araber und Vollblut. Da Teilrasse und Reinrasse sich bezüglich Temperament und Typ heute sehr angenähert haben, wurden sie in einem Zuchtbuch zusammengefaßt, das jedem Pferd aus einer Kreuzung zwischen Englischem Vollblut, reinrassigem Araber und Anglo-Araber mit einem Mindestanteil von 25 Prozent Araberblut offensteht.

Der Anglo-Araber hat sich inzwischen als Wettkampfpferd ausgezeichnet; die Hengste haben dazu beigetragen, die Qualität anderer Rassen zu verbessern; das gilt besonders für das Selle Française, das Französische Reitpferd.

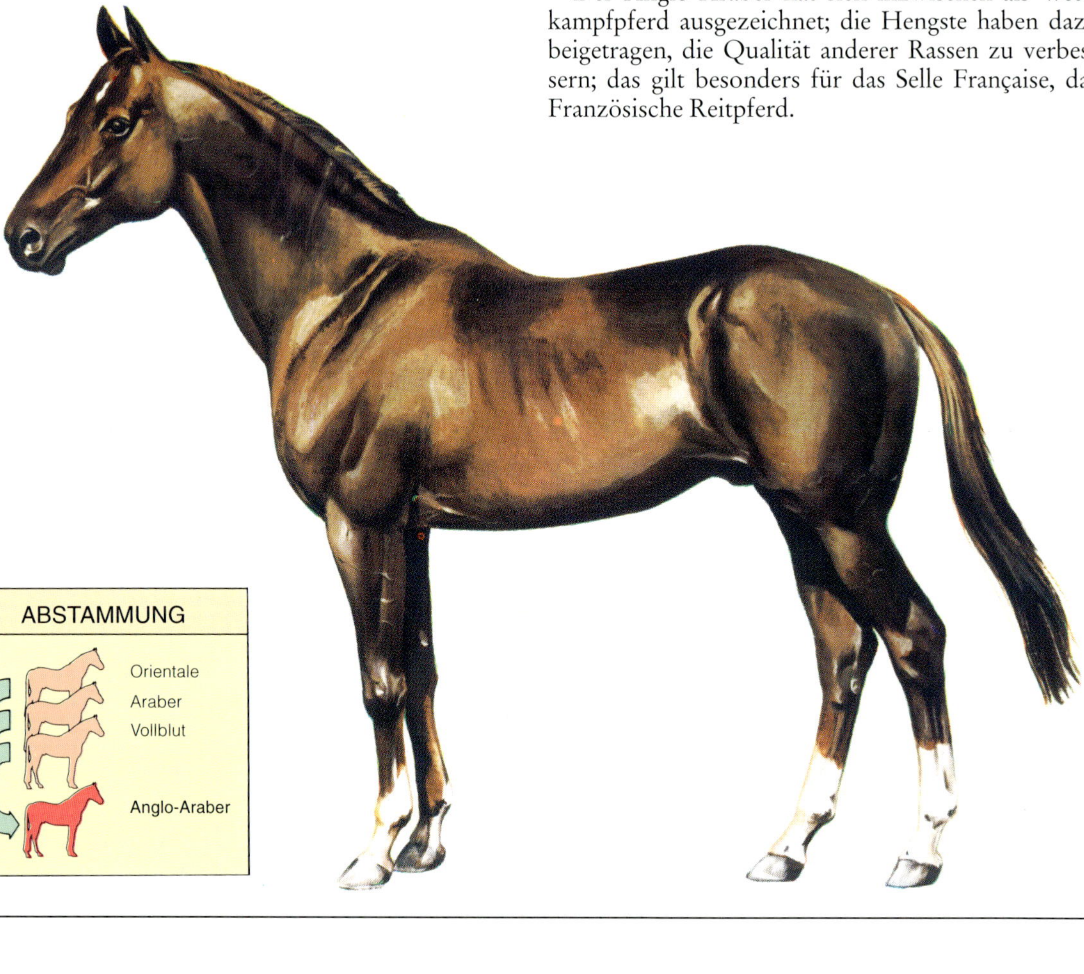

ABSTAMMUNG

Orientale
Araber
Vollblut

Anglo-Araber

FRANZÖSISCHER TRABER

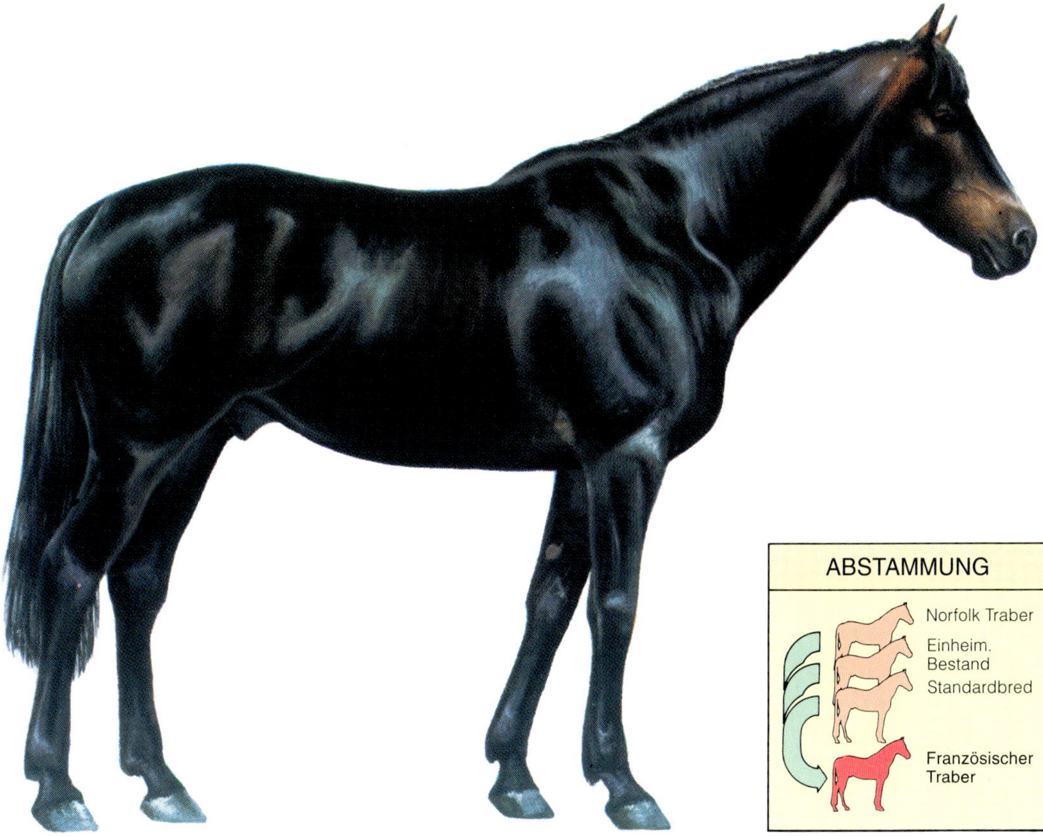

ABSTAMMUNG

Norfolk Traber

Einheim.
Bestand

Standardbred

Französischer
Traber

KURZINFO

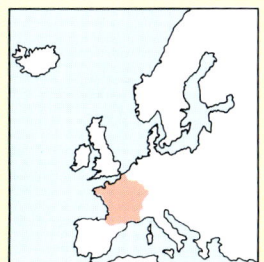

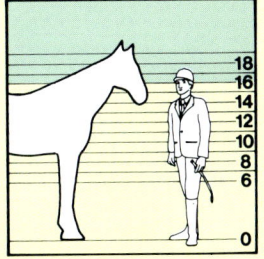

18
16
14
12
10
8
6

0

Farbe: Fuchs, Schwarzbrauner; meist Brauner.
Größe: 160 cm.
Exterieur: Wacher Kopf, kräftige, gerade Schultern, kurzer Rücken, muskulöse, kräftige Hinterhand, lange, trockene Beine mit kurzen Röhren.
Charakter: Willig, zäh.
Einsatzgebiet: Wagen- und Reitpferd, Zuchttier.

Der Französische Traber wurde Mitte des 19. Jahrhunderts hauptsächlich in der Normandie entwickelt. 1836 wurde in Cherbourg der erste französische Trabrennplatz eröffnet, dem bald andere folgten. Mit zunehmender Beliebtheit dieser Sportart wuchs auch der Bedarf an guten Pferden. Die ersten dieser Pferde entstanden bei Kreuzungen aus englischem Traberblut – meist Norfolk Traber – und dem Anglo-Normannen, um so einen für diesen Sport besonders geeigneten Stamm der Anglo-Normannen zu schaffen.

Im späteren Verlauf des Jahrhunderts wurden diese Anglo-Normannen verbessert, indem man fremde Hengste, speziell das Amerikanische Standardbred, importierte, das sich inzwischen zu einem sehr schnellen Wagenpferd entwickelt hatte.

1922 wurde ein Zuchtbuch für Anglo-Normannen eröffnet, die sich dadurch ausgezeichnet hatten, daß sie bei Trabrennen einen Kilometer in 1:42 Minuten gelaufen waren. Diese Pferde wurden als Französische Traber bekannt – eine neue Rasse war entstanden.

CAMARGUE-PFERD

Schon seit Hunderten von Jahren streifen diese berühmten Pferde durch die Marschen des französischen Rhône-Deltas. Ihr Ursprung ist unbekannt, es ist aber denkbar, daß er bis in vorgeschichtliche Zeiten zurückreicht. Ihrer äußeren Erscheinung nach könnten sie zum Teil von Arabern und Berbern abstammen, die anfangs von den Römern und später von den Mauren in dieses Gebiet gebracht worden waren.

Der Lebensraum der Camargue-Pferde wird durch rauhes Marschengras und Salzwasser geprägt. Als Reaktion auf das Klima und ihre Umgebung haben sie sich zu robusten und trittsicheren Pferden entwickelt.

Das Camargue-Pferd hat einen besonders ausgeprägten Schritt und einen schnellen Galopp. Es kann sich schnell drehen und wenden. Auch wenn die Tiere naturgemäß Wildpferde sind, werden sie in Gefangenschaft nach dem Zureiten zu guten Reitpferden. Bei den »Gardians«, den Pferdehütern der Camargue,

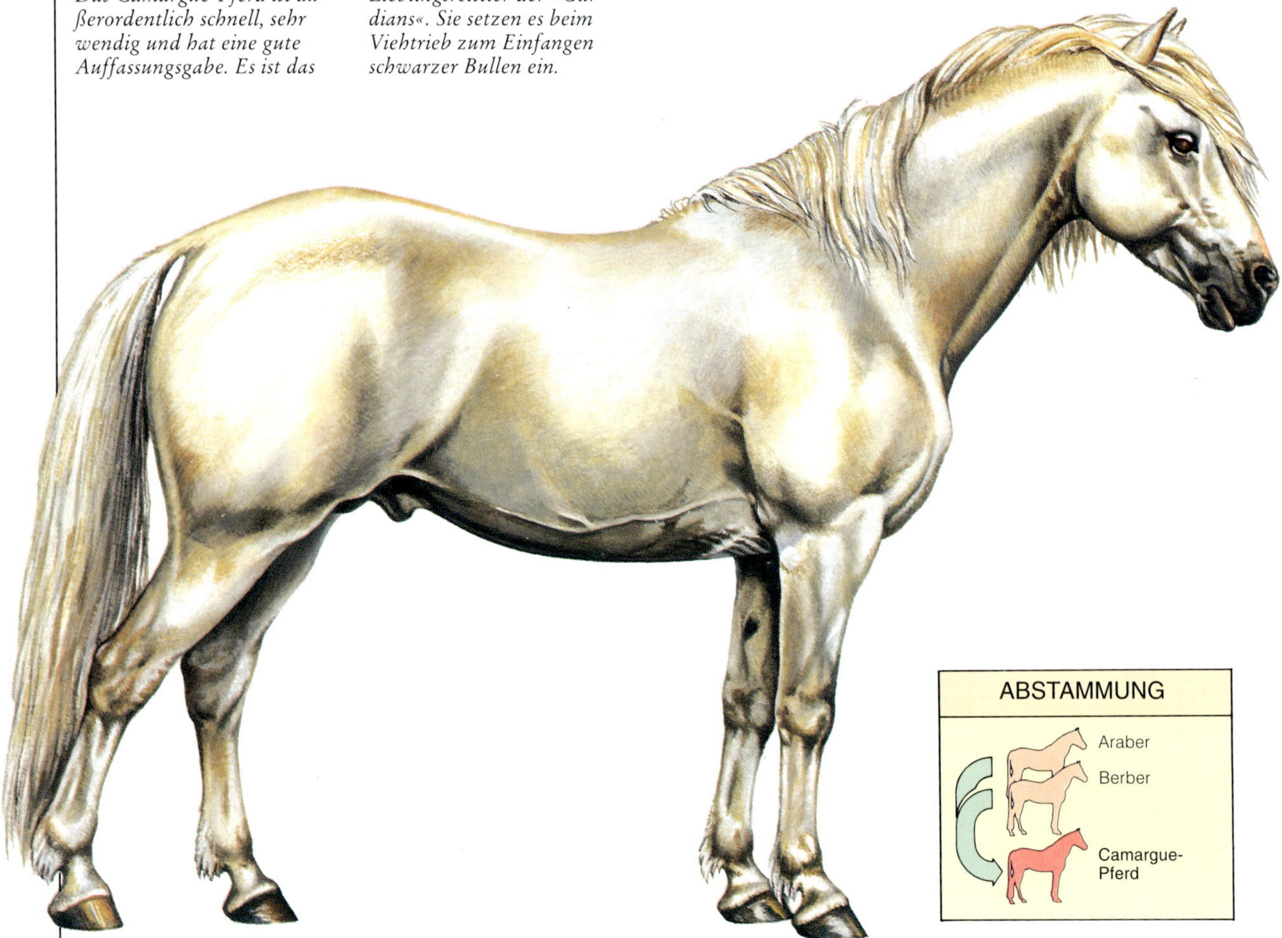

Das Camargue-Pferd ist außerordentlich schnell, sehr wendig und hat eine gute Auffassungsgabe. Es ist das

Lieblingsreittier der »Gardians«. Sie setzen es beim Viehtrieb zum Einfangen schwarzer Bullen ein.

ABSTAMMUNG

Araber

Berber

Camargue-Pferd

KURZINFO

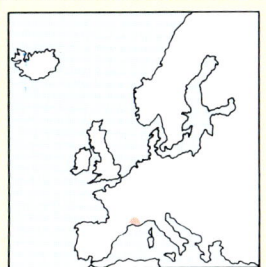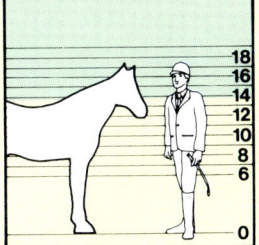

Farbe: Grauschimmel.
Größe: 130 bis 140 cm.
Exterieur: Großer Kopf orientalischen Typs mit geradem Profil; kurze Schultern und Rücken, schmächtige Hinterhand, feine Beine, große Füße.
Charakter: Nach der Zähmung fügsam.
Einsatzgebiet: Viehtrieb, Trekking; lebt meist wild.

Das Camargue-Pferd ist auch als Weißes Pferd der See bekannt. Es ist eine alte Rasse, deren äußere Erscheinung auf eine Araberabstammung schließen läßt. Es lebt immer noch wild im Marschgebiet des Rhône-Deltas.

sind sie für den Viehtrieb sehr beliebt, genauso wie für das Einfangen der berühmten schwarzen Bullen der Camargue, die für Stierkämpfe gezüchtet werden. Auch beim Trekking im Rhône-Delta werden diese Pferde gern eingesetzt.

1968 wurde das Camargue-Pferd offiziell als Rasse anerkannt. Zur Zeit leben in diesem Gebiet ungefähr 30 Herden. Obwohl die Pferde wild leben und ihre Fortpflanzung keiner Kontrolle unterliegt, werden sie einmal jährlich eingefangen. Junge, etwa dreijährige Hengste, die keine ausreichende Qualität gewährleisten können, werden kastriert. Das führte zu einer beachtlichen Verbesserung der Rasse. Fohlen werden mit dunklem Fell geboren, erst im Erwachsenenalter wechselt die Farbe zum charakteristischen Grau; mit zunehmendem Alter werden sie noch heller.

PERCHERON

Der Percheron ist weltweit das berühmteste und am häufigsten anzutreffende französische Zugpferd. Vor allem aber ist er in seinem Heimatland Frankreich beliebt. Seine Intelligenz und seine sanfte Art wecken bei seinen Bewunderern viel Enthusiasmus und Zuneigung. Bei der Züchtung wird sorgfältig auf Qualität und Reinheit der Rasse geachtet.

Die Percherons stammen aus dem Nordwesten Frankreichs, präziser: aus dem Gebiet von La Perche, das im Pariser Becken liegt. Die Rasse entstand vermutlich aus der Verbindung einheimischer Normannenpferde mit Arabern und anderen orientalischen Rassen, die von Mauren in Westeuropa zurückgelassen worden waren. Das Ergebnis war ein recht schweres Pferd, das von den Rittern des Mittelalters eingesetzt wurde. Später wurden die Percherons mit noch schwereren Zugrassen gekreuzt, um stattliche Arbeitspferde zu züchten.

Im 19. Jahrhundert machte den Percheron eine Beigabe von Araberblut agil und lebhaft. Eine kleinere Percheron-Art trägt den Namen »Postier Percheron«.

Der Boulonnais, eine andere schwere Zugpferdrasse aus Nordfrankreich, hat zum Teil die gleiche orientalische Quelle, andalusisches Blut macht ihn aber dem Percheron sehr ähnlich.

KURZINFO

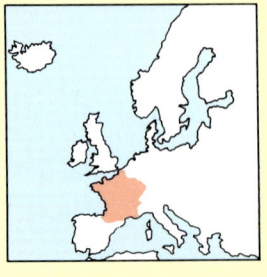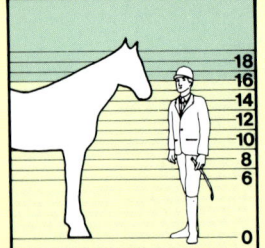

Farbe: Schimmel oder Rappe.
Größe: 150 bis 170 cm.
Exterieur: Gerades Profil, starker, gebogener Hals, tiefe, kräftige Brust, kurzer Körper, sehr kräftige Hinterhand, dicke, muskulöse Beine, möglichst wenig Kötenbehang.
Charakter: Aktiv, intelligent und gutmütig.
Einsatzgebiet: Zugarbeit.

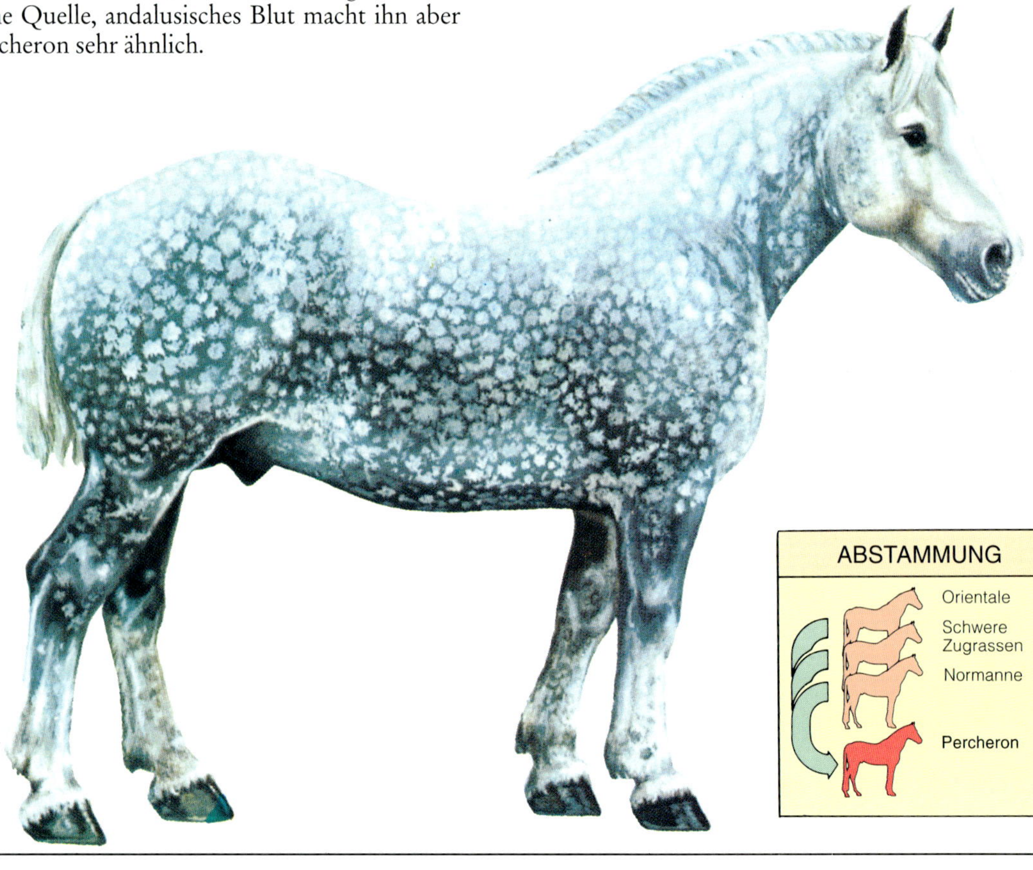

ABSTAMMUNG

Orientale

Schwere Zugrassen

Normanne

Percheron

BRETONE

KURZINFO

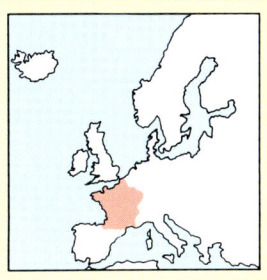 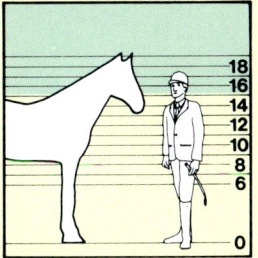

Farbe: Schimmel, Fuchs, Brauner.
Größe: 150 bis 160 cm; Postier Bretone bis 150 cm.
Exterieur: Breiter, kurzer Kopf, kräftiger Hals, breiter Körper, kurze, muskulöse Beine, wenig Kötenbehang. Der Postier Bretone ist leichter und eleganter.
Charakter: Lebhaft, intelligent, gutmütig.
Einsatzgebiet: Landarbeit, leichte Zugarbeit.

Bei den Bretonen gibt es zwei Arten: den Draft Bretonen und den Postier Bretonen. Beide stammen aus der Bretagne im Nordwesten Frankreichs.

Der Draft Bretone stammt vom Roussin ab, einem Pferd, das im Mittelalter in der Bretagne lebte. Der Roussin war als Reitpferd für seine bequeme vierte Gangart, den »Amble« (eine Art geruhsamer Paßgang) bekannt. Als man für die Arbeit in der Landwirtschaft ein schwereres Pferd brauchte, wurde der Roussin mit dem Percheron gekreuzt sowie mit dem Ardennenpferd (einer sehr alten, sanften und besonders zähen Zugpferdrasse aus den Ardennen, einem Gebiet zwischen Belgien und Frankreich) und dem Boulonnais (einem sehr aktiven und lebhaften Zugpferd aus Nordfrankreich). Als Ergebnis erhielt man das Bretonische Zugpferd.

Im 19. Jahrhundert wurde der Bretone mit dem Norfolk Traber und dem Hackney gekreuzt. Daraus entstand der Postier Bretone, ein leichtes und elegantes Pferd mit ansprechender Aktion, das als Kutsch- und als leichteres Zugpferd eingesetzt wurde. In der Bretagne wird der Bretone auch heute noch in der Landwirtschaft eingesetzt, im Midi in den Weinbergen. Darüber hinaus ist er in einigen Ländern der Dritten Welt zu finden.

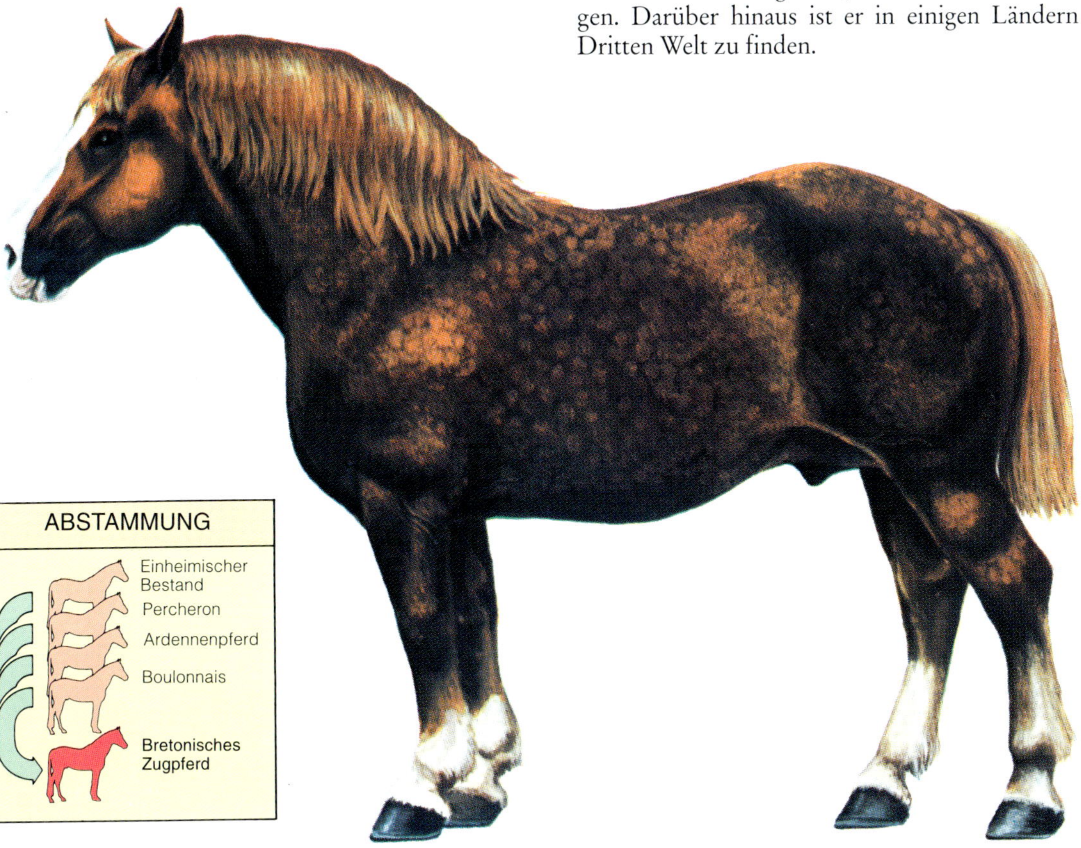

ABSTAMMUNG

Einheimischer Bestand
Percheron
Ardennenpferd
Boulonnais

Bretonisches Zugpferd

FRIESE

KURZINFO

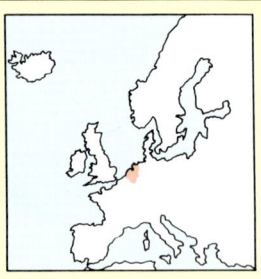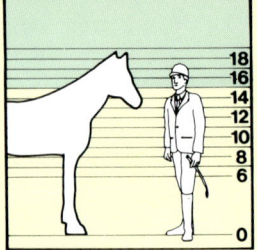

Farbe: Nur Rappen.
Größe: 150 cm.
Exterieur: Schöner, langer Kopf, geschwungener Hals, kräftiger, kompakter Körper, runde Hinterhand, kurze Beine mit Kötenbehang, volle Mähne und Schweif.
Charakter: Ruhig, willig, empfindsam, aktiver Schwerarbeiter.
Einsatzgebiet: Wagenpferd.

Der Friese gehört zu einer der ältesten europäischen Pferderassen. Seine Ursprünge sind unbekannt, man weiß aber, daß vor über 3000 Jahren in der Region Friesland (im nördlichen Holland) ein schweres Pferd gelebt hat. Der Friese war bei den Römern, die ihn mit nach Großbritannien genommen haben, sehr beliebt. Hier hat er später zur Entwicklung der Fell und der Dales Ponys beigetragen. Auch die Ritter des Mittelalters benutzten das Pferd gerne. In den Jahrhunderten danach hat man es wahrscheinlich mit Andalusiern, Arabern und Berbern gekreuzt.

Das besondere Merkmal des Friesen ist der schnelle Trab mit hoher Knieaktion. Im 19. Jahrhundert verbesserte man mit seiner Hilfe andere Traberrassen, wie den Orlow-Traber und den Norfolk Traber (durch den er wiederum den Morgan beeinflußt hat).

Da der Friese gern für Kreuzungen benutzt wurde und weil die Nachfrage nach Arbeitspferden gesunken war, nahm die Zahl dieser Pferde in der Zeit vor dem Ersten Weltkrieg drastisch ab. Mit Hilfe der Oldenburger Hengste (einer Rasse, die ursprünglich vom Friesen abstammt) konnte der Friese aber vor dem Aussterben bewahrt werden.

Aus einer Kreuzung zwischen Friesen, Oldenburger und Ostfriesen entstand das Groninger Pferd, ein etwas größeres Tier als der Friese, das als Wagen- und Reitpferd und für Zugarbeiten eingesetzt wird.

ABSTAMMUNG

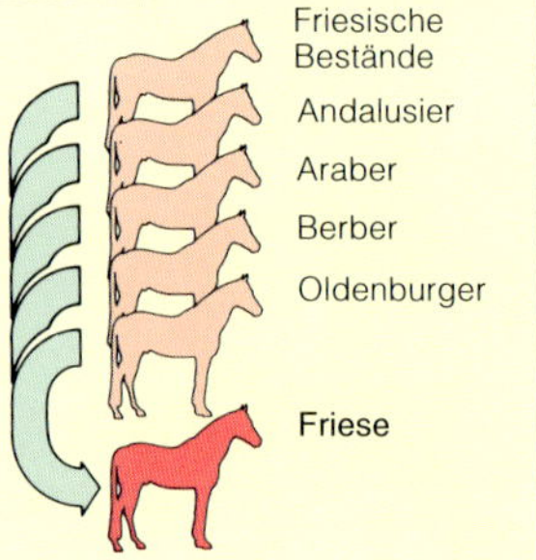

Friesische Bestände
Andalusier
Araber
Berber
Oldenburger

Friese

BELGISCHES ZUGPFERD

Das Belgische Zugpferd aus Brabant (auch als Brabanter bekannt) hat eine lange Abstammungslinie. Man nimmt an, daß es ein direkter Nachfolger des Flandrischen Pferdes ist, einem der mittelalterlichen Schlachtrösser Nordeuropas. Nach der Reformation versuchte man, den Brabanter mit Hilfe anderer Rassen zu verändern. Das Ergebnis war aber nicht sehr überzeugend, und die Züchter haben sich seitdem nur noch mit reinrassigen Brabanter-Stämmen beschäftigt. Das Ergebnis ist ein außergewöhnliches Pferd, das in der Zucht stets reinrassig bleibt.

Unter den schweren Rassen gehört es zu den stärksten Pferden. In Belgien wird es in der Landwirtschaft für alle denkbaren Arbeiten eingesetzt. Seine Kraft und seine Gutmütigkeit haben sehr zu seiner Beliebtheit beigetragen. Auch bei der Entwicklung neuer Rassen, wie z.B. dem deutschen Rheinländer, hat es seinen Beitrag geleistet. Andere schwere Rassen sind durch das Belgische Zugpferd verbessert worden, das Ardennenpferd ist mit seiner Hilfe größer geworden.

KURZINFO

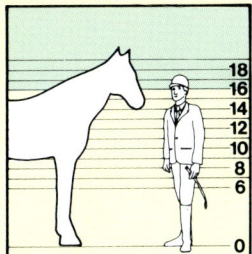

Farbe: Die meisten sind Rotschimmel mit schwarzen Punkten; manchmal auch Braune, Dunkelbraune, Falbe und Schimmel.
Größe: Etwa 160 cm.
Exterieur: Relativ kleiner, kantiger Kopf, kräftiger, tiefer Hals, mächtige Schultern, kurzer, kompakter Körper, massige, kräftige Hinterhand, kurze, kräftige Beine.
Charakter: Sanftmütig, willig, aktiv und mutig.
Einsatzgebiet: Zugtier.

ABSTAMMUNG

Flandrisches Pferd

Belgisches Zugpferd

FREIBURGER

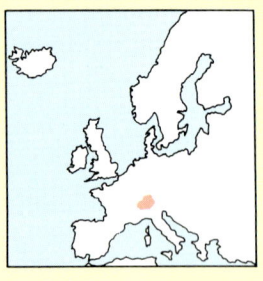
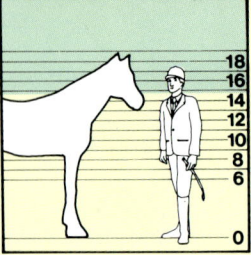
Der Freiburger ist ein leichtes Zugpferd aus den Bergen des Schweizer Jura. Sein Ursprung ist eine Mischung aus Normannen, Anglo-Normannen, Vollblut- und Zugpferdrassen. Durch sein Leben in den Bergen ist der Freiburger wendig, kräftig, gangsicher und ausdauernd geworden. Bis vor kurzem wurde das Pferd bei allen möglichen landwirtschaftlichen Arbeiten eingesetzt. Auf den steilen, für Traktoren unzugänglichen Almen ist der Freiburger unersetzlich. Auch in der Schweizer Armee hat man seinen Wert erkannt: Hier sorgen Freiburger für den schnellen Transport von Mensch und Gerät in den Bergen.

Wegen seiner Bedeutung für die Schweizer Landwirtschaft und für die Landesverteidigung, aber auch aus Gründen alternativer Energie- und Transportmöglichkeiten haben die Behörden die Kontrolle über ein öffentlich finanziertes Zuchtprogramm an der nationalen Zuchtanstalt in Avenches übernommen. Es gibt keine eindeutigen Arten, da der Freiburger nicht auf einen bestimmten Körperbau hin, sondern auf Charakter und Fähigkeiten gezüchtet wird. Durch eine Kreuzung zwischen Shagya-Araber und Freiburger entstand das Freiburger Sattelpferd, ein elegantes Reitpferd mit einem ausgezeichneten Wesen.

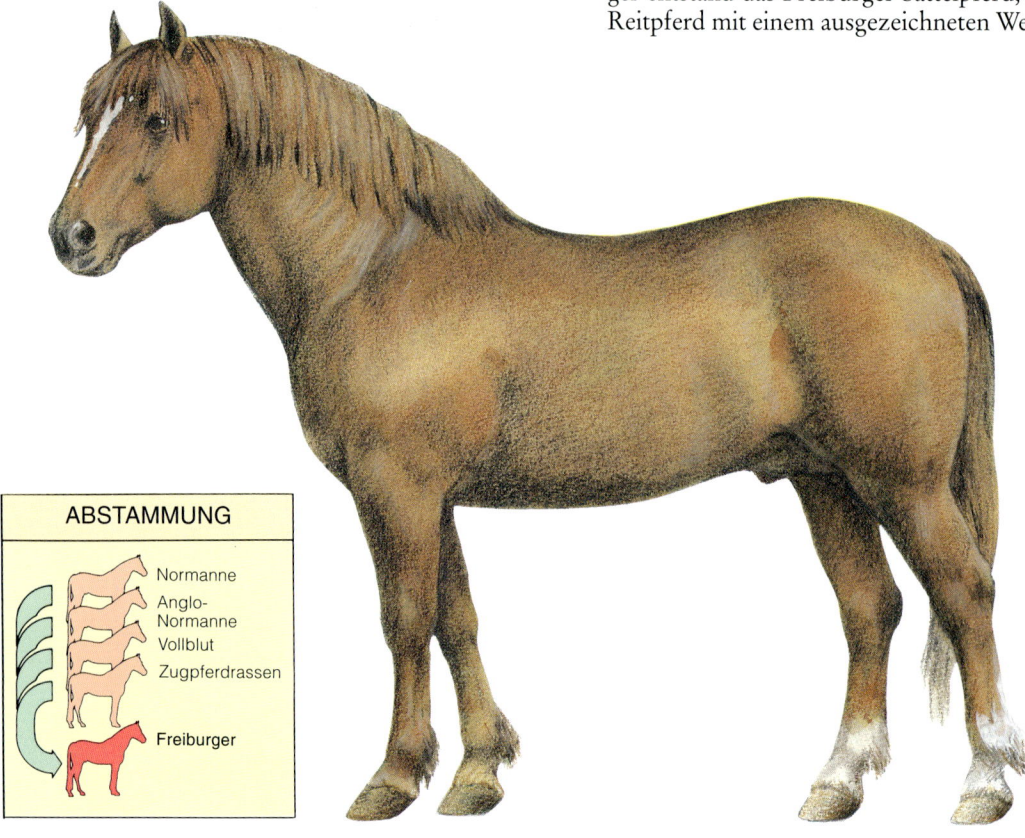

ABSTAMMUNG

Normanne
Anglo-Normanne
Vollblut
Zugpferdrassen

Freiburger

TRAKEHNER

KURZINFO

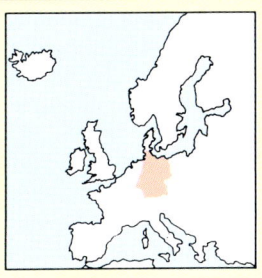 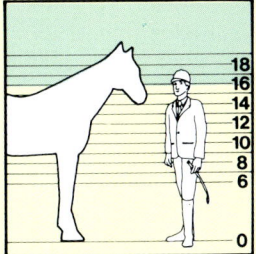

Farbe: Jede kräftige Farbe, meist dunkel.
Größe: Etwa 160 cm.
Exterieur: Eleganter Kopf, langer Hals, ausgeprägter Widerrist, tiefe Brust, kräftiger, mittellanger Rücken, abgerundete Hinterhand, schlanke Beine, gute Hufe.
Charakter: Fügsam, lebhaft, mutig, vielseitig.
Einsatzgebiet: Reiten, Wettbewerbe.

Ursprünglich stammt der Trakehner aus Ostpreußen, heute ein Teil Polens. Die Rasse entstand auf dem Trakehner-Gestüt, das 1732 gegründet wurde. Basis für die Zucht waren die einheimischen Schwiekenpferde, die mit Vollblut und Arabern gekreuzt wurden. Das Ergebnis war ein eleganter Kutsch- und Kavalleriepferd. Während des Zweiten Weltkriegs wurde die Rasse ziemlich dezimiert. Im Winter 1945 machten sich Flüchtlinge mit 700 Trakehner-Stuten und einigen Hengsten auf den Weg nach Westen. Mit diesen Tieren konnte die Rasse in Deutschland wieder angesiedelt werden. Bis heute kümmert man sich mit großer Sorgfalt um diese Tiere. Die Züchtungen bleiben sehr artentreu.

Das gute Aussehen des Pferds, seine freie und extravagante Aktion sowie seine Vielseitigkeit haben den Trakehner zu einem überaus beliebten Show- und Dressurpferd werden lassen. Darüber hinaus ist es bei Freizeitreitern sehr beliebt. Mit Hilfe der Trakehner, die in Polen zurückblieben, entstand die Wielkopolska-Rasse. Sie gehörte zu denjenigen Rassen, die für die Entwicklung des Württembergers benutzt wurden, einem sehr guten, mittelschweren Reit- und Wagenpferd. Andere Rassen, wie z.B. der Hannoveraner, wurden mit seiner Hilfe verbessert.

ABSTAMMUNG

Schwiekenpferd
Araber
Vollblut
Trakehner

HANNOVERANER

Viele deutsche Rassen werden nach der Gegend benannt, aus der sie stammen – so kommt der Hannoveraner aus der norddeutschen Stadt Hannover.

Seit ihrer Entstehung im frühen 18. Jahrhundert hat sich diese Rasse zum Teil beträchtlich verändert. 1735 wurde im Celler Staatsgestüt durch königliches Dekret die Grundlage für die Hannoveraner geschaffen. Holsteiner Hengste sorgten für eine Auflockerung bei den einheimischen Stuten, die vom Großen Schlachtroß des Mittelalters abstammten. Das Ziel: Pferde zu erhalten, die sich für die Arbeit in der Landwirtschaft und als Kutschpferde eigneten. Im weiteren Verlauf kam es zu Kreuzungen mit Vollblütern und mit Cleveland Bays, die aus England importiert worden waren. Gegen Ende des 18. Jahrhunderts kreuzte man das Pferd auch mit anderen importierten Rassen.

1867 wurde eine Zuchtgesellschaft gegründet, mit dem Ziel, ein Pferd zu schaffen, das in gleichem Maße für zivile wie für militärische Zwecke geeignet war. Ihre Erfolge waren dabei beachtlich. Als nach dem Ersten Weltkrieg Pferde beim Militär nicht mehr in gleichem Umfang wie bisher benötigt wurden, überarbeitete man die Zielsetzung der Gesellschaft. Jetzt wollte man ein Pferd »produzieren«, das sowohl für die landwirtschaftliche Arbeit als auch als Kutsch- und Reitpferd einzusetzen war. Seitdem wurden die Hengste auf Geschwindigkeit, Kraft und Ausdauer hin getestet, bevor man sie bei der Zucht berücksichtigte.

Nach dem Zweiten Weltkrieg war erneut eine Umschreibung nötig, da der Hannoveraner weder in der Landwirtschaft noch als Kutschpferd benötigt wurde. Nunmehr sollte ein Reitpferd für »höchste Ansprüche« geschaffen werden. Mit Hilfe von Vollblütern, Trakehnern und Arabern wurde der Hannoveraner zu einem erstklassigen, athletischen, starken und gutmütigen Reit- und Turnierpferd.

Hannoveraner wurden auf internationaler Ebene im Springparcours, bei der Military und bei Dressur-

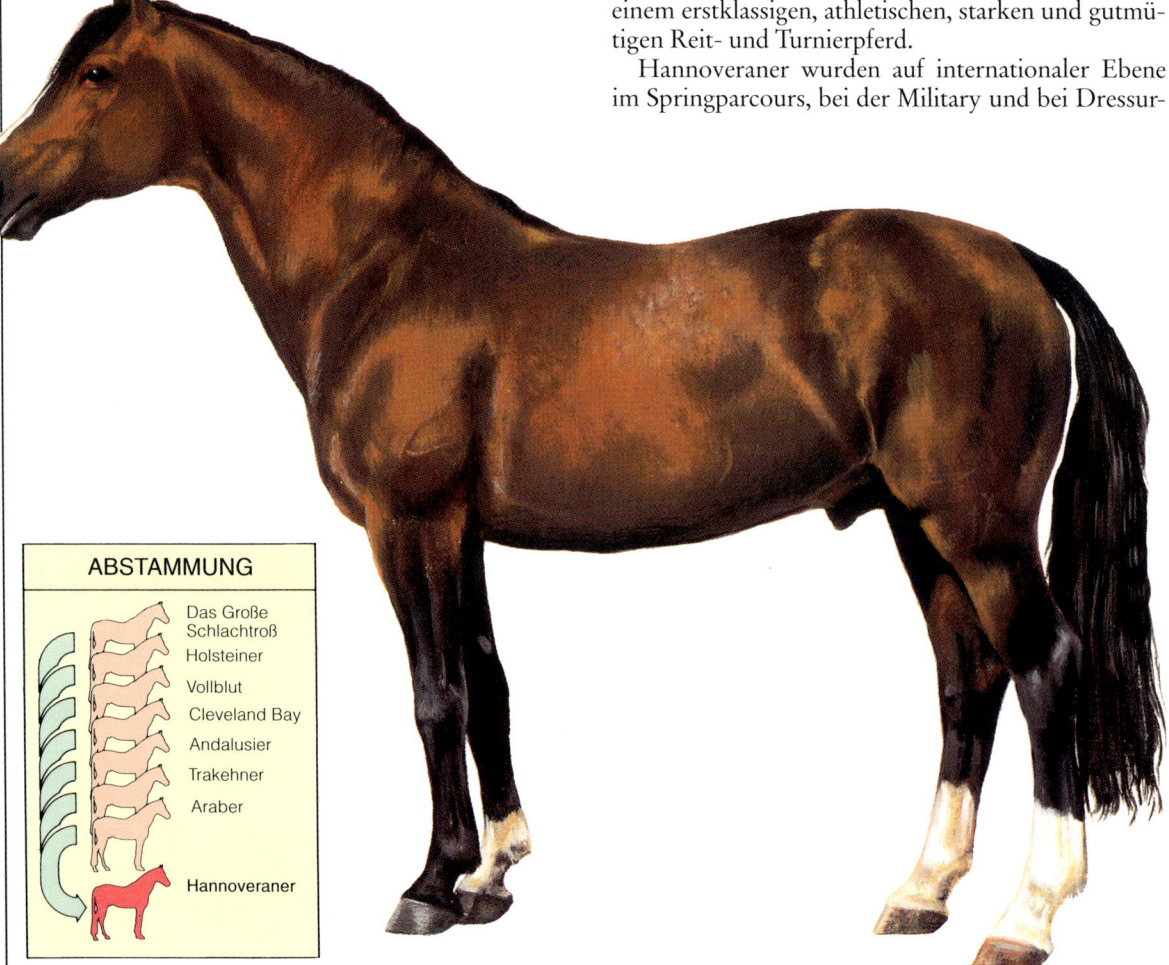

ABSTAMMUNG

Das Große
Schlachtroß

Holsteiner

Vollblut

Cleveland Bay

Andalusier

Trakehner

Araber

Hannoveraner

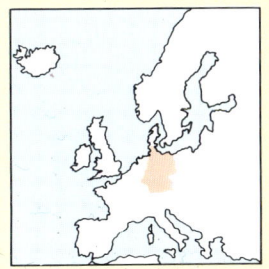

Oben: Dynasty, geritten von Cynthia Ishoy, hier fotografiert bei den Olympischen Spielen 1988 in Kanada. Das Pferd zeigt die typischen Merkmale des Hannoveraners: Stil, Athletik und höchste Eleganz.

KURZINFO

Farbe: Alle kräftigen Farben.
Größe: 150 bis 170 cm.
Exterieur: Unterschiedlich; kompakter, kräftiger Körper, kurze, kräftige Beine.
Charakter: Intelligent, vernünftig, willig, mutig.
Einsatzgebiet: Wettkampf- und Vergnügungsreiten.

wettkämpfen ausgezeichnet. Mit ihrer Hilfe wird heute auf der ganzen Welt die Qualität anderer Sportpferde weiter verbessert.

Auch der Hannoveraner war an der Schaffung neuer Rassen beteiligt. Durch Kreuzungen mit Araber und Vollblut entstand der Westfale.

Das Dänische Sportpferd (entstanden aus Hannoveraner, Vollblut und Trakehner) ist ein weiteres ausgezeichnetes und athletisches Reitpferd.

Der Hannoveraner ist eng mit dem Mecklenburger verwandt, da bei der Gründung dieser Rassen ähnliche Genstämme im Spiel waren. Außerdem kam es im Laufe der Zeit immer wieder zu Kreuzungen der Tiere untereinander. Der Mecklenburger ist das kleinere Pferd von beiden Tieren; es wird jetzt als Allzweckreitpferd gezüchtet.

OLDENBURGER

Im Nordwesten Deutschlands steht der Oldenburger schon seit dem 17. Jahrhundert hoch im Kurs.

Die Rasse läßt sich auf den holländischen Friesen zurückführen. Die schweren Zugpferde wurden zunächst mit Andalusiern und Berbern gekreuzt, um so ein leichteres Arbeitspferd zu erhalten. Im 19. Jahrhundert wurden die Tiere durch Cleveland Bays, Vollblut, Anglo-Normannen und Hannoveraner weiter verbessert.

Anfangs wurde die Rasse als Kutschpferd eingesetzt. Sie war auch in der Landwirtschaft und im militärischen Einsatz zu finden. Nach dem Ersten Weltkrieg wurde der Oldenburger bei der Armee nicht mehr benötigt, dafür wurde er aber bis zum Beginn des Zweiten Weltkriegs auf Bauernhöfen gebraucht. Als er keine eindeutigen Aufgaben mehr hatte, kreuzten die Züchter ihn mit Vollblütern und Trakehnern, um ihn soweit zu verbessern (und vor allem leichter zu machen), daß er als Allroundpferd eingesetzt werden konnte.

Der Oldenburger half zusammen mit dem Vollblut, dem Cleveland Bay und dem Normannen, die alte Zugrasse der Rotteler soweit zu modifizieren, daß ein Reitpferd entstand, das heute als Bayrisches Warmblut bekannt ist.

KURZINFO

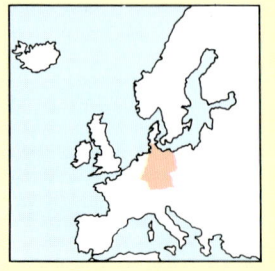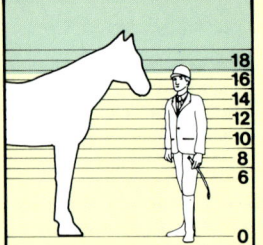

Farbe: Jede kräftige Farbe, meist Rappe, Brauner oder Dunkelbrauner
Größe: 160 bis 170 cm.
Exterieur: Mittelgroßer Kopf, gerades Profil, kräftiger Nacken, Brust und Körper muskulös, kräftige Hinterhand, kurze Beine.
Charakter: Mutig, vernünftig.
Einsatzgebiet: Reiten, Wettkämpfe, Wagenpferd.

ABSTAMMUNG

Friese
Andalusier
Berber
Hannoveraner
Cleveland Bay
Vollblut
Anglo-Normanne

Oldenburger

OSTFRIESE

Der Ostfriese trägt den Namen seiner Heimat. Die Rasse entwickelte sich aus dem Oldenburger, einem nahen Verwandten. Beide Rassen wurden bis zum Beginn des Zweiten Weltkriegs immer wieder miteinander gemischt und gekreuzt. Ab 1945 wurden sie wieder voneinander getrennt und eigenständig weiterentwickelt.

Durch Kreuzungen mit Arabern und Hannoveranern wurde der Ostfriese verbessert und verfeinert; er erhielt zusätzliche Kraft, kompaktere Formen und seinen unverwechselbaren Kopf. Das Pferd hat ein exzellentes Naturell und wird als Allroundreitpferd, bei Wettbewerben und als Wagenpferd eingesetzt.

KURZINFO

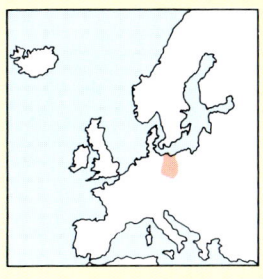 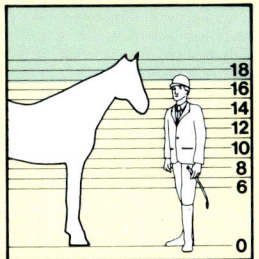

Farbe: Alle kräftigen Farben.
Größe: 150 bis 160 cm.
Exterieur: Ähnlich wie der Oldenburger; etwas leichter, mit eleganterem Kopf.
Charakter: Mutig, lebhaft, gutmütig.
Einsatzgebiet: Allgemein als Reit- und Wagenpferd.

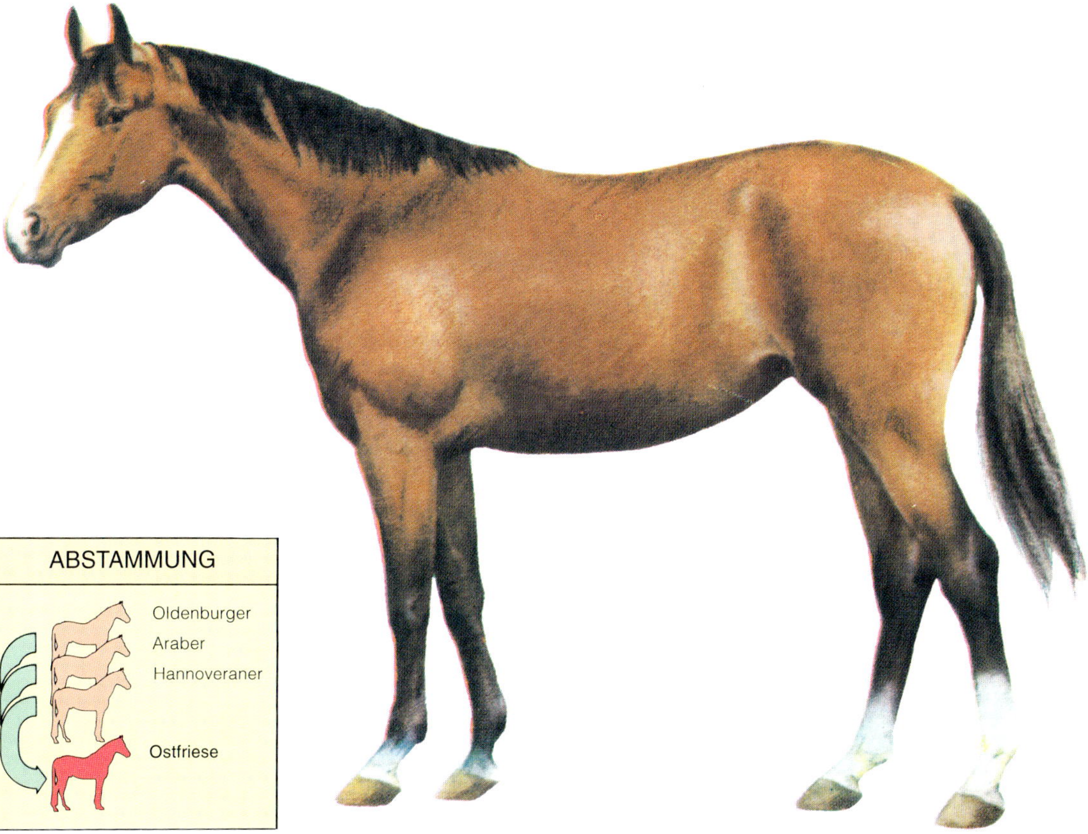

ABSTAMMUNG

Oldenburger
Araber
Hannoveraner

Ostfriese

HOLSTEINER

KURZINFO

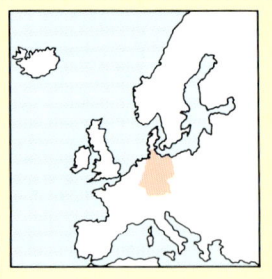
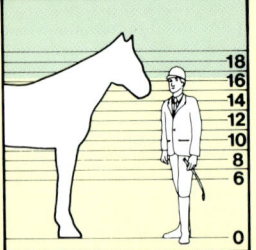

18
16
14
12
10
8
6
0

Farbe: Alle kräftigen Farben.
Größe: 160 bis 170 cm.
Exterieur: Eleganter Kopf, kräftiger Nacken und Schultern, gute Gurttiefe, kompakter Körper, kräftige Hinterhand, kurze Beine.
Charakter: Intelligent, willig, tapfer, vielseitig, gutmütig.
Einsatzgebiet: Reitpferd, Wettbewerbe.

Der Holsteiner repräsentiert vermutlich die älteste deutsche Pferderasse. Er stammt aus den Marschen Norddeutschlands, wo er schon seit dem 14. Jahrhundert gezüchtet wird. Am Anfang kreuzte man Andalusier und Neapolitaner mit dem einheimischen Marschpferd (einer der Arten des Großen Pferdes) und erhielt so ein großes und kräftiges Pferd, das in ganz Europa bekannt wurde.

Im Laufe des 19. Jahrhunderts wurde der Holsteiner mit Cleveland Bays und Vollblütern gekreuzt, um die Rasse zu verfeinern und um ein kräftiges Zugpferd mit raumgreifender Aktion und großem Durchhaltevermögen zu züchten. Seine Sprungfähigkeit und sein Dressurtalent verdankt der Holsteiner ebenfalls dem Cleveland Bay und dem Vollblut.

Gegen Ende des Zweiten Weltkriegs nahm die Zahl der Holsteiner ab; danach hat man sich aber erfolgreich bemüht, die Rasse wieder aufzubauen und sie weiter zu veredeln. Besondere Unterstützung leisteten dabei die Vollblutpferde, mit deren Hilfe hochklassige Wettbewerbspferde entstanden. Heute ist der Holsteiner bei Reitwettbewerben auf allen Gebieten an vorderster Front vertreten.

Der Holsteiner gehört zu den wenigen Rassen, die Anteil am Schweizer Halbblut haben. Dieses herausragende Pferd ist sehr kräftig und athletisch und hat ein sehr angenehmes Wesen.

ABSTAMMUNG

Marschpferd
Andalusier
Neapolitaner
Cleveland Bay
Vollblut

Holsteiner

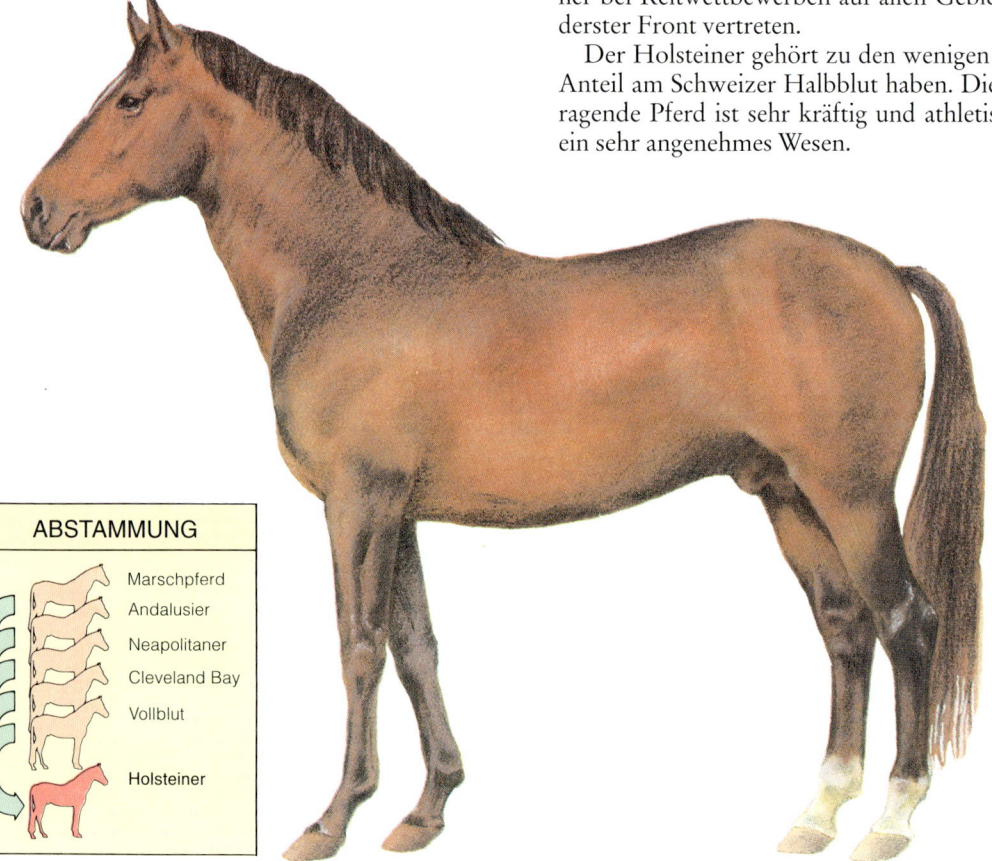

SCHLESWIGER KALTBLUT

Das Schleswiger Kaltblut entstand im Schleswig Holstein des 19. Jahrhunderts, um die große Nachfrage nach Pferden zu befriedigen, die als Zugtiere und in der Landwirtschaft benötigt wurden.

Bei der Entwicklung dieser Rasse gab es zwei wesentliche Einflüsse: Zum einen durch den dänischen Jütländer, den möglicherweise schon die Wikinger geritten haben und der als Kriegspferd Verwendung fand; zum anderen durch den Suffolk Punch aus England. Zum Ausgleich für einige Mängel der Schleswiger wurden auch andere Rassen wie der Bretone, der Boulonnais (ein eleganter, aktiver Kaltblüter aus Nordfrankreich), der Cleveland Bay und Vollblüter herangezogen. Als Nebeneffekt ergab sich dadurch, daß sie leichter und lebendiger wurden.

Das Schleswiger Kaltblut wurde als Allroundzugpferd in Industrie und Landwirtschaft, aber auch beim Militär eingesetzt, wo es die Geschütze zog.

KURZINFO

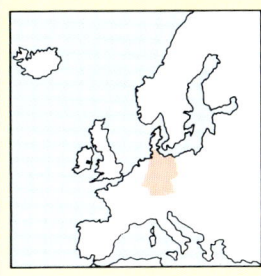

Farbe: Meist Fuchs mit flachsener Mähne und Schweif.
Größe: 150 bis 160 cm.
Exterieur: Großer Kopf mit konvexem Profil, kurzer, kräftiger Nacken, gute Gurttiefe, langer, flacher Körper, kurze, muskulöse Beine, wenig Kötenbehang.
Charakter: Willig, freundlich.
Einsatzgebiet: Zugpferd.

ABSTAMMUNG

Alte Rassen

Jütländer

Suffolk Punch

Boulonnais

Bretone

Schleswiger
Kaltblut

LIPIZZANER

Ein Lipizzaner-Hengst zeigt die Capriole, das schwierigste Kunststück aus der Hohen Schule. Alle Bewegungen, die in der Spanischen Hofreitschule gelehrt werden, stammen aus der Zeit, als die Pferde noch auf dem Schlachtfeld eingesetzt wurden. Auf diese Weise wollte man die Tiere flexibel und wendig machen, um sie jederzeit in die Lage zu versetzen, feindlichen Angreifern schnell auszuweichen.

Der Lipizzaner ist das berühmteste Pferd Österreichs und weltbekannt für die Hohe Schule der Dressur, die er in der Spanischen Hofreitschule in Wien zeigt.

Die Rasse wurde zuerst auf dem Gestüt in Lipizza (ehemaliges Jugoslawien) durch den Erzherzog Karl von Österreich gezüchtet. An den europäischen Fürstenhöfen war die Hohe Schule der Reitkunst damals sehr in Mode, und der Fürst brauchte Pferde, die dafür besonders geeignet waren. 1580 importierte er andalusische Hengste – die dem Vernehmen nach die besten Voraussetzungen mitbringen sollten – und kreuzte sie mit einheimischen Stuten.

Während der nächsten 300 Jahre wurden auch andere Rassen importiert und mit den eigenen Pferden gekreuzt. Dazu gehörten in erster Linie Neapolitaner (eine ausgestorbene italienische Rasse, die aus einer Kreuzung zwischen Andalusiern mit Araber- und solchen mit Berberblut entstanden war), Kladruber und Frederiksborger (beide von andalusischer Abstammung). Alle Lipizzaner haben ihren Ursprung in folgenden Hengsten: Pluto (Frederiksborger), Conversano und Neapolitano (Neapolitaner), Favory und Maestoso (Kladruber) und Siglavy (Araber). Spätere Kreuzungsversuche mit anderen Rassen, wie z.B. dem Vollblut oder dem Anglo-Araber, waren weniger erfolgreich, der Andalusier blieb immer maßgeblich.

Als das österreichisch-ungarische Gestüt 1918 aufgelöst worden war, brachte man die Lipizzaner nach Italien. Eine Qualitätsverschlechterung wurde dabei bewußt in Kauf genommen. Nach dem Zweiten Weltkrieg – Lipizza wurde Teil des damaligen Jugoslawien – importierte man neue Bestände. Danach ging es mit den Lipizzanern wieder aufwärts.

Die Spanische Hofreitschule wurde 1758 in Wien gegründet, um den Adel in der Kunst der Pferdehaltung zu unterweisen. Heute werden die Lipizzaner dort als einzige Rasse gehalten, nachdem man früher auch andere Arten, wie z.B. gefleckte Pferde, eingesetzt hatte. In der Schule werden nur Hengste gezeigt. Lipizzaner sind erst spät ausgewachsen; sie beginnen im Alter von vier Jahren mit dem Training. Um die hohe Kunst zu beherrschen, die in der Schule gezeigt wird, muß ein Pferd mehrere Jahre lang ausgebildet werden. Alle Vorführungen beruhen auf natürlichen Bewegungen, die man bei spielenden, jungen Pferden beobachten kann.

Das Gestüt der Spanischen Hofreitschule (gegründet 1798) befindet sich heute in Piber im südlichen Österreich. Alle Hengste, die dort leben, müssen sich in der Schule ausgezeichnet haben. Auch die Stuten

DIE CAPRIOLE

Die Capriole, ein Kunststück aus der Spanischen Hofreitschule, ist der beste Beweis für die vollkommene Zusammenarbeit zwischen Pferd und Reiter. Das Pferd springt dabei aus dem Stand etwa 1,80 m senkrecht in die Höhe, schlägt mit der Hinterhand aus und landet wieder auf dem Ausgangspunkt. In Kriegszeiten wurde dieses Manöver benutzt, um zu fliehen, wenn Pferd und Reiter von Feinden umzingelt waren.

werden getestet, um sicherzustellen, daß die hohen Standards gewahrt bleiben.

Fohlen von Schimmeleltern sind bei der Geburt schwarz; sie bekommen erst mit sieben Jahren die typische Lipizzaner-Färbung. Die anderen Merkmale der Rasse zeigen sich aber schon in jungen Jahren.

Lipizzaner sind intelligent und sanft. Sie sind nicht nur ganz besondere Schul- und Wagenpferde, sondern auch sehr gut als Reittiere geeignet.

Auch in Ungarn werden Lipizzaner gezüchtet. Hier kreuzte man sie mit Trabern und erhielt ganz außergewöhnliche Pferde, die bei kombinierten Wagenrennen sehr erfolgreich sind.

KURZINFO

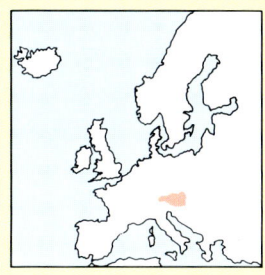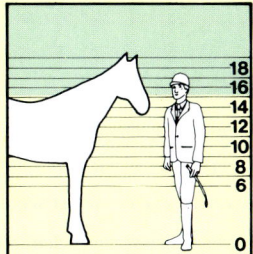

Farbe: Schimmel; bei Geburt dunkel, wird im Laufe der Jahre immer heller.
Größe: 150 bis 160 cm.
Exterieur: Relativ großer Kopf mit geradem Profil, kleine Ohren, gebogener Hals, kompakter Körper, kräftige, abgerundete Hinterhand, kräftige, saubere Beine.
Charakter: Intelligent, gehorsam, willig.
Einsatzgebiet: Hohe Dressurschule, Wagenpferd.

ABSTAMMUNG

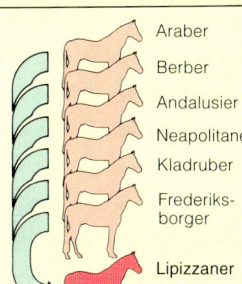

Araber
Berber
Andalusier
Neapolitaner
Kladruber
Frederiks-borger
Lipizzaner

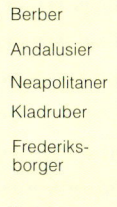

HAFLINGER

Der Haflinger ist das einheimische Pony im österreichischen Tirol. Man nimmt an, daß kleine Araberpferde, die aus Italien hierher gebracht wurden, zusammen mit einheimischen Bergponys die Grundlage für diese Rasse geschaffen haben.

Die ersten Berichte über diese Rasse stammen aus dem Jahr 1868, als man einen vorhandenen Bestand mit Hilfe des Araberhengstes El Bedavi XXII. aufwertete. Heute läßt sich jeder Haflinger bis zu ihm zurückverfolgen. Sein Sohn, Folie, mit der für die Haflinger typischen Färbung, wurde der Urvater.

Der Haflinger, ein ideales Pack- und Transportpony für die Berge, entwickelte sich mit der Zeit zu einem robusten und gangsicheren Tier. Die österreichischen Bauern benutzen ihn auch heute noch zum Heutransport. Außerdem eignet er sich gut als Reit- und Wagenpony. Der österreichische Staat kontrolliert die Haflinger-Zucht, so daß ihre Zahl heute wieder im Steigen begriffen ist. Die Ponys werden noch immer in den Bergen aufgezogen. Dort läßt man den Tieren solange die Freiheit, bis sie im Alter von vier Jahren zugeritten werden.

Der Avelignese aus Norditalien stammt aus dem gleichen Stamm wie der Haflinger. Auch er ist ein beliebtes Packpferd für den Einsatz im Gebirge.

KURZINFO

 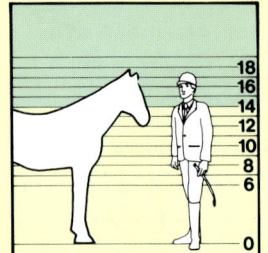

Farbe: Fuchs mit flachsener Mähne und Schweif.
Größe: 140 cm.
Exterieur: Mittelgroßer Kopf mit Ponymaul, kräftiger Nacken, gute Gurttiefe, langer, breiter Rücken, muskulöse Hinterhand, kurze Beine.
Charakter: Schwerarbeiter, sanft und genügsam.
Einsatzgebiet: Bergarbeit, Reit- und Wagenpony.

ABSTAMMUNG

Einheim. Bestand
Araber

Haflinger

GELDERLÄNDER

Der Gelderländer stammt aus der holländischen Provinz Gelderland; er wurde aus vielen verschiedenen deutschen Rassen entwickelt. Seinen Ursprung hat er in Kreuzungen zwischen einheimischen Pferden, Andalusiern und Norfolk Trabern, mit deren Hilfe man ein vielseitiges Bauernpferd schaffen wollte, das auch zum Ziehen, Transportieren und Reiten geeignet war. Als die Nachfrage nach Pferden für die Landwirtschaft im 19. Jahrhundert zurückging, wurde der Gelderländer mit dem Oldenburger, dem Anglo-Normannen, dem Ostfriesen und dem Hackney gekreuzt, um ein leichteres Zug- und Reitpferd zu erhalten.

Mit seinem ruhigen Wesen, seiner Ausstrahlung, seinem schönen Körperbau und seiner hohen Aktion ist der Gelderländer ein erstklassiges Wagenpferd und auf holländischen Pferdeschauen gern gesehen. Diese Rasse bildet den Grundstock für das Niederländische Warmblut.

KURZINFO

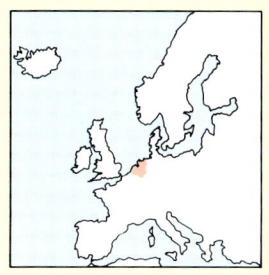
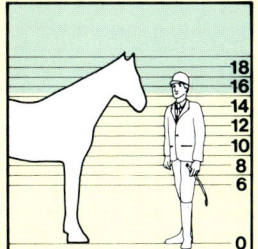

Farbe: Kräftige Farben, meist Füchse und Schimmel.
Größe: 150 bis 160 cm.
Exterieur: Klarer Kopf mit konvexem Profil, kräftiger Nacken, tiefe Schultern, kompakter Körper, kräftige Hinterhand, hoch angesetzter Schweif, kurze Beine.
Charakter: Ruhig, gutmütig, aktiv.
Einsatzgebiet: Reit- und Wagenpferd.

ABSTAMMUNG

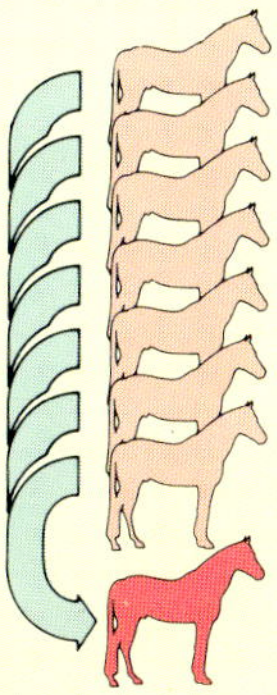

Einheim.
Bestand
Andalusier
Norfolk Traber
Oldenburger
Anglo-
Normanne
Ostfriese
Hackney

Gelderländer

SCHWEDISCHES WARMBLUT

Die ersten Spuren, die auf die Anwesenheit von Pferden in Schweden schließen lassen, gehen bis ungefähr 2300 v. Chr. zurück. Die Hinweise reichen aber nicht aus, um zu bestimmen, welche Pferde es genau waren. Das Schwedische Warmblut entstand erst vor etwa 300 Jahren, es wurde vorwiegend als Kavalleriepferd genutzt. Importierte Orientalen (wie etwa Berber und Araber), Andalusier- und Friesen-Hengste wurden später mit einheimischen Stuten gekreuzt. Die Rasse wurde am Ende durch Vollblut, Trakehner und Hannoveraner-Hengste abgerundet.

1894 wurde das Zuchtbuch für die neue Rasse eröffnet. Bis heute werden alle Hengste einem rigorosen Test unterzogen, bei dem Körperbau, Charakter und Leistung darüber entscheiden, ob sie zur Zucht zugelassen werden. Ihre Fähigkeiten beim Springen, bei Querfeldeinrennen, bei der Dressur und als Wagenpferd werden ebenfalls begutachtet.

Durch strikte Auslese ist eines der besten Sportpferde der Welt entstanden. Es ist ein kräftiges und athletisches Pferd mit ausgezeichnetem Körperbau und gerader, extravaganter Aktion, das sich beim Springreiten, bei der Military und in der Dressur hervorgetan hat. Wegen seiner Erfolge setzt das schwedische Olympiateam nur Schwedische Warmblüter ein.

KURZINFO

Farbe: Alle klaren Farben.
Größe: 150 bis 160 cm.
Exterieur: Kleiner Kopf, mittellanger Hals, sehr kräftige, schräge Schultern, viel Gurttiefe, gerader Rücken, runde Hinterhand, schlanke Beine mit kurzen Röhren.
Charakter: Intelligent, gehorsam, vernünftig, mutig.
Einsatzgebiet: Reit- und Wagenpferd.

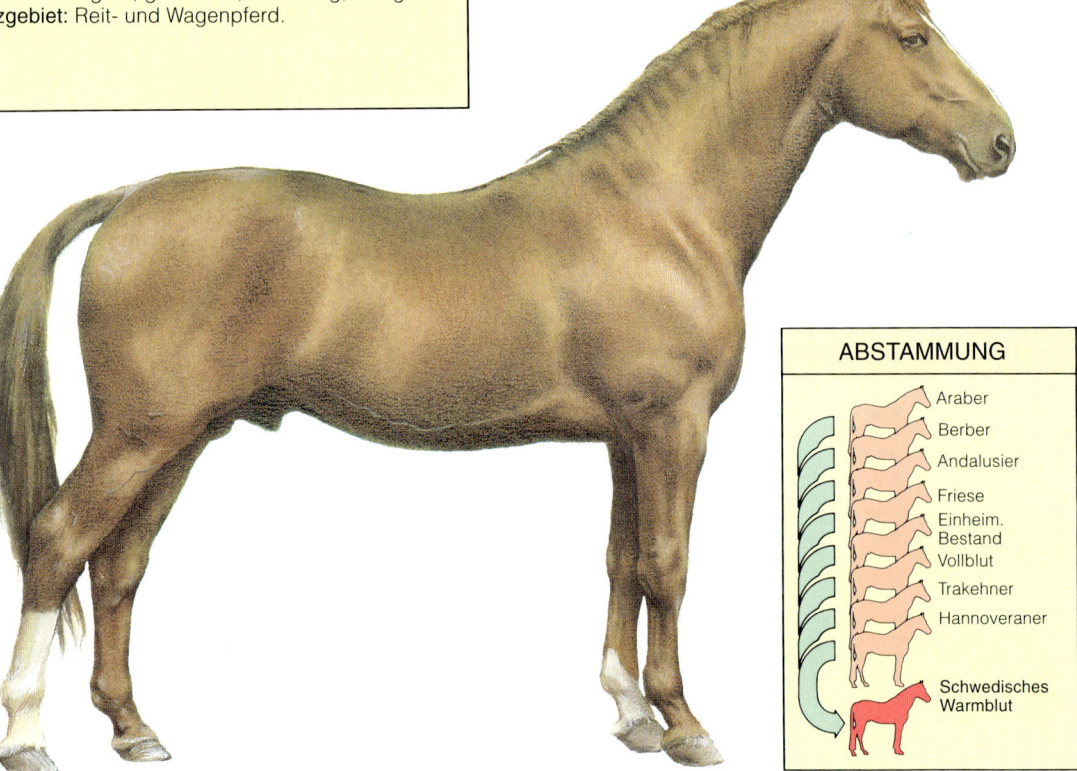

ABSTAMMUNG

Araber
Berber
Andalusier
Friese
Einheim. Bestand
Vollblut
Trakehner
Hannoveraner

Schwedisches Warmblut

SCHWEDISCHER ARDENNER

Der Schwedische Ardenner wurde im 19. Jahrhundert aus einer Kreuzung mit importierten Ardennern (einer schweren Zugrasse aus Belgien und Nordfrankreich) und dem Nordschwedischen Pferd entwickelt, einem leichten, lebhaften Zugpferd, das aus einem alten skandinavischen Stamm hervorgegangen ist.

Klima und Lebensbedingungen der schwedischen Tiefebenen sind ungefähr so wie in den Ardennen, beide Rassen blieben sich deshalb in ihrer Entwicklung ähnlich. Die Tiere, die im kühlen Hügelgebiet geboren wurden, blieben jedoch kleiner und wurden lebhafter. Ursprünglich wurde der Schwedische Ardenner als schweres Zugpferd für die Feldarbeit entwickelt. Das Tier verkraftet extreme Klimaschwankungen, ist sehr stark, ein ausgesprochen guter Arbeiter und sehr anspruchslos, was seine Haltung betrifft. Da es in der Landwirtschaft nur noch wenig Bedarf für dieses Pferd gibt, hat sich der Bestand verringert.

KURZINFO

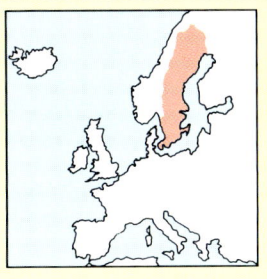 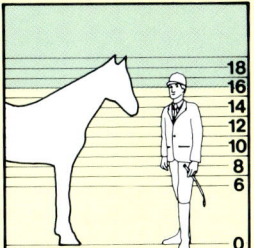

Farbe: Rappe, Brauner, Fuchs.
Größe: 150 bis 160 cm.
Exterieur: Kleiner Kopf, geschwungener Hals, außerordentlich muskulöser und kompakter Körper, kurze Beine, wenig Kötenbehang.
Charakter: Sanft, freundlich, energiegeladen.
Einsatzgebiet: Zugpferd.

ABSTAMMUNG

Ardenner
Schwedisches Pferd
Schwedischer Ardenner

FREDERIKSBORGER

Der Frederiksborger vertritt die älteste und für lange Zeit auch die wichtigste dänische Pferderasse. Sie entstand im königlichen Gestüt von Frederiksborg, das 1562 von König Frederik II. gegründet wurde, und führt auch dessen Namen. Basis dieser Rasse sind Andalusier und Neapolitaner. Die neue Rasse, die jetzt entstand, zählte zum Besten, was in der Hohen Schule der Reitkunst an den europäischen Fürstenhöfen zwischen dem 16. und 18. Jahrhundert geboten wurde. Außerdem eignete sie sich gut als Wagenpferd.

Das Gestüt versorgte alle europäischen Höfe mit Frederiksborgern, es war aber auch für die Verbesserung anderer Rassen bekannt – dazu gehörten sogar die Lipizzaner. Die Nachfrage nach diesen Pferden war damals so groß, daß ihre Qualität zu Beginn des 19. Jahrhunderts nachzulassen begann. 1839 war die Zahl der Frederiksborger auf dem Gestüt so zurückgegangen, daß es geschlossen wurde. Durch besonderen Schutz der restlichen sowie der importierten Pferde verhinderte man das Aussterben der Rasse.

Reinrassige Frederiksborger sind sehr starke Tiere, die sich gut als Wagenpferde und für leichte Zugarbeit eignen. Es gibt Versuche, leichtere Pferde zu züchten, um auf diese Weise noch geeignetere Reitpferde zu erhalten.

KURZINFO

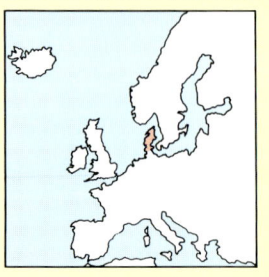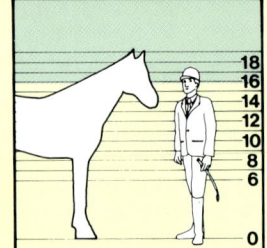

Farbe: Meist Füchse.
Größe: 150 bis 160 cm.
Exterieur: Großer, klarer Kopf, kräftiger Nacken und Schultern, tiefe Brust, langer, kräftiger Körper, gerade Kruppe, kräftige Beine.
Charakter: Gutmütig, aktiv, gefügig.
Einsatzgebiet: Reit- und Wagenpferd.

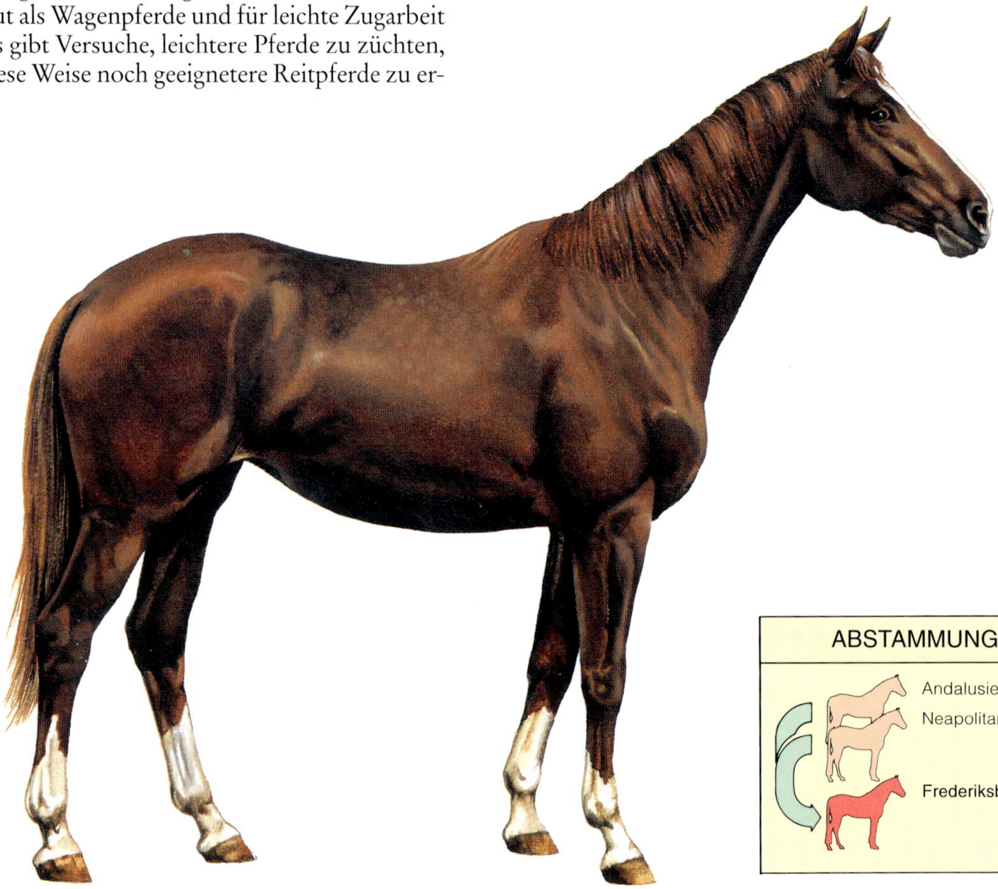

ABSTAMMUNG

Andalusier
Neapolitaner
Frederiksborger

KNABSTRUPPER

ABSTAMMUNG

Spanisches Blut
Frederiks-
borger

Knabstrupper

Der Knabstrupper ist ein geflecktes Pferd aus Dänemark, das sich bis in die Zeit der napoleonischen Kriege zurückverfolgen läßt. Eine gefleckte Stute spanischen Ursprungs (ihr Name war Flaebehoppen) wurde nach Dänemark gebracht und mit einem palominofarbenen Frederiksborger-Hengst gekreuzt. Ihr Nachkomme, ein gefleckter Hengst namens Flaebehingsten, wurde der Urvater der neuen Rasse. Auch hier unterscheiden sich die Muster wie beim Appaloosa von Pferd zu Pferd, und es gibt keine zwei Tiere mit gleicher Färbung.

Der Knabstrupper wurde sehr beliebt; da er aber leider in erster Linie wegen seiner Zeichnung weitergezüchtet wurde, litt sein Körperbau. Deshalb gibt es inzwischen sehr unterschiedliche Typen. In seiner besten Form ähnelt er dem Frederiksborger, ist aber leichter gebaut.

Der Knabstrupper wird gern im Zirkus gezeigt und eignet sich gut als Reitpferd.

KURZINFO

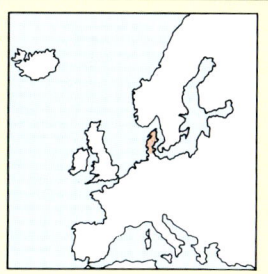

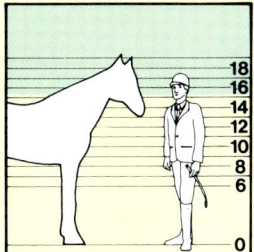

Farbe: Gefleckt, Appaloosa-Muster auf Rotschimmel.
Größe: 150 cm.
Exterieur: Ähnlich wie der Frederiksborger, nur wesentlich leichter.
Charakter: Intelligent, fügsam, aktiv.
Einsatzgebiet: Reit- und Zirkuspferd.

DÖLEPFERD

Das Dölepferd gehört zu einer alten norwegischen Rasse, die aus dem Gudbrandsdal zwischen Oslo und der Nordseeküste stammt. Sie macht etwa zwei Drittel aller Pferde in Norwegen aus.

Nach Typ und äußerer Erscheinung ähnelt es dem Friesenpferd, dem Dale und dem Fell Pony, was seinen Grund darin haben mag, daß alle aus der gleichen vorgeschichtlichen Art hervorgegangen sind. Wahrscheinlicher ist aber, daß es zu Kreuzungen mit einheimischen Rassen kam, als friesische Händler ihre Pferde zwischen dem 5. und 9. Jahrhundert bis nach England und Norwegen brachten.

Das Dölepferd erscheint in unterschiedlichen Größen, weil manche von ihnen mit schweren Zugrassen gekreuzt wurden, um ein kräftiges Arbeitspferd zu erhalten, während andere mit Vollblütern gekreuzt wurden, um einen leichteren Typ zu züchten. Aus dieser Typenvielfalt ergibt sich, daß man Dölepferde bei schweren Zugarbeiten, aber auch bei der Forst- und Landwirtschaft, als Wagen- und als Reitpferd einsetzen kann.

Ein Ableger des Dölepferdes, der Döle-Traber, entstand im 19. Jahrhundert durch die Kreuzung zwischen Döle und Vollblut.

KURZINFO

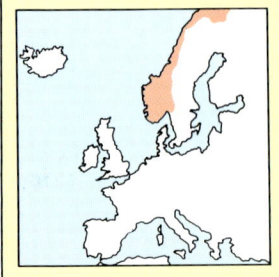
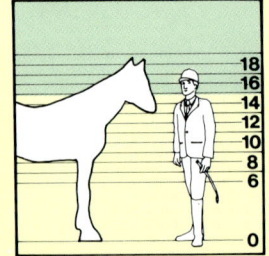

Farbe: Kräftige Farben, meist, Rappen, Braune und Dunkelbraune.
Größe: 140 bis 150 cm.
Exterieur: Verschieden, vom Zugpferdtyp bis zu ponyähnlichen Pferden. Kleiner Kopf, geschwungener Nacken, kräftige Schultern, gute Gurttiefe, kräftige Hinterhand, kurze Beine, leichter Kötenbehang.
Charakter: Zäh, anpassungsfähig, eifrig.
Einsatzgebiet: Zug-, Reit- und Wagenpferd.

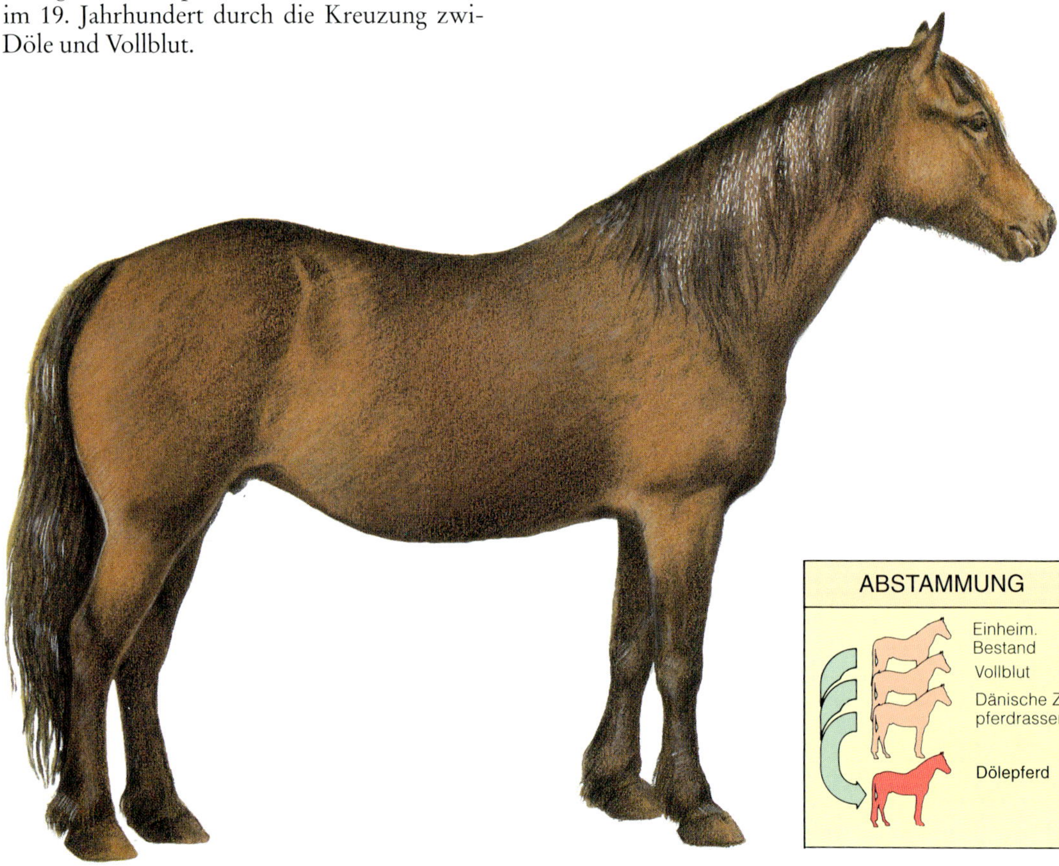

ABSTAMMUNG

Einheim. Bestand
Vollblut
Dänische Zugpferdrassen

Dölepferd

FJORDPFERD

Das norwegische Fjordpferd gehört zu einer alten und primitiven Rasse. Höchstwahrscheinlich stammt es vom Asiatischen Wildpferd ab, das auf vorgeschichtlichen Höhlenmalereien dargestellt wird. Die aufgestellte Mähne des Fjordpferds scheint darauf hinzudeuten, daß es aus einem Land stammt, in dem es nicht viel mit Regen zu kämpfen hatte.

Die Wikinger benutzten das Tier bei ihren Pferdekämpfen, und sie waren die ersten, die es vor einen Pflug spannten. Es ist denkbar, daß sie das Fjordpferd mit nach Island nahmen, wo es dann zur Ausgangsrasse des Island Ponys wurde. Seit dieser Zeit hat es nur wenige Kreuzungen gegeben, und das Fjordpferd hat sich wahrscheinlich nur unwesentlich verändert.

Durch selektive Züchtung ist ein sehr robustes, hart arbeitendes und genügsames Tier entstanden, das sehr langlebig und sehr fruchtbar ist. Es hat ein sanftes, freundliches Wesen und ist sehr umgänglich. In den Bergen, die für Traktoren und Lastwagen unzugänglich sind, ist es für die Bauern als Pack-, Wagen- und Reittier immer noch unentbehrlich. Man exportiert es auch in andere skandinavische Länder, die keine eigenen Pferd haben – und nach Deutschland.

Das Fjordpferd ist aber nicht nur als Arbeitstier beliebt. Es wird in ganz Norwegen als Reitpferd und bei Wettbewerben als Wagenpferd eingesetzt.

KURZINFO

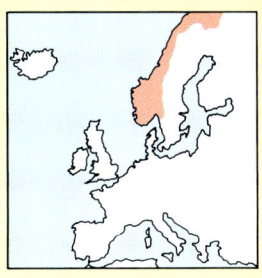 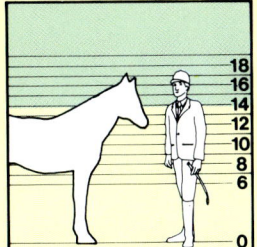

Farbe: Falbe oder Graubraun mit sehr ausgeprägtem Aalstrich.
Größe: 130 bis 140 cm.
Exterieur: Konkaves Profil, Stehmähne, kurzer Hals, der übergangslos in die Brust übergeht, kräftiger Körper, kurze Beine, wenig Kötenbehang.
Charakter: Unermüdlich, fügsam.
Einsatzgebiet: Pack-, Arbeits- und Wagenpferd.

ABSTAMMUNG

Asiatisches Wildpferd

Norwegisches Fjordpferd

FINNISCHER KLEPPER

KURZINFO

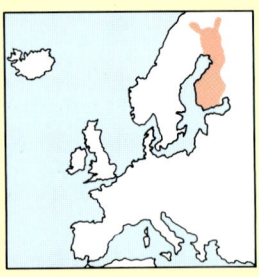

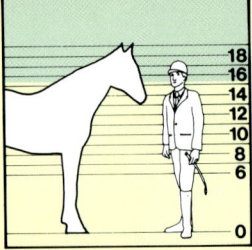

Farbe: Fuchs, Brauner, Rappe.
Größe: 150 cm.
Exterieur: Mittelgroßer Kopf, kurzer Nacken, gerade Schultern, tiefe Brust, langer Rücken, kräftige Hinterhand, starke Beine mit etwas Kötenbehang.
Charakter: Ruhig, sanft, fügsam, lebendig, intelligent.
Einsatzgebiet: Landwirtschaft, Reiten, Trabrennen.

Der Finnische Klepper ist eine Mischung aus dem Allgemeinen Finnischen Pferd und dem Finnischen Zugpferd. Diese beiden Rassen entstanden aus verschiedenen importierten Zugpferdrassen, die mit dem einheimischen Waldpony gekreuzt wurden.

Im Jahr 1907 wurde das Zuchtbuch für den Finnischen Klepper angelegt, der seit dieser Zeit selektiv gezüchtet wird. Finnische Pferde sind zumeist eher auf Leistung als auf Aussehen oder für besondere Zuchtzwecke hin entwickelt worden. Deshalb werden die Hengste auch Leistungstests unterzogen, ehe sie zur Zucht zugelassen werden. Die Rasse hat Kraft, Tempo, Stehvermögen, Wendigkeit, Ausdauer und ein angenehmes Wesen.

Finnische Klepper werden für alle möglichen Aufgaben eingesetzt, sei es bei der Land- oder Forstarbeit, bei Zugarbeiten oder als Wagen- und Reitpferd.

Der Finnische Klepper ist auch ein ausgezeichneter Traber; viele Bauern lassen ihre Pferde deshalb an lokalen Rennen teilnehmen.

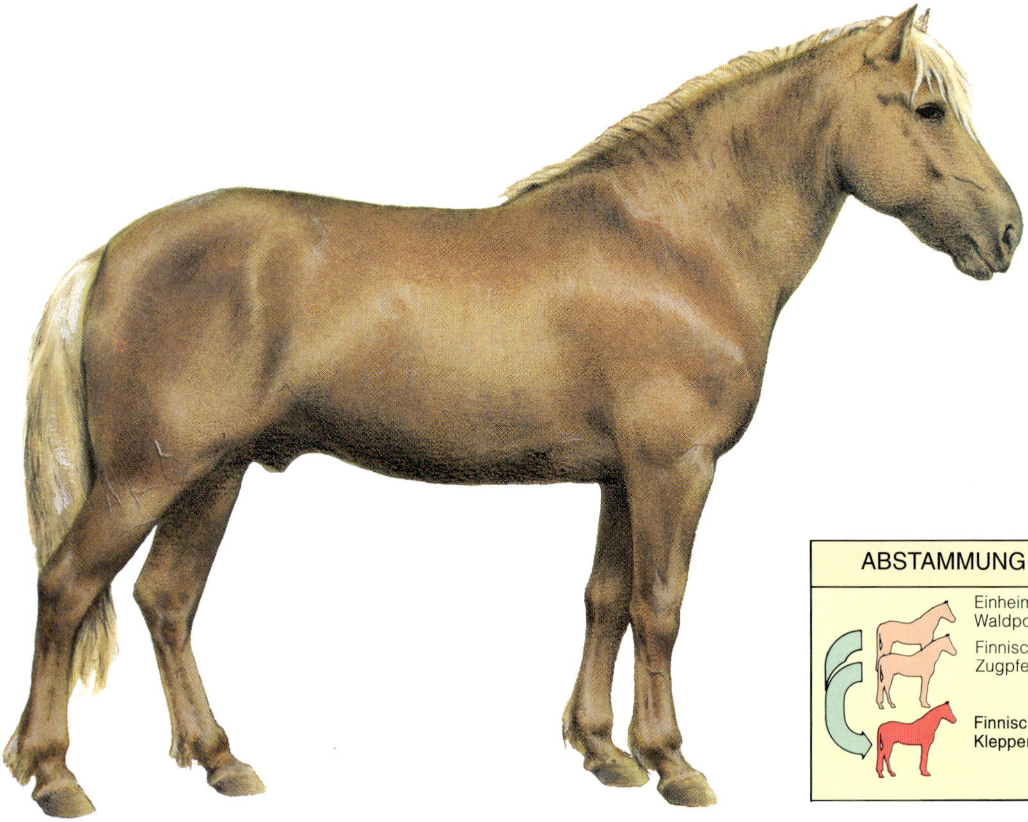

ABSTAMMUNG

Einheimisches Waldpony

Finnisches Zugpferd

Finnischer Klepper

ISLAND PONY

Das Island Pony läßt sich auf eine Herde zurückverfolgen, die die Wikinger mit sich führten, als sie Island zwischen 870 und 930 n. Chr. kolonisierten. Wahrscheinlich waren auch einige Fjordpferde und Ponys von den Lofoten dabei. Siedler aus Schottland, von den Orkney- und den Shetlandinseln brachten später ihre eigenen Ponys mit. Sie alle sind zu einer Rasse verschmolzen, bei der es verschiedene Arten und Größen gibt. Eine jahrhundertelang isolierte Züchtung mit natürlicher Auslese unter rauhen und wilden Bedingungen hat Ponys entstehen lassen, die zäh, wendig, stark, gangsicher und voller Energie sind.

Die Ponys sind für die Isländer seit alters wertvoll gewesen, und sie werden auch heute noch in großer Zahl gezüchtet. Sie werden als Packpferd, Transportmittel sowie in der Landwirtschaft und als Reittier verwendet. Alle Tiere haben die nützliche Eigenschaft, alleine den Rückweg einer zuvor gegangenen Strecke zu finden.

Bei den Island Ponys – und das unterscheidet sie von anderen Rassen besonders deutlich – gibt es zusätzlich zu Schritt, Trab und Kanter noch zwei weitere leichte und bequeme Gangarten: den Tölt und den Amble (Paßgang). Der Amble ist eine Art Laufschritt; der Tölt wiederum ist eine sehr schnelle Version des Amble, die das Tempo des Kanter erreichen kann. Der Tölt eignet sich besonders gut für ein schnelles Fortkommen über glattes und steiles Gelände.

KURZINFO

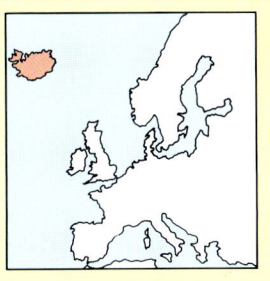 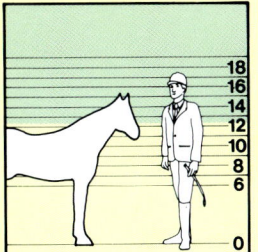

Farbe: Verschiedene Farben.
Größe: 120 bis 130 cm.
Exterieur: Großer Kopf, kurzer, kräftiger Hals, tiefer, kompakter Körper, kräftige, saubere Beine, große Hufe, dicke Mähne und Schweif.
Charakter: Sanft, freundlich, unabhängig.
Einsatzgebiet: Zug-, Transport- und Farmarbeit, Reittier.

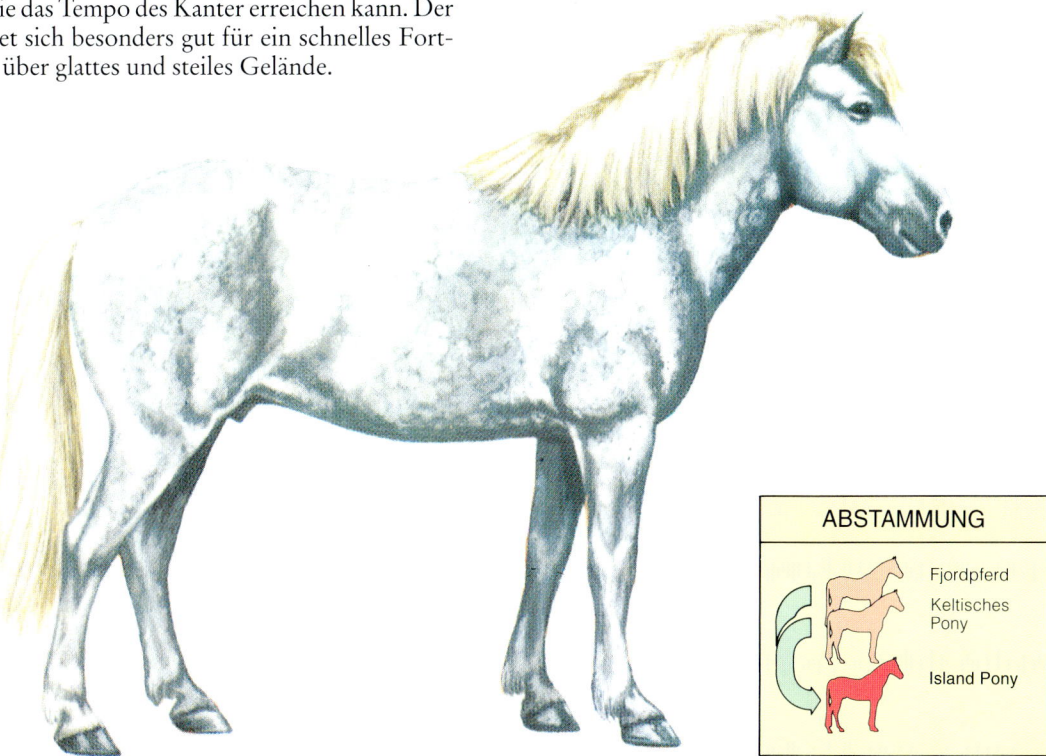

ABSTAMMUNG

Fjordpferd
Keltisches Pony

Island Pony

SALERNER

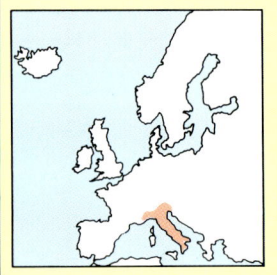

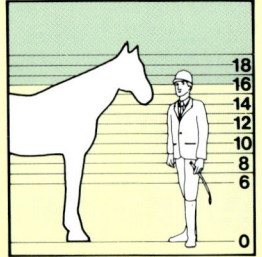

ABSTAMMUNG

Neapolitaner

Andalusier

Salerner

KURZINFO

18
16
14
12
10
8
6

0

Italien war eines der ersten Länder der Welt, in dem Pferde gezüchtet wurden; man weiß, daß die Etrusker die Züchtung schon vor 2500 Jahren betrieben haben. Seitdem spielt die Pferdezucht hier eine wichtige Rolle. Mit dem Salerner ist ein Beispiel für ein erstklassiges Reitpferd gelungen.

Der Salerner entstand im 16. Jahrhundert in der Gegend von Salerno bei Neapel. Sein Ursprung ist eine Kreuzung zwischen Andalusier und Neapolitaner (einer Kreuzung zwischen Berber, Araber und Spanischen Pferden, die heute ausgestorben ist).

In der italienischen Armee war der Salerner besonders beliebt, heute wird er allgemein als Reitpferd eingesetzt. Seine Zahl nimmt zwar ständig ab, trotzdem spielt er aber eine wichtige Rolle bei der Entwicklung eines neuen italienischen Sattelpferdes. Dieses Pferd entsteht aus Kreuzungen und Nachzüchtungen einheimischer Sattelpferdrassen. Das Ziel ist ein Reit- und Wettkampfpferd für den allgemeinen Gebrauch.

Farbe: Alle kräftigen Farben.
Größe: 160 cm.
Exterieur: Großer, ausgeprägter Kopf, schöne Schultern, deutlicher Widerrist, kräftige, abfallende Hinterhand, kurze Beine.
Charakter: Intelligent, leicht reagierend.
Einsatzgebiet: Reiten, Zuchtzwecke.

ITALIENISCHES ZUGPFERD

ABSTAMMUNG

Bretone

Italienisches
Zugpferd

KURZINFO

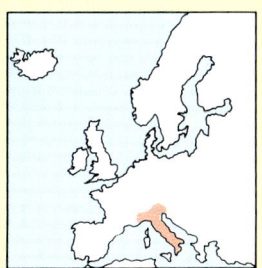

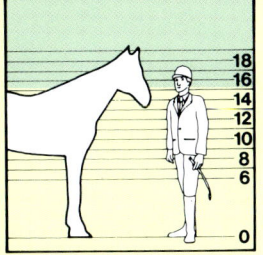

Farbe: Fuchs mit Flachsmähne- und Schweif.
Größe: 150 bis 160 cm.
Exterieur: Edler, langer Kopf, kurzer, geschwungener Hals, kräftige Schultern, tiefe, breite Brust, robuster Körper mit breitem, flachem Hinterteil, abgerundete Hinterhand, muskulöse Beine, etwas Kötenbehang.
Charakter: Lebendig, sanft.
Einsatzgebiet: Landwirtschaftliche Arbeit, Fleischverarbeitung.

Das Italienische Zugpferd entstand im 19. Jahrhundert im Norden und in der Mitte Italiens. Aus den Kreuzungen zwischen Vollblut-, Hackney- und Araberhengsten mit einheimischen Stuten entstand ein schnelles und aktives Arbeitspferd. Den größten Einfluß auf diese Rasse hatte aber der Bretone, mit dem man es im frühen 20. Jahrhundert kreuzte, um ein schweres, kräftigeres Pferd zu erhalten.

Sein Tempo, seine Energie und seine Bereitschaft zur Arbeit machten ihn für die italienischen Bauern in der Zeit vor der Mechanisierung unverzichtbar. Heute besteht für diese Art Arbeit nur noch wenig Bedarf; die Zahl der Italienischen Zugpferde nimmt ab, und sie werden gegenwärtig im wesentlichen nur noch für die Fleischgewinnung gezüchtet.

ANDALUSIER

Der Andalusier stammt aus Andalusien im Süden Spaniens. Er war schon immer eine der berühmtesten und gefragtesten Rassen Europas. Seine Ursprünge sind unklar. Manche sind überzeugt, daß es sich hier um ein von Geburt an reinrassiges Pferd handelt. Andere glauben, daß er aus Kreuzungen zwischen einheimischen andalusischen Pferden – leichte, wendige Tiere – und Arabern und Berbern entstanden ist, die von den Mauren im 8. Jahrhundert nach Spanien gebracht worden waren.

Wegen seiner Fähigkeiten in der Hohen Schule des Reitens war der Andalusier das ideale Kavalleriepferd. (Alle Bewegungen, die heute in der Spanischen Hofreitschule in Wien zu sehen sind, basieren auf Manövern, die die Pferde auf dem Schlachtfeld beherrschen mußten.) Zwischen dem 15. und 18. Jahrhundert wurde der Andalusier auch für die Entwicklung neuer Rassen herangezogen – der Lipizzaner (Österreich), der böhmische Kladruber (heute Tschechische Republik), der Altér Real und der Lusitaner (Portugal) verdanken ihm viel.

Unten: Dieser Andalusier zeigt eine Ausstrahlung und Schönheit, für die diese Rasse berühmt ist. Jahrhundertelang war der Andalusier das beste Reitpferd Europas.

Rechts: Andalusier im Vierspänner – ein eher seltener Anblick bei einem Sattelpferd.

KURZINFO

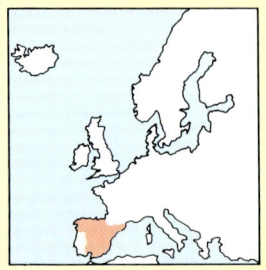
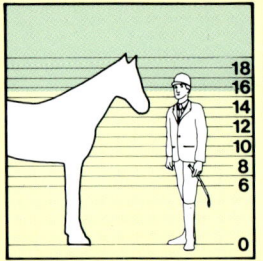

Farbe: Meist Schimmel.
Größe: 150 bis 160 cm.
Exterieur: Breite Stirn, große Augen, konvexes Profil, langer, gebogener Nacken, tiefer, kurzer Körper, kräftige und abgerundete Hinterhand, kräftige Beine mit kurzen Röhren, üppige Mähne und Schweif.
Charakter: Ruhig, sanft, willig, stolz und wendig.
Einsatzgebiet: Hohe Reitschule, Paraden, Stierkampf.

Im frühen 19. Jahrhundert geriet diese Rasse in höchste Gefahr. Unter der Herrschaft Philipps III. von Spanien wurden die Pferde mit mehreren anderen gekreuzt, um sie schwerer zu machen. Im Spanischen Krieg (1808–1814) entführten Napoleons Heere die besten ihrer Art, worauf mehrere Linien ausstarben. Die Andalusier verdanken ihr Überleben den Kartäusermönchen aus den Klöstern von Jerez, Sevilla und Castello, die diese Pferde schon seit dem 15. Jahrhundert mit großer Hingabe und unter Beachtung absoluter Artenreinheit züchteten. Diese Tiere entkamen der zweifachen Bedrohung durch Kreuzungen und durch die napoleonischen Kriege. Man eröffnete ein neues Gestüt, und wenig später stand die Rasse der Andalusier wieder in neuer Blüte.

Der Einfluß der Andalusier beschränkte sich nicht auf Europa. Viele von ihnen gelangten mit den Conquistadores in die Neue Welt, von wo aus sie sich allmählich über Nord- und Südamerika verbreiteten. In den Vereinigten Staaten haben Appaloosa, das Quarter Horse, das Saddlelbred und der Mustang Andalusier-Blut, genauso wie der Peruanische Paso, der Paso Fino aus Puerto Rico und der argentinische Criollo. Der angeborene Paso-Gang der Andalusier (ein unzusammenhängender Viertakt) wurde beim Peruanischen Paso und beim Paso Fino zur Vollendung gebracht. In Spanien ist ein reinrassiger Andalusier heute ein großer Luxus. Für gewöhnlich wird er nur bei besonderen Gelegenheiten geritten – bei Straßenparaden, bei Vorführungen der Hohen Schule der Reitkunst und als Reittier der berittenen Stierkämpfer (Rejoneadores).

Der Andalusier hat ein exzellentes Wesen. Er ist intelligent, sanft, ruhig und sehr willig in der Zusammenarbeit. Mit seinem hochgesetzten Schritt und seiner ausgreifenden Aktion (bei der er die Vorderbeine bei jeder Bewegung weit zur Seite schwingt) ist er der Star jeder Vorführung.

ABSTAMMUNG

Einheim. Bestand
Berber

Araber

Andalusier

ALTÉR REAL

Der Altér Real ist das Nationalpferd Portugals. Er stammt vom Andalusier ab, dem er recht ähnlich ist.

Im 18. Jahrhundert war die Hohe Schule der Reitkunst an den europäischen Höfen sehr beliebt; 1747 wurde in der Provinz Alentejo das Königlich Portugiesische Gestüt gegründet, um die passenden Pferde zu züchten. Als Basis wurden etwa 300 Andalusier-Stuten aus Spanien importiert. Die intelligenten und athletischen Pferde – das Ergebnis dieser Züchtungen – waren für die hohen Ansprüche der Reitschulen bestens geeignet.

Zu Beginn des 19. Jahrhundert, während der Regentschaft Napoleons, nahm die Zahl der Tiere drastisch ab. Die Reitkünste waren inzwischen aus der Mode gekommen, und die Altér Real wurden nun mehrere Jahrzehnte lang mit Vollblütern, Arabern, Normannen und Hannoveranern gekreuzt, was der Qualität sehr geschadet hat.

Im frühen 20. Jahrhundert wurden Maßnahmen ergriffen, um der Rasse durch Kreuzungen mit Andalusiern wieder auf die Beine zu helfen. Die portugiesische Regierung unterstützt die Wiederbelebung der Rasse seit 1932 durch ein Programm selektiver Zucht. So ist inzwischen ein ziemlich edles und hochwertiges Reitpferd entstanden. Durch seine Intelligenz, seine kräftige Statur und seine hochgestellte Aktion ist es für Darbietungen der Hohen Schule der Reitkunst wie geschaffen.

KURZINFO

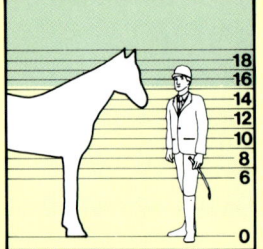

Farbe: Dunkelbrauner, Brauner oder Schimmel.
Größe: 150 bis 160 cm.
Exterieur: Mittelgroßer Kopf, konvexes Profil, starke Schultern, tiefe, breite Brust, kurzer Körper, kräftige Hinterhand, feste Beine, flexible Sprunggelenke.
Charakter: Intelligent, temperamentvoll, tapfer.
Einsatzgebiet: Reitpferd.

ABSTAMMUNG

Andalusier

Altér Real

LUSITANER

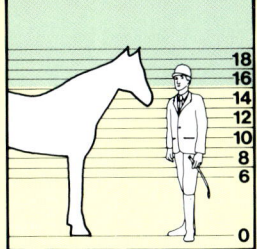
Der Lusitaner stammt wie der Altér Real vom Andalusier ab, ist insgesamt aber ein viel zäheres Pferd. Es ähnelt dem Andalusier, hat jedoch mehr arabisches Blut. Früher wurde es bei der portugiesischen Kavallerie eingesetzt; wegen seiner großen Kraft nahmen aber auch die Bauern den Lusitaner gern als leichtes Zug- oder als Reitpferd.

Seinen Ruf verdankt der Lusitaner wesentlich dem Umstand, daß er das Pferd der Rejoneadores (der berittenen Stierkämpfer) in den portugiesischen Stierkampfarenen ist. Wie andere Pferde andalusischer Abstammung hat auch er eine hohe Schrittaktion und eine sehr kräftige Hinterhand. Beim Stierkampf werden die schnellsten und wendigsten Lusitaner eingesetzt; sie sind für die besonderen Erfordernisse in der Arena leicht zu trainieren.

Da es als Schande gilt, wenn ein Pferd während des Kampfes von einem Stier berührt wird, testet man seine Wendigkeit, seine Geschicklichkeit, seinen Gehorsam und seinen Mut sehr sorgfältig.

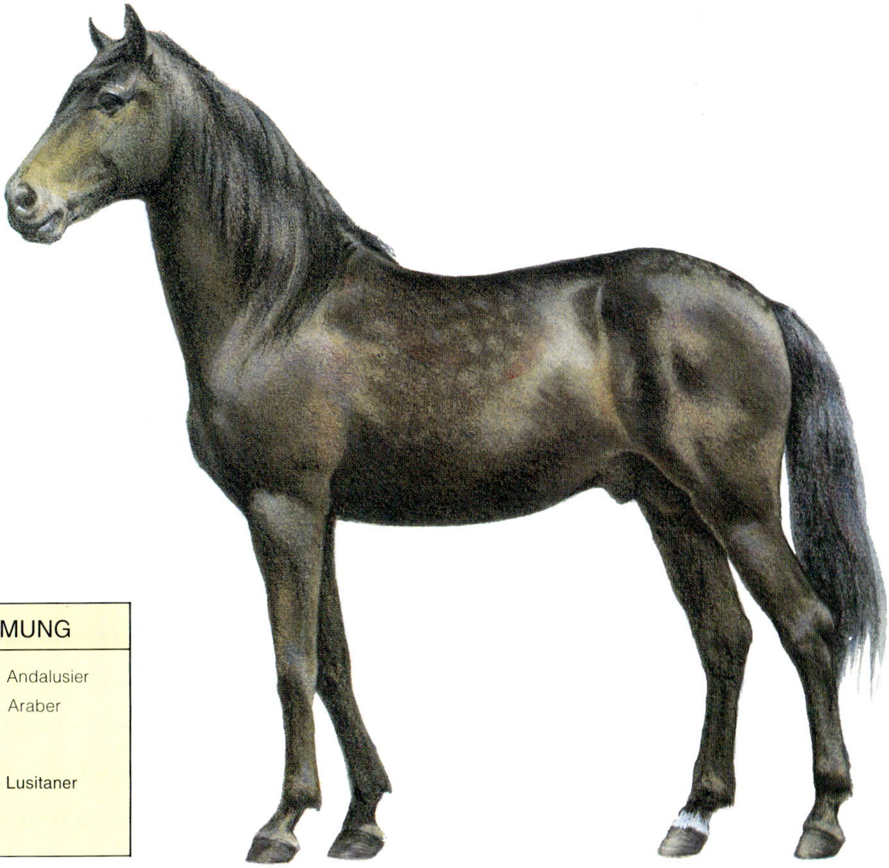

ABSTAMMUNG

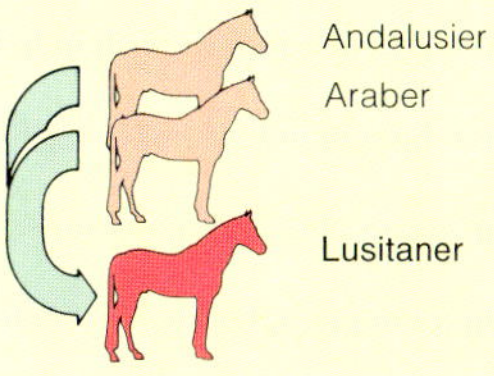

Andalusier

Araber

Lusitaner

SKYROS

Das klassische Griechenland war berühmt für seine Pferde und Reiter, heute gibt es aber nur noch wenige einheimische Ponyrassen. Eine davon ist das Skyros Pony von der Insel Skyros. Sie ist die bekannteste und kleinste Rasse neben Arten wie Pindos und Peneia.

Das Skyros Pony, dessen Ursprünge bis zum Tarpan zurückverfolgt werden können, hat einen feineren Körperbau. Auf seiner Heimatinsel wurde es seit alters für jede Art Arbeit eingesetzt – als Packtier, für leichte Arbeit in der Landwirtschaft, zum Wassertransport und zum Reiten. Auf dem Festland benutzt man es eher als Reitpony für Kinder.

KURZINFO

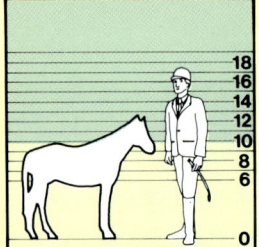

Farbe: Dunkelbrauner, Brauner, Schimmel.
Größe: 90 bis 110 cm.
Exterieur: Kleiner Kopf und kleine Ohren, kurzer Hals, gerade Schultern, schmaler Körper, lange Beine, Neigung zu Kuhsprunggelenken.
Charakter: Schwerarbeiter.
Einsatzgebiet: Packpferd, Landwirtschaft, Kinderpony.

ABSTAMMUNG

Tarpan

Skyros

BOSNIAKE

Der Bosniake stammt aus dem gebirgigen Teil von Bosnien-Herzegowina, er wird heute aber in großer Zahl auf dem ganzen Balkan gezüchtet. Seine Abstammung reicht bis in die Antike zurück und läßt sich auf das Tarpan Pony zurückführen. Seitdem ist der Bosniake durch Araberblut veredelt worden.

Seine Merkmale sind die einer guten Bergponyrasse. Er ist intelligent, abgehärtet, gangsicher, kräftig und sehr ausdauernd. Die Regierung hat seinen Wert für die Landwirtschaft wie auch als Transportmittel anerkannt und betreibt in staatlichen Gestüten eine selektive Zucht. Hierbei werden nur Hengste zugelassen, die einen Ausdauertest bestehen. Unter anderem müssen sie eine schwere Ladung über eine Strecke von mehr als 15 Kilometern befördern. Gegenwärtig konzentriert man sich bei der Züchtung auf die Vergrößerung der Rasse.

Der Ruf des Ponys ist exzellent. Neben seinen Fähigkeiten als Lasttier hat es sich auch als Reitpferd bewährt.

KURZINFO

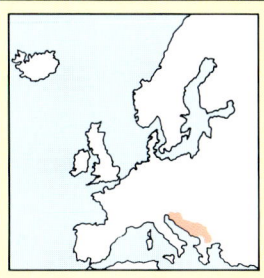 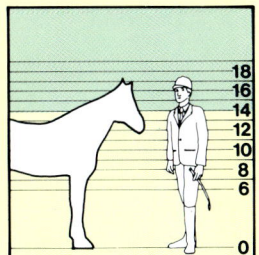

Farbe: Dunkelbrauner, Brauner, Fuchs, Schimmel, Rappe.
Größe: 120 bis 150 cm.
Exterieur: Kompaktes Bergpony, dicke Mähne und Schweif.
Charakter: Intelligent und ausdauernd.
Einsatzgebiet: Packtier, Landwirtschaft.

ABSTAMMUNG

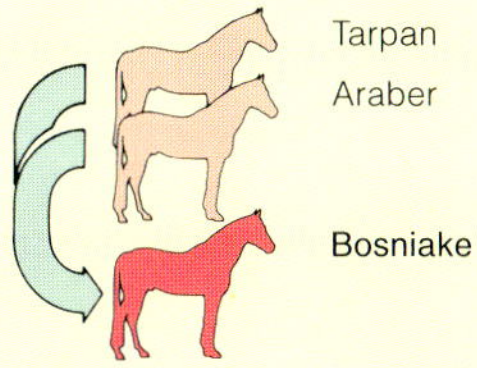

Tarpan
Araber

Bosniake

TARPAN

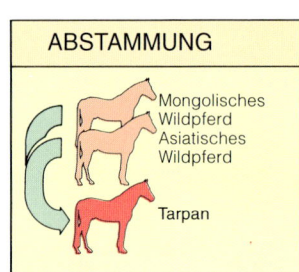

ABSTAMMUNG

Mongolisches
Wildpferd
Asiatisches
Wildpferd

Tarpan

Der wilde Tarpan war ursprünglich das einheimische Pferd Polens und Rußlands. Manche behaupten, er sei eines der wenigen echten Wildpferde. Heute gibt es aber Beweise dafür, daß er aus einer Kreuzung zwischen dem südlichen Pferdetyp Westasiens (dem Prototyp des Arabers) und dem nördlichen Typ Nordosteuropas (inclusive dem Mongolischen Wildpferd, dem der Tarpan sehr ähnelt) stammt. Diese Kreuzung vollzog sich schon während der Eiszeit.

Gefangene und gezähmte Pferde wurden bei den Bauern für alle Arten von Arbeit eingesetzt. Da das Tarpanfleisch aber andererseits auch als Delikatesse galt, war das Pferd gegen Ende des 18. Jahrhunderts durch übermäßige Jagd fast ausgerottet worden. Der letzte Bericht von der Erlegung eines Tarpans stammt aus dem Jahr 1879. Mit Hilfe gezähmter Tarpan Ponys und anderer Pferde, die man Ende des 19. Jahrhunderts in Wildreservaten hielt, wurde die Rasse inzwischen wiederbelebt. Durch selektive Züchtung konnten viele der ursprünglichen Merkmale wilder Tarpans wieder herausgearbeitet werden.

Heute gibt es in einem staatlichen Reservat im Popielno Wald (in Polen) eine Herde wildlebender Tarpans, die unter der Beobachtung von Wissenschaftlern, vor allem Biologen, steht.

KURZINFO

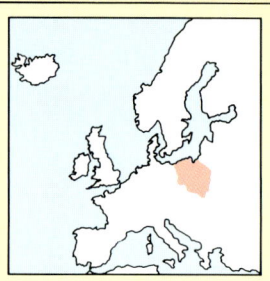

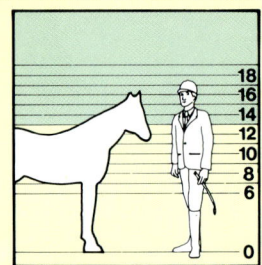

Farben: Grau bis Braun mit Aalstrich, Mähne und Schweif dunkel, Zebrastreifen möglich an Vorderbeinen und Innenseiten der Schenkel.
Größe: 130 cm.
Exterieur: Langer, breiter Kopf, kurzer, dicker Hals, schräge Schultern, langer Rücken, schmale Hinterhand, edle Beine.
Charakter: Hartnäckig, zäh.
Einsatzgebiet: Zootier, Forschungsobjekt, wildlebend.

Viele europäische Ponyrassen stammen direkt vom Tarpan ab, Beispiele dafür sind der Gotländer, Norwegens einzige heimische Rasse, der polnische Huzul und der russische Karabar.

KONIK

Der Konik stammt direkt vom Tarpan ab. Seine äußere Erscheinung wurde später durch Araberblut veredelt, was sich auch in seinem Namen (Konik = »Kleines Pferd«) widerspiegelt.

Er wird schon seit vielen Jahrhunderten in Polen gezüchtet und hat in dieser Zeit die Entwicklung vieler anderer Rassen in Polen und Rußland beeinflußt. Heute wird er in mehreren Nationalgestüten, aber auch von einzelnen Bauern gezüchtet.

Der Konik ist ein sehr fruchtbares, zähes, robustes und genügsames Pferd; er ist gutmütig, willig und leicht zu halten. Bei den polnischen Bauern war er schon immer als Pony für jede Art von Arbeit beliebt. Außerdem eignet er sich sehr gut als Kinderpony.

Der Konik braucht eine lange Zeitspanne, bis er ausgewachsen ist. Seine Lebenserwartung ist außergewöhnlich hoch.

KURZINFO

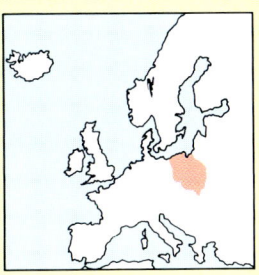 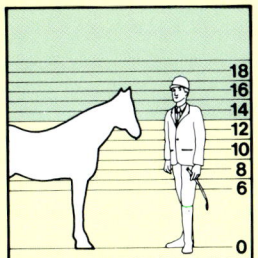

Farbe: Falbe oder Dunkelbrauner, meist mit Aalstrich.
Größe: 130 cm.
Exterieur: Großer Kopf, gut proportionierter Körper, Neigung zu Kuhsprunggelenken.
Charakter: Gutmütig, zäh und willig.
Einsatzgebiet: Landwirtschaft, Reittier.

ABSTAMMUNG

Tarpan
Araber
Konik

WIELKOPOLSKA

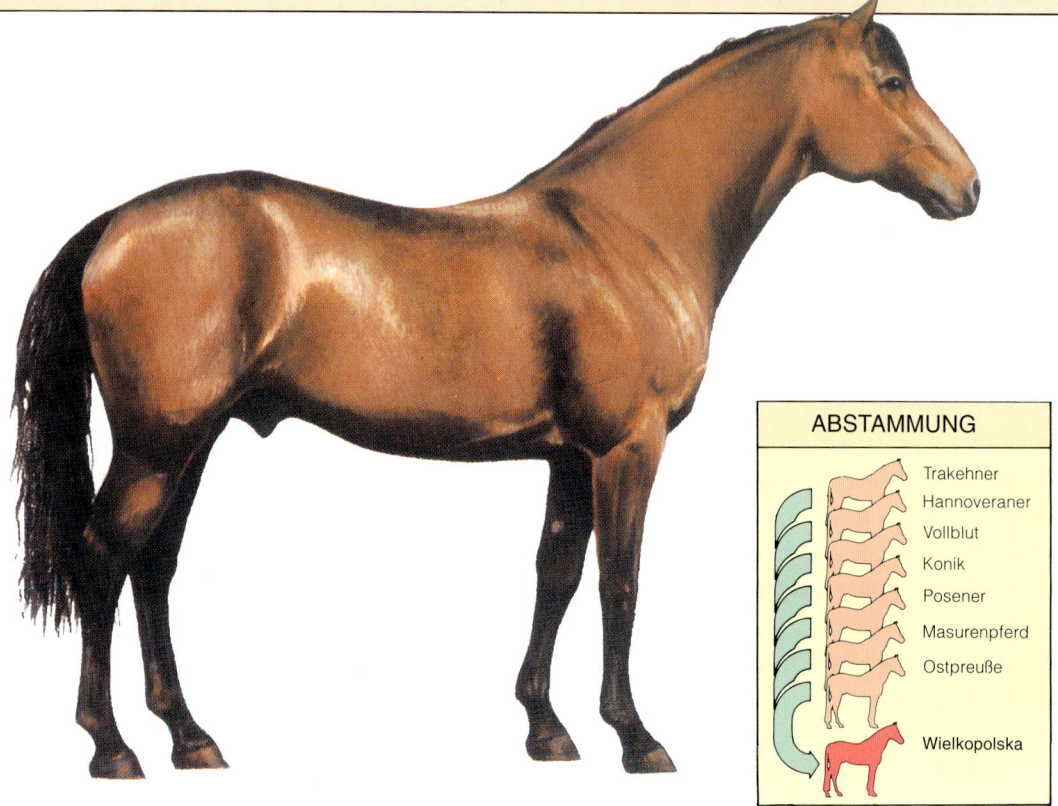

Trakehner
Hannoveraner
Vollblut
Konik
Posener
Masurenpferd
Ostpreuße

Wielkopolska

Der polnische Wielkopolska entstand aus einer Vermischung der alten masurischen und der Posener Rassen. Das Masurenpferd war eine Weiterentwicklung der Trakehner-Rasse. Es wurde mit Hilfe von Pferden gezüchtet, die am Ende des Zweiten Weltkriegs im Trakehner-Gestüt (im ehemaligen Ostpreußen) zurückgelassen worden waren. Die Züchtung erfolgte mit großer Sorgfalt und unter Beachtung aller Richtlinien, die schon für die Trakehner aufgestellt worden waren. Auch die Posener Rasse ist auf die Trakehner zurückzuführen. Beide Rassen wurden immer wieder gekreuzt; heute sind sie in einem Zuchtbuch unter der neuen Rassenbezeichnung »Wielkopolska« zusammengefaßt.

In Polen gibt es 42 größere Gestüte, der Wielkopolska wird in 13 von ihnen gezüchtet. Alle Hengste werden zunächst auf ihren Körperbau hin geprüft, außerdem werden Leistungstests gemacht. Dabei wird mit ihnen entweder als Sattel- oder als Wagenpferd weitergearbeitet. Diese Sorgfalt ist durch Größenzuwachs und durch einen Qualitätsgewinn bei den Wielkopolska belohnt worden.

Der Wielkopolska eignet sich für zahlreiche Aufgaben: Auf Bauernhöfen verrichtet er leichte Zugarbeit,

KURZINFO

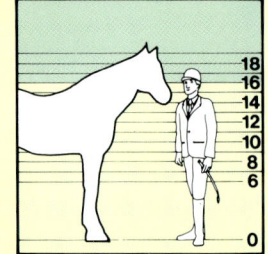

Farbe: Meist Fuchs oder Dunkelbrauner.
Größe: 160 cm.
Exterieur: Kleiner Kopf, kräftiger Hals, gute Gurttiefe, mittellanger Rücken, gute Hinterhand, edle Beine.
Charakter: Sanft, intelligent, aktiv.
Einsatzgebiet: Reiten, landwirtschaftliche Arbeit.

und auch zum Reiten wird er gern genommen. Darüber hinaus beginnt er sich zunehmend auch als Wettkampfpferd zu profilieren.

KLADRUBER

KURZINFO

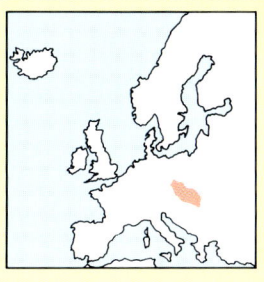
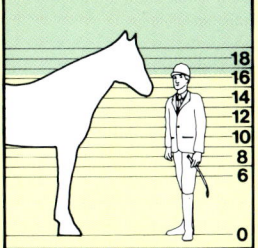

18
16
14
12
10
8
6

0

Farbe: Schimmel, manchmal auch Rappe.
Größe: 160 bis 170 cm.
Exterieur: Andalusischer Typ, aber größer; konvexes Profil, kräftiger, gebogener Nacken, langer Körper, runde Hinterhand.
Charakter: Stolz, intelligent, gehorsam, gutmütig.
Einsatzgebiet: Reit- und Wagenpferd.

Das tschechische Kladruber-Gestüt ist weltweit das älteste, das noch in Betrieb ist. 1597 wurde es von Kaiser Maximilian II. gegründet, der dieser Rasse ein Heim in Form von ausgedehnten Stallungen gab. Das Pferd ist eng mit dem Lipizzaner verwandt, weil beide direkt vom Andalusier abstammen; es ist aber das größere und schwerere von beiden Pferden.

Maximilian importierte spanische Andalusier und schuf damit eine neue, reine Züchtungslinie, an der von den fremden Rassen nur Lipizzaner, vielleicht auch noch Berber und Neapolitaner beteiligt waren. Der Kladruber wurde zunächst als Kutschpferd für ganz besondere Zeremonien gezüchtet, in erster Linie für die Anlässe am Wiener Hof.

Der Bestand der Kladruber war nach dem Ende des Zweiten Weltkriegs ernsthaft gefährdet, er konnte in der Folge aber durch Anglo-Normannen, durch Hannoveraner und durch Oldenburger stabilisiert werden. Im Kladruber-Gestüt werden heute noch Schimmel gezüchtet, Rappen dagegen im nahegelegenen Slatinany-Gestüt.

Der Kladruber ist zwar in erster Linie ein Reitpferd – aufgrund seines Gehorsams, seines Stolzes und seiner Intelligenz ist er aber auch als Kutschpferd geeignet. Er nimmt an Langstreckenwettbewerben teil und zeigt seine Fähigkeiten bei 16spännigen Fahrten während internationaler Veranstaltungen.

ABSTAMMUNG

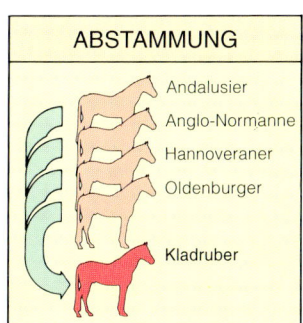

Andalusier
Anglo-Normanne
Hannoveraner
Oldenburger

Kladruber

SHAGYA-ARABER

Der Shagya wurde etwa ab 1830 in dem ungarischen Babolna-Gestüt (heute in der Ukraine) entwickelt. Man importierte eine Reihe von Araberhengsten und -stuten aus der Wüste, die man dann mit der einheimischen Babolna-Rasse kreuzte. Einer dieser Hengste, ein Schimmel mit Namen Shagya, war ein Pferd von großer Zeugungskraft; er wurde der Vater der neuen Rasse. Durch sorgfältige selektive Züchtung ist eine besondere Araberrasse entstanden, die robuster als der reinrassige Araber ist.

Der Shagya-Araber wurde als gutes Kavallerie- und als leichtes Packpferd bekannt, man setzte ihn aber auch für leichte Zugarbeit und allgemein als Reitpferd ein. In Zentral- und Osteuropa war er bald sehr begehrt, und er wird hier, ebenso wie in Deutschland und den USA, auch heute noch gezüchtet.

Der Shagya-Araber eignet sich sehr gut als Reitpferd und für Wettbewerbe. Er ist zäh und athletisch, dazu sehr genügsam.

KURZINFO

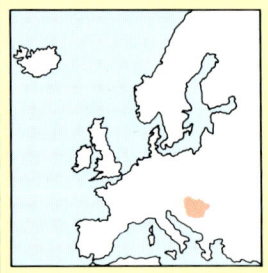

Farbe: Meist Schimmel.
Größe: 150 cm.
Exterieur: Arabertyp, aber robuster.
Charakter: Intelligent, gutmütig, ausdauernd.
Einsatzgebiet: Kavallerie, Reit- und Wagenpferd.

ABSTAMMUNG

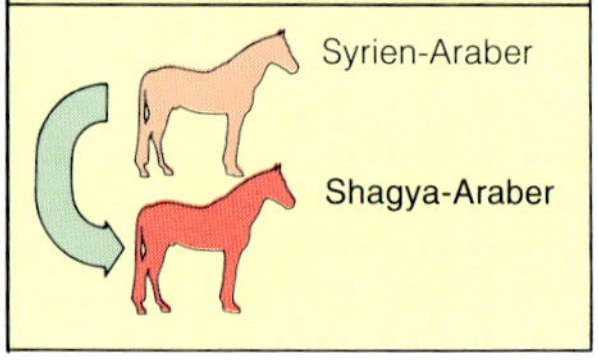

Syrien-Araber

Shagya-Araber

FURIOSO

Die ungarischen Gestüte waren schon immer für ihre hochklassigen Pferde berühmt. Der Furioso gehört mit dem Gidran, dem Kisber und dem North Star zu den ungarischen Halbblutpferden. Diese Pferde haben sich schon von alters her als Geschirrpferde ausgezeichnet; sie gehören heute bei Fahrwettbewerben zur Spitzengruppe.

Der Furioso entwickelte sich Mitte des 19. Jahrhunderts aus der Kreuzung einheimischer ungarischer Stuten (die klein, schnell und von hohem Durchsetzungsvermögen waren) mit Vollblütern und Arabern. Der Urvater war »Furioso«, ein englisches Vollblut, der 1836 geboren wurde.

Der Furioso ist ein elegantes und vielseitiges Pferd, das bestens für Freizeit- und Wettbewerbsreiter sowie als Wagenpferd geeignet ist. Er hat beim Springreiten, bei der Military und bei der Dressur Erfolge errungen; im Geschirr zeigt er Eleganz und Ausdauer.

Der Furioso wird zur Zeit intensiv mit der North-Star-Rasse gekreuzt (sie entstand aus einer Kreuzung zwischen Vollblut und einheimischen Stuten). Aus dieser Verbindung entstand der Mezohegyes.

KURZINFO

Farbe: Dunkle Farben, oft mit weißen Zeichnungen.
Größe: 160 cm.
Exterieur: Langer, kräftiger Hals, kräftige Schultern, langer, kräftiger Rücken, kraftvolle Hinterhand, niedrig angesetzter Schweif.
Charakter: Robust, intelligent, fügsam.
Einsatzgebiet: Reit- und Wagenpferd.

ABSTAMMUNG

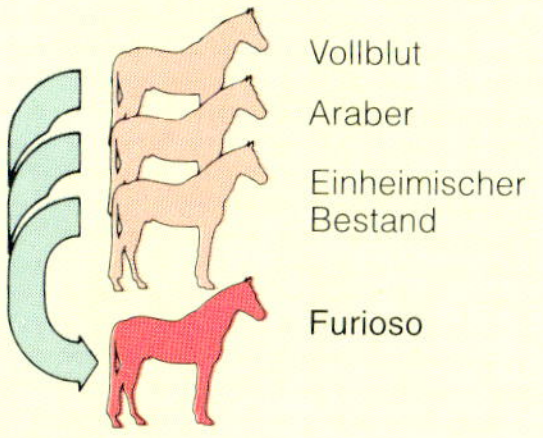

Vollblut
Araber
Einheimischer Bestand

Furioso

MURAKÖSER PFERD

Der Muraköser ist das Zugpferd Ungarns. Es stammt aus der Gegend des Flusses Mura, der im Süden Ungarns liegt. Das Pferd wurde in der Zeit zwischen dem späten 19. und dem frühen 20. Jahrhundert entwickkelt, als die Nachfrage nach kräftigen, schnellen Zugpferden besonders groß war. Entstanden ist es aus einer Kreuzung zwischen einheimischen, ungarischen Stuten, den Mur-Insulan, und Percherons, Ardennern, Norikern und ungarischem Halbblut (die einen Anteil Vollblut und Araberblut in die Linie brachten). Das Ergebnis war ein sehr kräftiges und aktives Zugpferd. Es wurde auch in der Armee eingesetzt.

Das Muraköser Pferd war dermaßen beliebt, daß etwa 20 Prozent aller Pferde in Ungarn nach dem Ersten Weltkrieg zu dieser Rasse gehörten. Leider wurden im Zweiten Weltkrieg viele von ihnen getötet. Da es in der Landwirtschaft keine große Nachfrage mehr nach diesem Pferd gibt, wird die Zahl der Muraköser wahrscheinlich nicht mehr zunehmen.

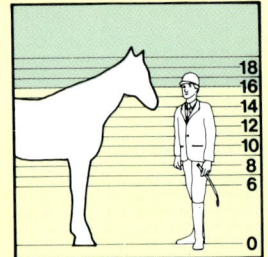

KURZINFO

Farbe: Fuchs mit flachsener Mähne und Schweif.
Größe: 160 cm.
Exterieur: Großer Kopf mit konvexem Profil, kräftiger Rahmen, deutlich eingesunkener Rücken, kraftvolle Hinterhand, muskulöse Beine mit leichtem Kötenbehang.
Charakter: Freundlich, willig und aktiv.
Einsatzgebiet: Landwirtschaftliche Arbeit, Zugarbeit.

ABSTAMMUNG

Einheim. Bestand
Ardenner
Percheron
Noriker
Ungarisches Halbblut

Muraköser Pferd

ORLOW-TRABER

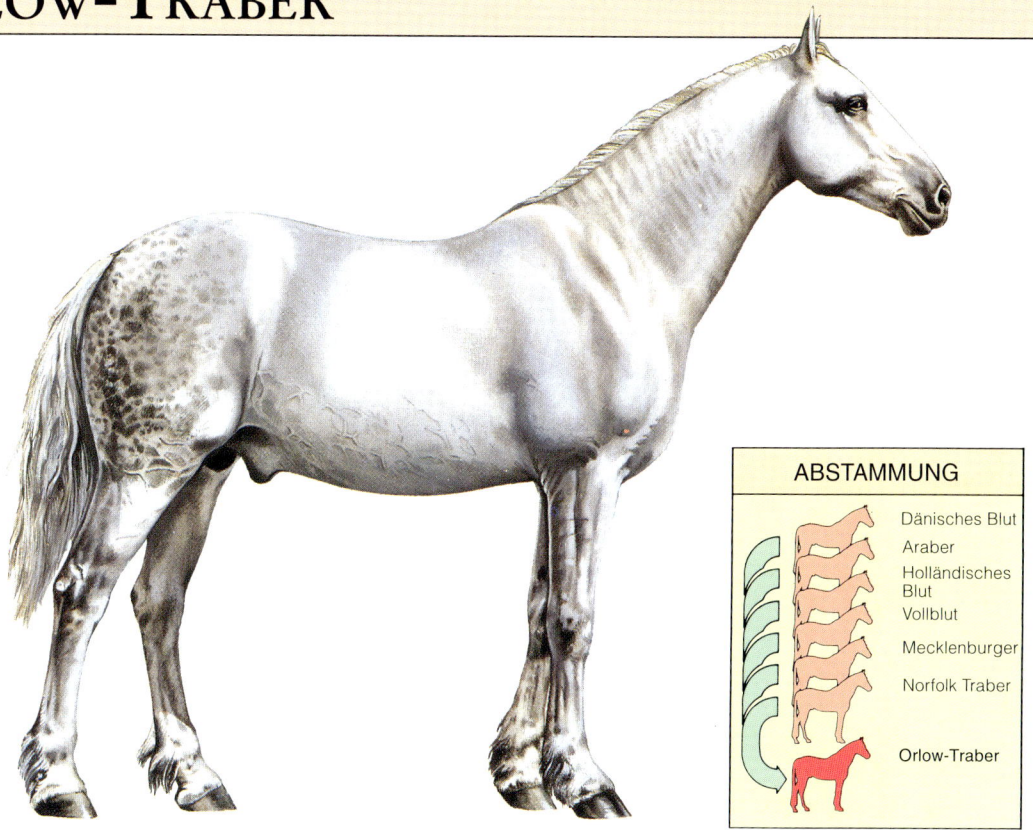

ABSTAMMUNG

Dänisches Blut
Araber
Holländisches Blut
Vollblut
Mecklenburger
Norfolk Traber

Orlow-Traber

Unter den russischen Pferderassen ist der Orlow-Traber wahrscheinlich die bekannteste. Er entstand im 18. Jahrhundert, als Trabrennen in Rußland sehr beliebt waren.

Die Rasse ist eine Entwicklung von Graf Alexius Griegoriewitsch Orlow, der 1777 den Araberhengst Smetanka mit einer Stute dänischen Ursprungs (wahrscheinlich Frederiksborger) kreuzte. Das Ergebnis war das Hengstfohlen Polkan; allerdings ließ seine Vorhandaktion zu wünschen übrig. Bei einer Kreuzung mit einer schwarzen Holländer-Stute zeugte Polkan einen Hengst, Bars I., der zum Gründungsvater der Rasse wurde. Weitere Kreuzungen mit Arabern, Vollblütern, Norfolk Trabern und Mecklenburgern sowie Inzucht mit Polkan selbst brachten am Ende die Wesensmerkmale der Rasse hervor; sie wurden durch selektive Züchtung weiter verfeinert.

Im 19. Jahrhundert galt der Orlow-Traber als bester Traber der Welt, inzwischen ist er aber vom Amerikanischen Standardbred überrundet worden. Erst in jüngster Zeit entstand aus einer Kreuzung zwischen Orlow und Standardbred der Russische Traber.

Der Orlow-Traber war auch die Basis für den Deutschen Traber. Diese Rasse ist durch Kreuzungen

KURZINFO

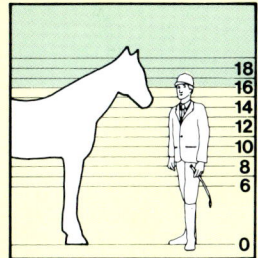

18
16
14
12
10
8
6

0

Farbe: Meist Schimmel oder Rappe.
Größe: 150 bis 170 cm.
Exterieur: Kleiner Kopf, langer Hals, gerade Schultern, breite Brust, gute Gurttiefe, langer, gerader Rücken, kräftige Lenden, muskulöse Hinterhand, edle, feste Beine mit etwas Kötenbehang.
Charakter: Aktiv, mutig.
Einsatzgebiet: Trabrennen, Wagen- und Reitpferd.

mit dem Standardbred und dem Französischen Traber weiter verbessert worden. Von ihr stammt ein kleines Pferd mit einer sehr raumgreifenden Aktion.

DONPFERD

Das Donpferd war das Pferd der berühmten russischen Kosaken. Es stammt aus dem Einzugsgebiet des Flusses Don in der russischen Tundra.

Im Winter 1812 stellte es seine Fähigkeiten beim Einsatz gegen Napoleons geschlagene Armee überzeugend unter Beweis. Während die französischen Pferde an Hunger und Erschöpfung eingingen, griffen die Kosaken auf ihren Donpferden immer und immer wieder an, bis sie die Franzosen schließlich aus Rußland vertrieben hatten. Danach hatten sie noch genug Kräfte, um den langen Weg zurück nach Moskau zu bewältigen.

Im 19. Jahrhundert wurde die Rasse durch Kreuzungen mit Turkmenen, Karabakh und Karabaiern aufgewertet, die mit den Donpferden zusammenlebten. Eine weitere Verfeinerung erfuhren die Donpferde durch Vollblut und durch Orlow-Traber.

Das Donpferd ist seinerseits dafür verwendet worden, die Baschkiren zu verbessern, eine vielseitige und ausdauernde Rasse aus dem russischen Baschkirien, die als Reit- und Schlittenpferd benutzt wird. Das Kasachen-Pferd ist mit seiner Hilfe veredelt worden. Aus einer Kreuzung mit dem alten Kirgisen-Pferd entstand eine neue Rasse, der Neue Kirgise, ein ausgezeichnetes Bergpferd. Das Donpferd liefert auch den Grundstock für den Budjonny.

KURZINFO

 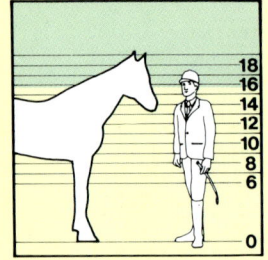

Farbe: Meist Fuchs, Brauner oder Grauschimmel.
Größe: 150 bis 160 cm.
Exterieur: Mittelgroßer Kopf mit auseinanderstehenden Augen, langer Hals, langer, breiter Rücken, kräftige Hinterhand, lange, feste Beine.
Charakter: Ruhig, genügsam, Durchhaltevermögen.
Einsatzgebiet: Reiten und Ausdauerrennen.

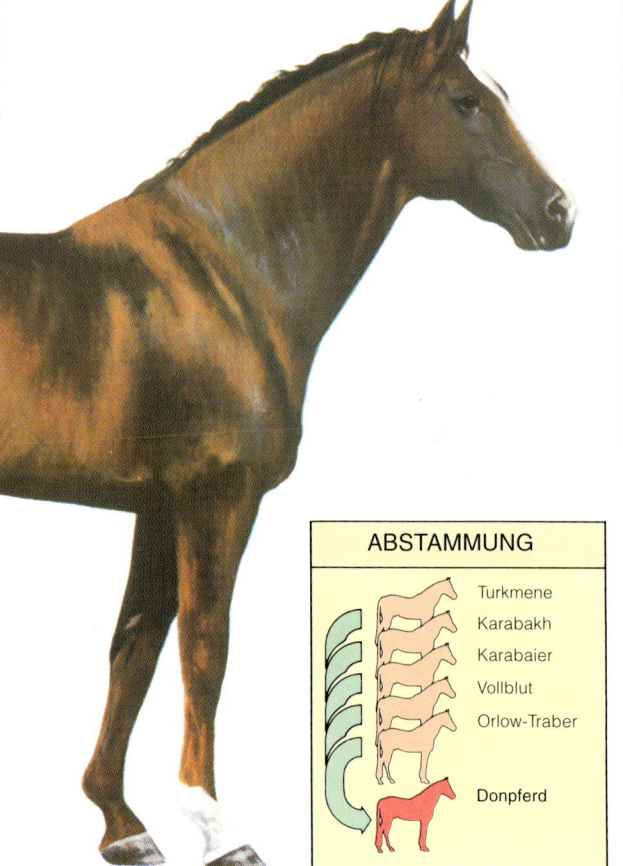

ABSTAMMUNG

Turkmene
Karabakh
Karabaier
Vollblut
Orlow-Traber

Donpferd

BUDJONNY

Der Budjonny ist eine russische Rasse, die erst Anfang des 20. Jahrhunderts im Rostower Armeegestüt von dem berühmten Kavallerieoffizier Marschall Budjonny entwickelt worden ist. Er hatte sich vorgenommen, ein gutes Kavalleriepferd zu züchten.

Die Rasse entstand durch die Kreuzung des Donpferdes mit Vollblütern. Die besten Ergebnisse erzielte man dabei mit Vollbluthengsten und Don-Stuten, in der anderen Kombination war das Resultat weniger zufriedenstellend. Dazu kam noch ein »Schuß« Kasachen-Blut. Die weitere Züchtung folgte einem sehr strengen Auswahlprinzip, indem alle Tiere auf Geschwindigkeit, Gesundheit und Ausdauer hin getestet wurden. 1948 hatten sich die Zuchtergebnisse so stabilisiert, daß die Rasse sich artgerecht fortpflanzen konnte. Sie wurde als Kavalleriepferd, als Wagenpferd und zur Zugarbeit eingesetzt.

Als es für den Budjonny bei der Kavallerie keinen Bedarf mehr gab, wurde er wieder mit Vollblutpferden gekreuzt. So entstand ein hochwertiges Reitpferd mit sehr guten Sprungeigenschaften.

KURZINFO

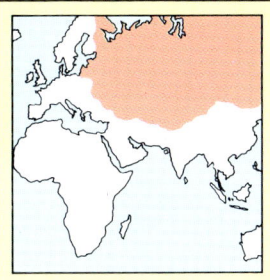

Farbe: Füchse oder Braune mit einem Goldschimmer.
Größe: 150 bis 160.
Exterieur: Kleiner Kopf, kräftiger Nacken, lange, abfallende Schultern, kompakter Körper, lange, runde Kruppe, niedrig angesetzter Schweif, klare, feste Beine.
Charakter: Ruhig, intelligent, gutmütig.
Einsatzgebiet: Reiten, Hindernisrennen.

ABSTAMMUNG

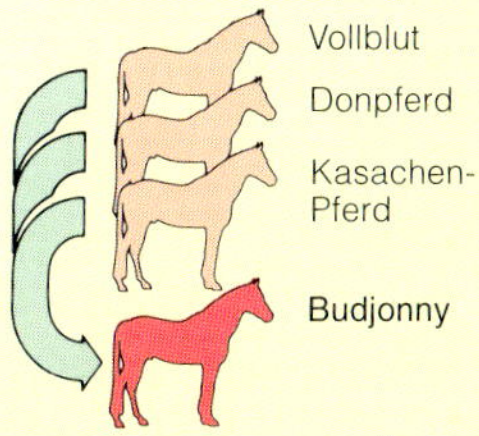

Vollblut
Donpferd
Kasachen-Pferd
Budjonny

ACHAL TEKKINER

KURZINFO

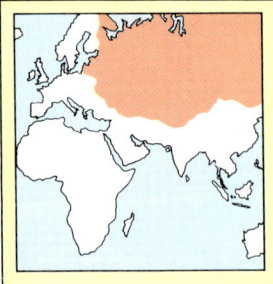
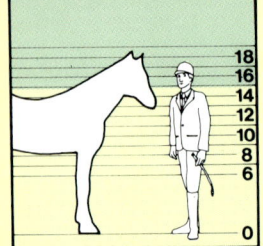

Farbe: Meist Brauner oder Fuchs mit einem deutlichen Metallschimmer.
Größe: 140 bis 150 cm.
Exterieur: Kleiner, eleganter Kopf, langer, dünner Hals, schräg abfallende Schultern, langer Rücken, flacher Körper, niedrig angesetzter Schweif, lange Beine, Mähne und Schweif spärlich.
Charakter: Widerspenstig, temperamentvoll, mutig.
Einsatzgebiet: Reiten, Wettbewerbe.

Der russische Achal Tekkiner ist eine Rasse antiken Ursprungs. Seine Herkunft ist unbekannt; möglicherweise handelt es sich bei ihm um einen Zweig der iranischen Turkmenen. Diverse Hinweise belegen, daß es Achal Tekkiner schon seit 500 v. Chr. gibt.

Der Achal Tekkiner ist ein echtes Wüstenpferd. Die nomadisierenden Stämme der Turkmenen haben dieses Pferd in den abgeschiedenen Hochebenen Zentralasiens seit alters gezüchtet, dabei waren Qualität und Artenreinheit von ganz besonderer Bedeutung.

Der Achal Tekkiner hat ein großes Durchhaltevermögen. Er ist sehr schnell, beinahe unverwüstlich, hat kaum Ansprüche an sein Futter und erträgt extreme Temperaturschwankungen. Seine Ausdauer stellte er 1935 unter Beweis, als eine Herde von Achal Tekkinern 4300 km von Ashkabad nach Moskau zog. Auf ihrem Weg mußten sie in drei Tagen – ohne Wasser – ein 360 Kilometer langes Wüstengebiet durchqueren.

Der Achal Tekkiner hat prachtvolle Bewegungen, und er ist in vielerlei Hinsicht ein sehr gutes Reitpferd. Sein eigenwilliges Temperament macht seine Führung allerdings sehr schwer. Das Pferd ist eng mit dem Iomud verwandt, der auch direkt vom Turkmenen abstammt. Mit 140 cm Stockmaß ist der Iomud allerdings kleiner und kompakter als der Achal Tekkiner, außerdem ist er nicht so schnell.

ABSTAMMUNG

Turkmene

Achal Tekkiner

TERSKER

Der Tersker gehört zu den jüngeren russischen Rassen. Er wurde auf dem Tersker-Gestüt im nördlichen Kaukasus entwickelt, ursprünglich mit dem Ziel, ein araberähnliches Rennpferd zu entwickeln.

Seine Grundlage waren die Streletzker Araber, eine – inzwischen ausgestorbene – große Araberart, die auf einheimische ukrainische Stuten und auf orientalische Hengste zurückgeht. Der Streletzker wurde mit Araber-Donpferden, mit Vollblut und mit Shagyas gekreuzt. Die Nachkommenschaft wurde durch weiteres Araberblut verstärkt, bis der Tersker schließlich 1948 als Rasse anerkannt wurde.

Die Züchter hatten sich vorgenommen, einen Steeplechaser mit der Geschwindigkeit und der Ausdauer eines Arabers und der Robustheit eines einheimischen Pferdes zu entwickeln. Heute wird der Tersker aber bei Flachrennen eingesetzt. Er ist nicht so schnell wie ein Vollblut und tritt deshalb gegen andere Araber an.

Der Tersker ist ein sehr sanftes, elegantes, athletisches und ausdauerndes Pferd. Wegen seiner schönen Bewegungen eignet es sich gut zum Dressurpferd. Auch bei Langstreckenrennen und bei Militäreinsätzen beweist es seine Fähigkeiten. Seine Schönheit und seine Vielseitigkeit machen ihn zu einem beliebten Zirkuspferd. Außerdem wird er bei der Veredelung anderer russischer Rassen eingesetzt.

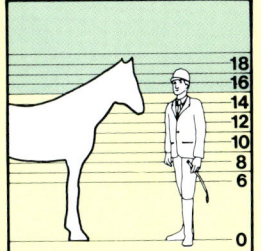

KURZINFO

Farbe: Meistens Schimmel, manchmal Brauner.
Größe: 150 cm.
Exterieur: Mittelgroßer Kopf mit geradem Profil, Hals und Rücken von mittlerer Länge, tiefe Brust, muskulöse Hinterhand, hoch angesetzter Schweif, gute, feste Beine.
Charakter: Sanft, intelligent und ausdauernd.
Einsatzgebiet: Flachrennen, Wettbewerbe, Zirkus.

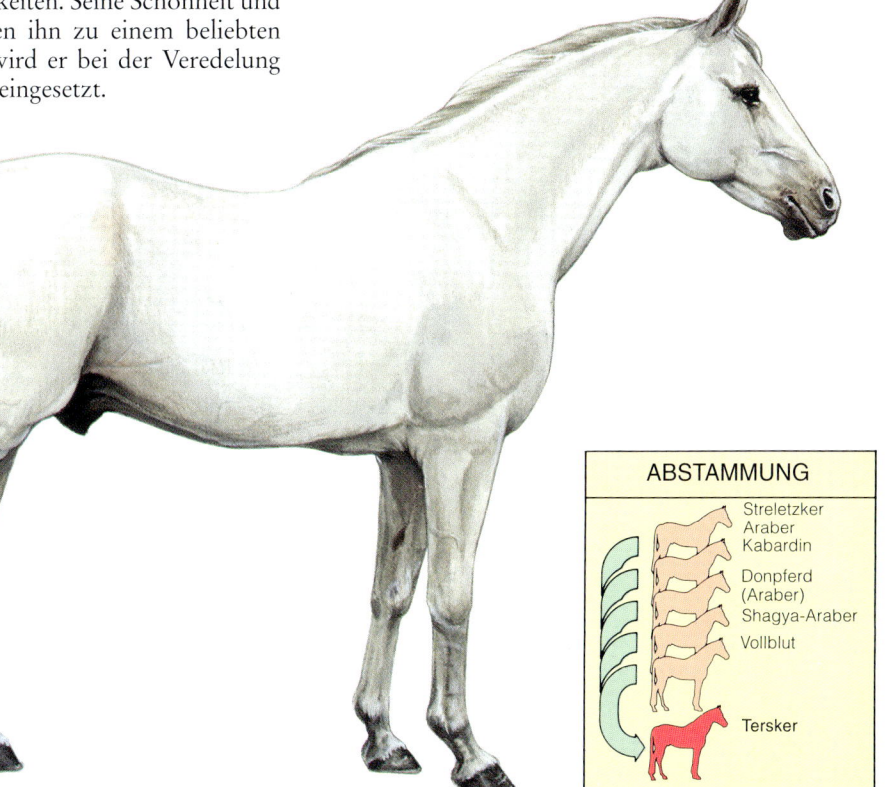

ABSTAMMUNG

Streletzker
Araber
Kabardin

Donpferd
(Araber)
Shagya-Araber

Vollblut

Tersker

KARABAKH

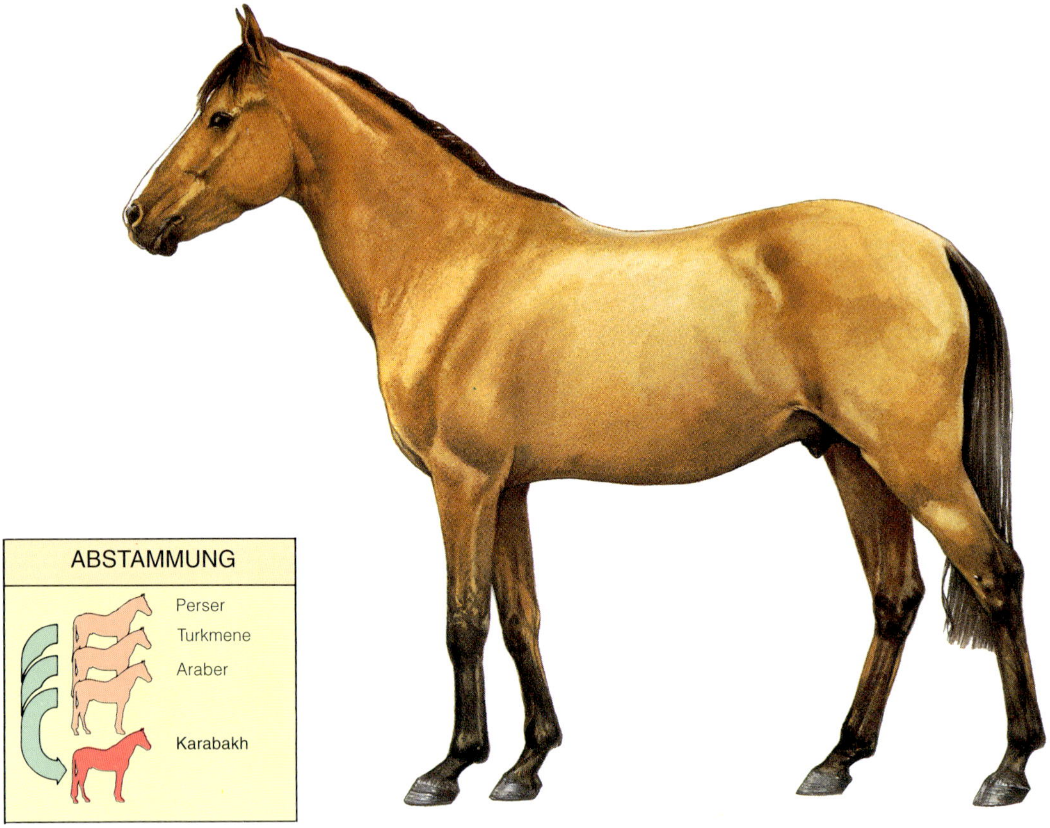

ABSTAMMUNG

Perser

Turkmene

Araber

Karabakh

Der Karabakh gehört zu einer der zahlreichen einheimischen Pferderassen der russischen Bergwelt; seine Heimat sind die Karabakhberge Aserbaidschans. Es handelt sich hierbei um eine sehr alte Rasse, deren Ursprünge bis ins 5. Jahrhundert n. Chr. zurückreichen. Der Karabakh hat turkmenisches, persisches und arabisches Blut und hat die Entwicklung vieler anderer russischer Rassen beeinflußt, besonders die des Donpferdes. Vor allem im 18. Jahrhundert war er sehr beliebt und wurde in viele andere Länder exportiert.

Der Karabakh ist eine leichte Reitpferdart, die – wie alle Bergpferde – robust, gangsicher, von schneller Auffassungsgabe und von einem ruhigen Wesen ist. Heute gibt es keine reinrassigen Karabakh mehr, man bemüht sich aber, die Rasse wieder aufleben zu lassen.

KURZINFO

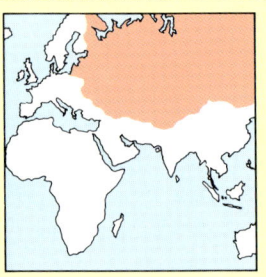 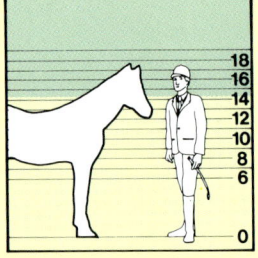

Farbe: Falbe, Brauner oder Fuchs mit metallischem Schimmer.
Größe: 140 cm.
Exterieur: Kleiner, edler Kopf, kräftiger Hals, ausgeprägter Widerrist, kräftiger, kompakter Körper, kräftige Hinterhand, niedrig angesetzter Schweif, edle Beine und gute Hufe.
Charakter: Energiegeladen, ruhig und robust.
Einsatzgebiet: Reiten.

WLADIMIR PFERD

ABSTAMMUNG

Cleveland Bay
Suffolk Punch
Shire-Pferd
Ardenner
Percheron

Wladimir
Pferd

Das Wladimir Pferd entstand am Ende des 19. Jahrhunderts in der sowjetischen Provinz Wladimir. Heute ist es überall in Rußland zu finden.

Es entstand aus einer Mischung von Suffolk Punch und Cleveland Bay mit einer Beigabe aus Ardenner- und Percheron-Blut. In der Zeit von 1910 bis nach dem Ersten Weltkrieg war auch das Shire-Pferd beteiligt. Um 1946 wurde der Wladimir artenrein gezüchtet, und man betrachtete die Rasse als ausgeformt. Seit dieser Zeit wird nur noch selektiv mit hochwertigem Bestand gezüchtet.

Der Wladimir ist ein sehr starkes Pferd. Er hat einen sehr ansprechenden Körperbau und ist schnell ausgewachsen. Er wird für Zugarbeiten und zum Ziehen der Troikas eingesetzt.

KURZINFO

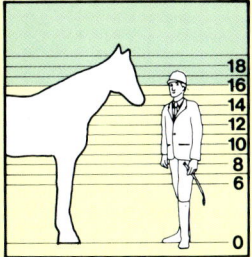

18
16
14
12
10
8
6

0

Farbe: Alle kräftigen Farben, meist aber Brauner.
Größe: 160 cm.
Exterieur: Kleiner Kopf, langer, kräftiger Hals, mächtige Schultern, breiter Körper von mittlerer Länge, kräftige Hinterhand, starke Beine mit Kötenbehang.
Charakter: Sanftmütig, ausgeglichen, aktiv.
Einsatzgebiet: Zugpferd.

137

BERBER

Der Berber ist das traditionelle Bergpferd der Beduinenvölker in den Wüsten Nordafrikas. Sein Name stammt von seiner Heimat, der Berberküste – heute Marokko, Algerien und Libyen –, in der er schon seit vorgeschichtlichen Zeiten lebt. Man nimmt an, daß der Berber seine Wurzeln in den antiken Pferdearten Nordeuropas hat, ganz anders als der Araber, der von den asiatischen Pferdearten abstammt. Vom Araber unterscheidet er sich durch seinen Ramskopf mit breitem, geradem Gesicht und Maul, durch den niedrig angesetzten Schweif und durch sein Temperament.

Der Berber hatte an der Gründung und Verbesserung vieler anderer Rassen Anteil. Die Mauren haben ihn im 8. Jahrhundert in großer Zahl nach Spanien gebracht, wo aus Kreuzungen mit einheimischen Stuten der Andalusier entstand. Als die Türken den Ostteil des Mittelmeeres und die afrikanische Nordküste besetzt hatten, kauften Händler aus allen Teilen Europas und Asiens Berber, um sie zu Hause mit den eigenen Stuten zu kreuzen. Karl II. holte viele Tiere nach England, um die Schnelligkeit und das Durchhaltevermögen der Rennpferde jener Tage zu verbessern. Hier trug er auch zur Gründung der Vollblutrasse bei.

Heute gibt es nicht mehr viele reinrassige Berber; nach Kreuzungen mit den sanfteren Arabern lassen sie sich leichter zu Reitpferden trainieren. Aus Kreuzungen von Berbern mit Arabern entstanden die Libyschen Berber, eine bekannte Rasse in Nordafrika.

KURZINFO

Farbe: Dunkelbrauner, Brauner, Fuchs, Rappe, Schimmel.
Größe: 140 bis 150 cm.
Exterieur: Langer Kopf mit geradem Profil, geschwungener Nacken, flache Schultern, langer Rücken mit niedrig angesetztem Schweif, lange, edle Beine.
Charakter: Leicht erregbar, zäh, mutig.
Einsatzgebiet: Reiten, Verbesserung anderer Rassen.

ABSTAMMUNG

Europäisches Wildpferd

Berber

KASPISCHES PONY

Man nimmt an, daß das Kaspische Pony von den iranischen Wildponys abstammt. Die Bewohner Mesopotamiens benutzten dieses Pony, das eigentlich ein Miniaturpferd war, im 3. Jahrtausend v. Chr. Man kann es auf Reliefs an den Mauern von Persepolis betrachten, die im späten 6. oder im frühen 5. Jahrhundert v. Chr. entstanden sind. Seit dieser Zeit gibt es keine Hinweise mehr auf dieses Pony; man ging davon aus, daß es ausgestorben war.

1965 wurde jedoch am südlichen Ufer des Kaspischen Meeres im Iran eine Ponyherde entdeckt. Die auffälligen Merkmale dieser Tiere hatten eine erstaunliche Ähnlichkeit mit den kleinen Pferden auf den Reliefs von Persepolis. Weitere archäologische und wissenschaftliche Untersuchungen brachten schließlich die Bestätigung, daß das Kaspische Pony tatsächlich von ihnen abstammt. Es hatte in einem unzugänglichen Gebiet am Kaspischen Meer überlebt und war reinrassig geblieben.

Das Kaspische Pony ist schnell, seine Bewegungen sind frei und fließend, und es ist ein ausgesprochenes Sprungtalent. Es wird gern als Kinderpony und bei Wagenwettbewerben eingesetzt. Die Zucht ist durch die politische Entwicklung im Iran zwar unterbro-

chen, es wurden aber genügend Ponys nach Nordamerika, nach Großbritannien und Australien exportiert, um ihr Überleben sicherzustellen.

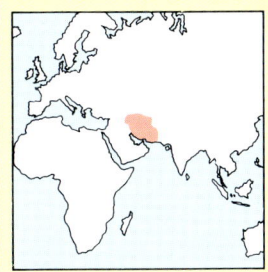
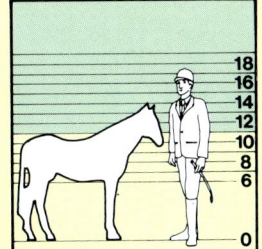

KURZINFO

Farbe: Brauner, Dunkelbrauner, Fuchs, Schimmel.
Größe: 100 bis 120 cm.
Exterieur: Arabertypischer Kopf, langer Hals und Schultern, schmaler Körper mit kurzem Rücken, hoch angesetzter Schweif, edle Beine.
Charakter: Sanft und von schneller Auffassungsgabe.
Einsatzgebiet: Reit- und Wagenpony.

ABSTAMMUNG

Asiatisches Wildpferd

Kaspisches Pony

PERSER

ABSTAMMUNG

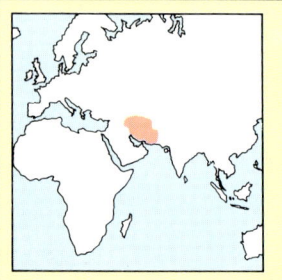

Asiatisches
Wildpferd

Perser

Bei den Araberpferden haben sich verschiedene Stämme entwickelt, die sich untereinander, je nach Klima, Lebensraum und nationalen Vorlieben, in Art und Größe unterscheiden. Der Perser ist in einer gemäßigten Zone aufgewachsen; er ist größer und weniger zäh als sein Cousin aus der Wüste und hat auch nicht das typische konkave Gesicht.

Pferdeknochen, die bei Ausgrabungen im westlichen Iran gefunden wurden, beweisen, daß der Araber dort lange gelebt hat, bevor er domestiziert wurde. Die Funde belegen auch, daß der Araber sich seit den vorgeschichtlichen Zeiten kaum verändert hat.

Der Persische Araber ist einer der ältesten reinrassigen Araberzweige, die es auf der Welt gibt. Durch sorgfältige Auswahl und durch Beachtung der Zuchtreinheit ist es gelungen, die Rasse auf hohem Niveau zu erhalten. Im Iran hat man jetzt andere Araberzweige unter der Rassenbezeichnung »Plateauperser« zusammengefaßt. Aus einer Kreuzung zwischen Plateauperser und Vollblut ist der Pahlavan entstanden.

KURZINFO

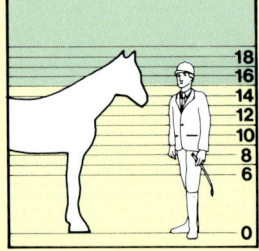

18
16
14
12
10
8
6

0

Farbe: Schimmel oder Brauner.
Größe: 150 cm.
Exterieur: Größerer Arabertyp; eleganter und kompakter Körper.
Charakter: Intelligent, lebendig, freundlich.
Einsatzgebiet: Reiten, Verbesserung anderer Rassen.

BASUTO PONY

KURZINFO

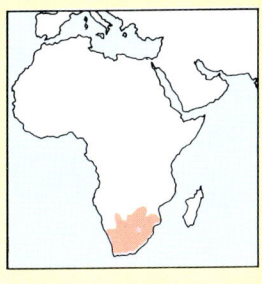
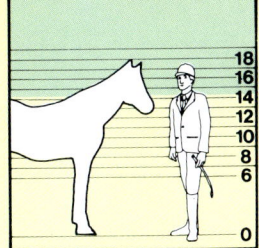

Farbe: Fuchs, Brauner, Dunkelbrauner, Schimmel.
Größe: 140 cm.
Exterieur: Edler Kopf, langer Hals, gerade Schultern, langer Rücken, kurze Beine, feste Hufe.
Charakter: Furchtlos, ausdauernd.
Einsatzgebiet: Allgemeines Reit- und Trekkingpony.

Das Basuto Pony stammt aus dem Basutoland in Südafrika, sein Ursprung ist aber das Kap-Pferd aus der Kap-Provinz. Im 17. Jahrhundert importierten Händler Pferde in die Kap-Provinz, meistens waren es Araber oder Berber. Im 18. und 19. Jahrhundert folgten dann Perser und Vollblutpferde, die mit ihnen gekreuzt wurden.

So entstand das Kap-Pferd, ein zähes einheimisches Pferd, das in großer Zahl als Kavalleriepferd an die britische Armee nach Indien verkauft wurde. Etwa 1830 wurden die Kap-Pferde bei Überfällen an der Grenze zum benachbarten Basutoland eingesetzt. Danach ließ man einige von ihnen zurück, die sich allein durchschlagen mußten. Als Ergebnis von Inzucht, unwirtlichem Lebensraum, rauhem Klima und unzulänglicher Nahrung verkümmerte das Kap-Pferd zum Basuto Pony. Die ungemütlichen neuen Lebensbedingungen sorgten allerdings auch dafür, daß es zäh, tapfer und ausdauernd wurde.

Bei der britischen Armee wurde das Basuto-Pony in großer Zahl während des Burenkrieges eingesetzt. Es wurde beim Polo und bei Rennen verwendet. Heute braucht man es überall in Südafrika als Reit- und vor allem auch als Trekking-Pony.

ABSTAMMUNG

Araber
Berber
Vollblut
Perser

Basuto Pony

MANIPUR PONY

Das Manipur Pony wird schon seit vielen Jahrhunderten im indischen Bundesstaat Manipur gezüchtet. Es stammt vom Mongolischen Wildpferd ab. Kreuzungen mit Araberblut haben geholfen, seinen Körperbau zu verbessern und ihm zusätzliche Geschwindigkeit zu geben.

Im 19. Jahrhundert wurde das Manipur Pony als »Polopony« berühmt. Polo wird in Asien schon seit 2000 Jahren gespielt. In Indien ist dieses Spiel zwar so gut wie ausgestorben, in Assam und in den Himalaja-Staaten ist es aber nach wie vor beliebt. Ein Schriftstück aus dem 7. Jahrhundert berichtet von Polospielen in Manipur auf Manipur Ponys. In den 50er Jahren des 19. Jahrhunderts entdeckten britische Teeplantagenbesitzer in Assam das Spiel, das auf diesen schnellen und wendigen Ponys gespielt wurde. Sie übernahmen es für sich und trugen so dazu bei, Polo auf der ganzen Welt bekannt zu machen.

In seiner Heimat wird das Manipur Pony immer noch beim Polospiel geritten, in anderen Gegenden wurde es inzwischen aber durch größere und schnellere Pferde ersetzt. Es genoß auch einen guten Ruf als Kavalleriepferd. Seinem Besitzer erscheint es zäh, robust, gangsicher und so kräftig, daß es schwere Lasten über weite Strecken transportieren kann.

KURZINFO

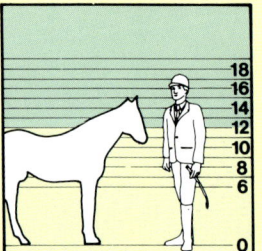

Farbe: Viele Farben.
Größe: 110 bis 130 cm.
Exterieur: Langer Kopf mit breitem Maul, tiefe Brust, breiter, tiefer Körper, hoch angesetzter Schweif, saubere, harte Beine.
Charakter: Anpassungsfähig, lebendig.
Einsatzgebiet: Polo, Kavallerie, Arbeitspony für alle Arten von Aufgaben.

ABSTAMMUNG

Mongolisches Wildpferd
Araber

Manipur Pony

MONGOLISCHES WILDPFERD

Das Mongolische Wildpferd (Equus przewalski poliakow) ist – im Gegensatz zu solchen Pferden, die aus der Gefangenschaft geflohen sind – das einzige echte noch lebende Wildpferd. Eine Zeitlang ging man davon aus, daß alle domestizierten Pferdearten auf das Mongolische Wildpferd zurückzuführen seien. Nach

neuesten Erkenntnissen gab es anscheinend vier Untergruppen; der Mongole gehörte dabei zu der nördlichen Gruppe, die auch als Urzeit–Pony bekannt ist.

1881 entdeckte Colonel Przewalski die Mongolischen Wildpferde, die in den Steppen westlich der Wüste Gobi in der Mongolei lebten. Diesen Teil des Landes nannte man die Tachin-Schara-Nuru-Berge (»Berge der gelben Pferde«). Zu Ehren ihres Entdekkers wird die Rasse auch Przewalski-Pferd genannt. Sie hat sich seit der Eiszeit kaum verändert. Das liegt zum Teil an der Abgeschiedenheit ihres Lebensraumes, aber auch am wilden Temperament der Hengste.

Das Mongolische Wildpferd wurde seit alters wegen seines Fleisches gejagt. Obwohl die russischen und chinesischen Behörden Schritte zur Rettung dieser Rasse eingeleitet haben, ist sie heute beinahe ausgestorben. Einzelne Tiere werden in Zoos auf der ganzen Welt gehalten.

Viele der domestizierten Rassen lassen sich bis zu diesem Pferd zurückverfolgen, dazu gehören z.B. das Burma Pony, das indische Manipur und das Mongolische Pony, das übrigens eine der ältesten domestizierten Rassen der Welt ist.

KURZINFO

 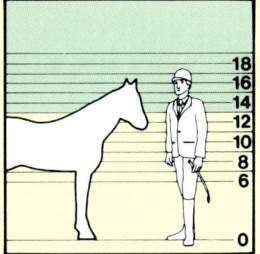

Farbe: Falbe, meist mit mehlfarbenem Maul, Aalstrich, Zebrastreifen an den Beinen.
Größe: 120 bis 140 cm.
Exterieur: Primitive Ponyart, großer Kopf, kurze, aufgerichtete Mähne, gerade Schultern, kurzer, breiter Körper, zierliche Hinterhand, kräftige Beine mit kurzen Röhrenknochen.
Charakter: Scheu, aggressiv, Durchhaltevermögen.

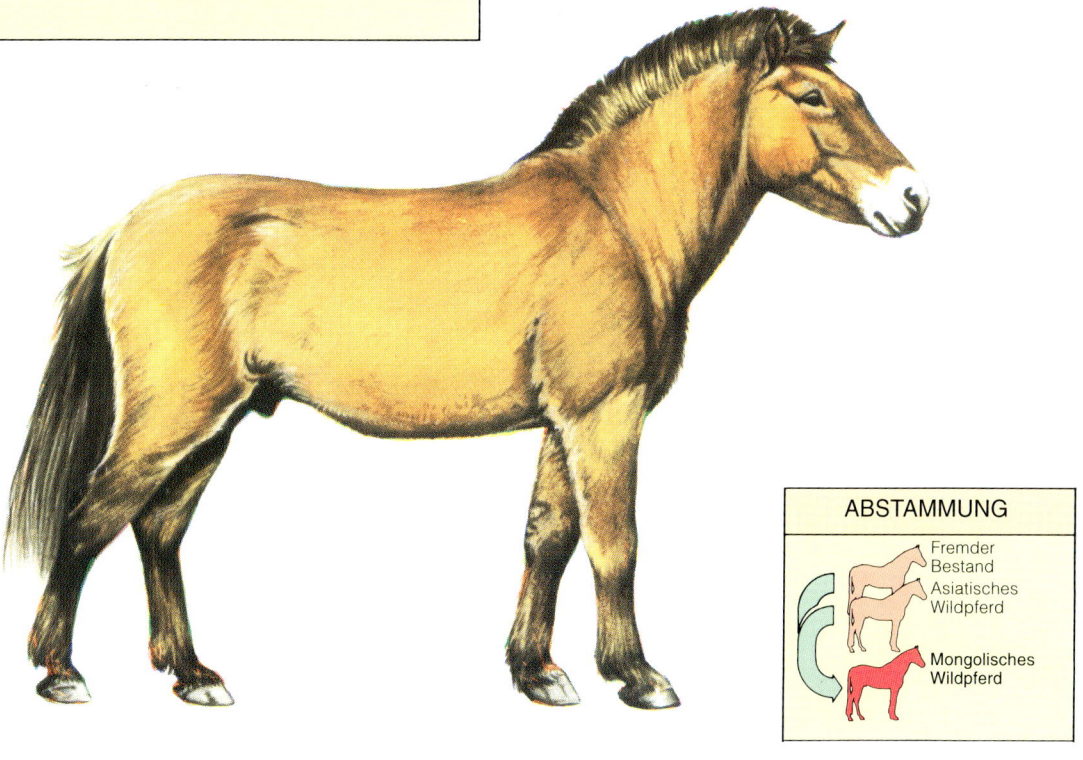

ABSTAMMUNG

Fremder Bestand
Asiatisches Wildpferd

Mongolisches Wildpferd

BURMA PONY

ABSTAMMUNG

Mongolisches
Wildpferd

Araber

Burma Pony

Das Burma Pony, auch als Shan bekannt, wird schon seit langer Zeit vom Volk der Shan gezüchtet, die in der Hügellandschaft Ostburmas leben.

Aufgrund seiner Abstammung vom Mongolischen Wildpferd ist es eng mit dem Manipur verwandt. Da es aber einen größeren Anteil an Araberblut hat, ist es auch von größerem Wuchs.

Das Burma Pony ist sehr stark; es wurde seit alters als Arbeitspony benutzt. Es gab Zeiten, in denen die Briten es auch beim Polo einsetzten. Da es sich aber als zu langsam und zu teilnahmslos erwies, konnte es sich bei diesem Sport nicht durchsetzen.

KURZINFO

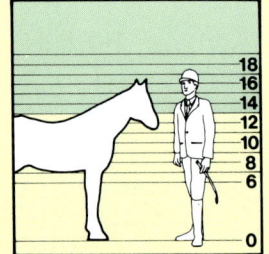

	18
	16
	14
	12
	10
	8
	6
	0

Farbe: Jede Farbe ist möglich.
Größe: 130 cm.
Exterieur: Größere Version des Manipur.
Charakter: Aktiv und anpassungsfähig.
Einsatzgebiet: Arbeitspony für jede Art von Aufgabe.

JAVA PONY

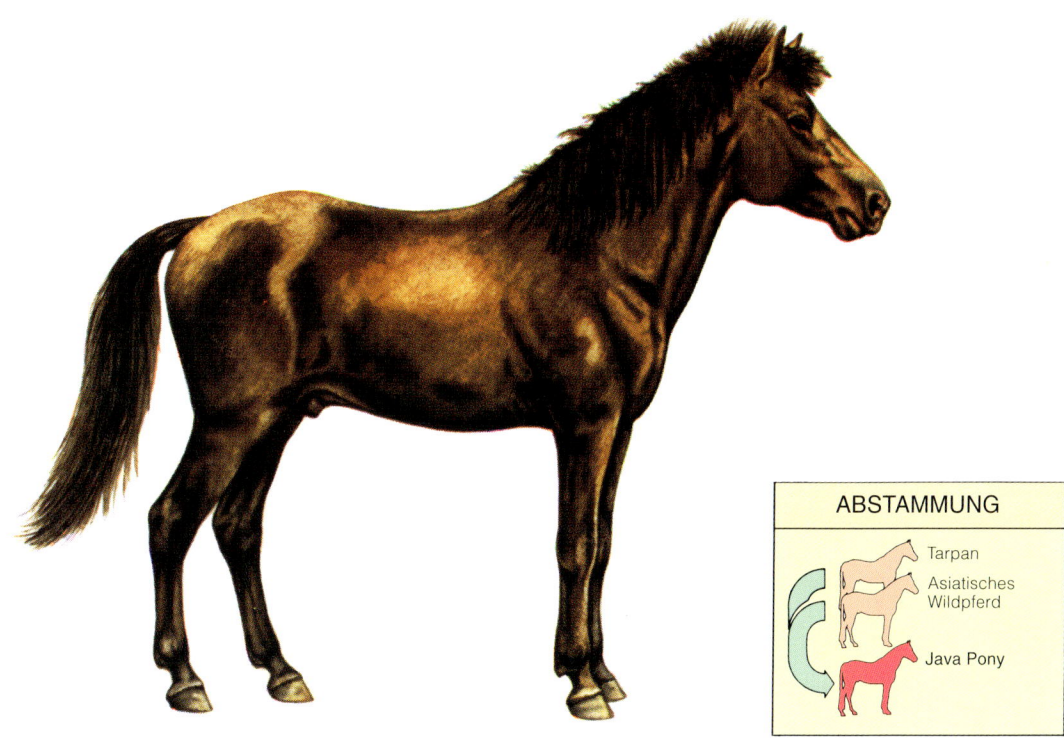

ABSTAMMUNG

Tarpan

Asiatisches
Wildpferd

Java Pony

Die indonesischen Ponys sind für den Transport, die Kommunikation und die Landwirtschaft von großer Bedeutung; es gibt auf vielen der Inseln eigene Rassen. Die Ponyzucht wird in vielen Fällen vom Staat gefördert. Die Tiere gehören im allgemeinen zu den primitiveren Arten; im Laufe der Jahrhunderte haben sie sich an die Arbeit in tropischer Hitze angepaßt.

Das Java Pony – das vom Mongolischen Wildpferd abstammt – ist das einheimische Pony der Insel Java. Es wird für jede Art von Arbeit eingesetzt, unter anderem auch zum Ziehen der Sados, der zweirädrigen Inseltaxis.

Zu den anderen Inselrassen gehören der Timor, ein kleines, kluges Pony mit edlem Körperbau; das Bali, eine sehr primitive Ponyart, das als Packtier benutzt wird; das Batak aus Sumatra, das durch Araberblut verfeinert und verbessert worden ist; das Gayoc aus Sumatra; das Sumbawa, das dem Sumba ähnelt, und das Sandalwood von den Inseln Sumba und Sumbawa – ein schnelles, zierliches Pony.

KURZINFO

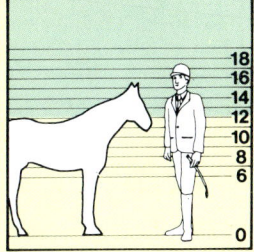

Farben: Fast alle Farben.
Größe: 120 cm.
Exterieur: Zierlich gebaut, häßlich.
Charakter: Willig und unermüdlich.
Einsatzgebiet: Zieht die zweirädrigen Taxis, für jede Art von Tätigkeit geeignet.

SUMBA PONY

KURZINFO

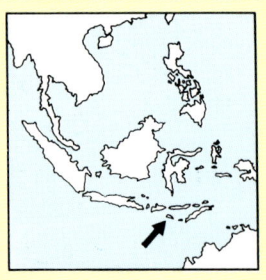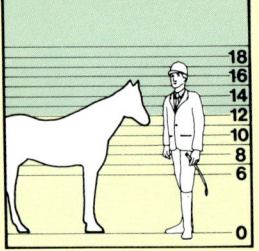

Farbe: Falbe mit Aalstrich und dunklen Punkten.
Größe: 120 cm.
Exterieur: Primitive Art mit schwerem Kopf und recht dünnem Schweif.
Charakter: Willig, intelligent und zäh.
Einsatzgebiet: Tanz, allgemeine Arbeiten.

Das Sumba ist das einheimische Pony der Insel Sumba. Es ist eine primitive Art, deren Ursprung eine Mischung aus Mongolischem Wildpferd und Tarpan ist.

Auf der Insel wird es für jede Art von Arbeit eingesetzt, noch besser kennt man es aber als »tanzendes Pony«. Es wird von kleinen Jungen ohne Sattel oder Zaum geritten und von jemandem geführt, der zu Fuß neben dem Tier hergeht. An seinen Vorderfußwurzelgelenken sind kleine Glocken befestigt; sie klingen, wenn das Tier im Rhythmus einer Trommel tanzt. Die Eleganz und Leichtigkeit seiner Bewegungen wird auf Wettbewerben beurteilt.

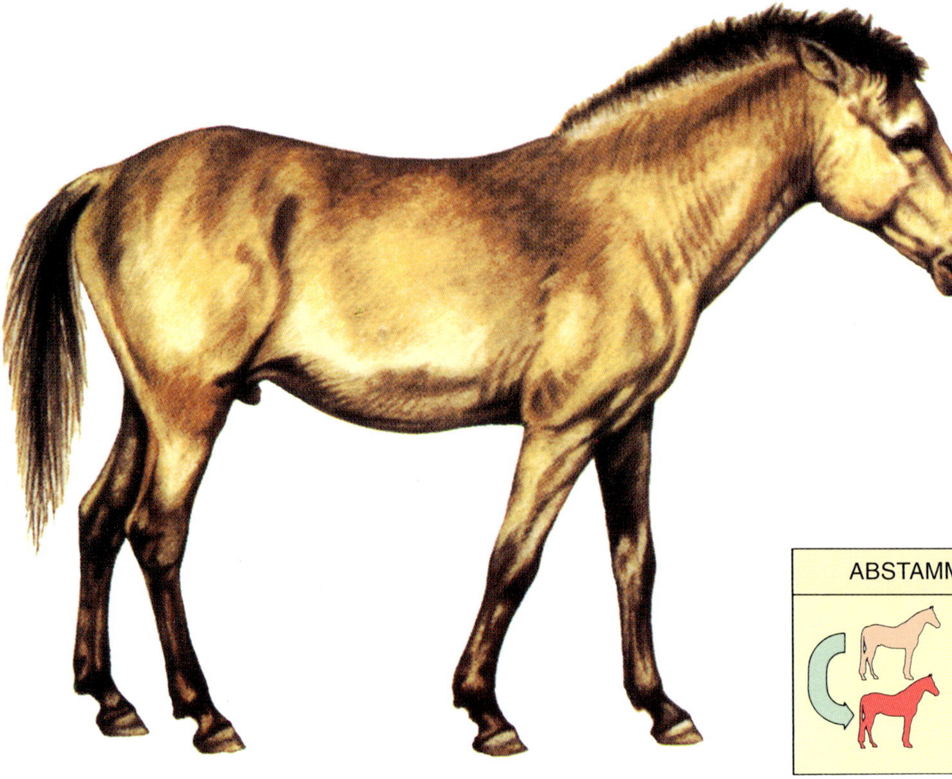

ABSTAMMUNG

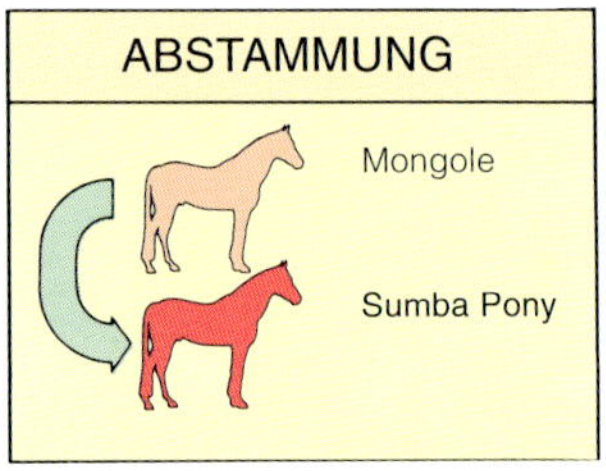

Mongole

Sumba Pony

AUSTRALISCHES STOCK HORSE

Australiens älteste Pferderasse, der Waler, erhielt 1971 den Namen Australisches Stock Horse. Das Tier entwickelte sich ursprünglich aus einer Herde, die Siedler Ende des 18. Jahrhunderts aus Südafrika mitgebracht hatten. Diese Pferde hatten Berberursprung sowie spanische, arabische und holländische Wurzeln. Die Waler wurden während der nächsten 100 Jahre sehr intensiv mit englischen Vollblutpferden gekreuzt, um abgehärtete, wendige Pferde von großer Ausdauer zu züchten. Sie eigneten sich auf den großen Farmen für die Arbeit mit Viehherden, außerdem ließen sie sich gut als Wagen- und Reitpferd verwenden. Die Briten setzten die Zucht in Indien als Kavalleriepferd ein.

Im 20. Jahrhundert wurde der Anteil an Vollblut erhöht, und man fügte etwas Percheron und Amerikanisches Quarter Horse dazu. Das Zuchtbuch wurde zur gleichen Zeit eingerichtet, als man den Namen des Pferdes in Australisches Stock Horse änderte. Wegen der verschiedenen Einflüsse hat der Körperbau der Rasse viele Varianten. Man bemüht sich zwar um ein einheitliches Zuchtergebnis, die Züchtung ist aber noch nicht artenrein. Vom Typ her könnte man es als robustes Vollblut beschreiben. Das Australische Stock Horse wird immer noch bei der Arbeit mit Viehherden und bei Rodeos eingesetzt. Es ist auch ein erstklassiges Wettbewerbspferd.

KURZINFO

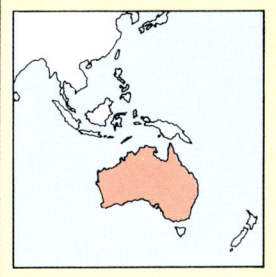
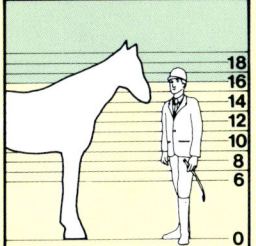

Farbe: Alle Farben.
Größe: 160 cm.
Exterieur: Unterschiedlich; vollblutartig mit lebhaftem Kopf, guter Gurttiefe, Rücken und Hinterhand sind sehr kräftig.
Charakter: Zäh, willig, wendig.
Einsatzgebiet: Arbeitet mit Viehherden, bei Rodeos, allgemeines und Wettkampfreiten.

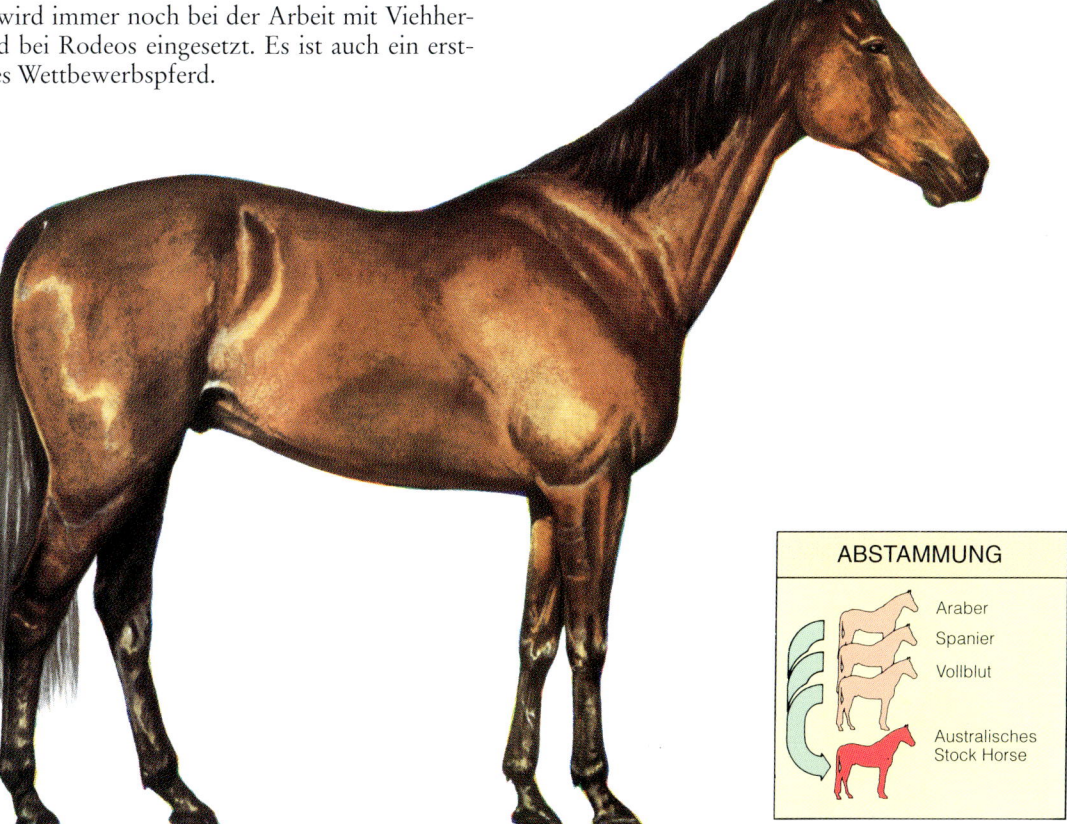

ABSTAMMUNG

Araber
Spanier
Vollblut

Australisches
Stock Horse

AUSTRALISCHES PONY

ABSTAMMUNG

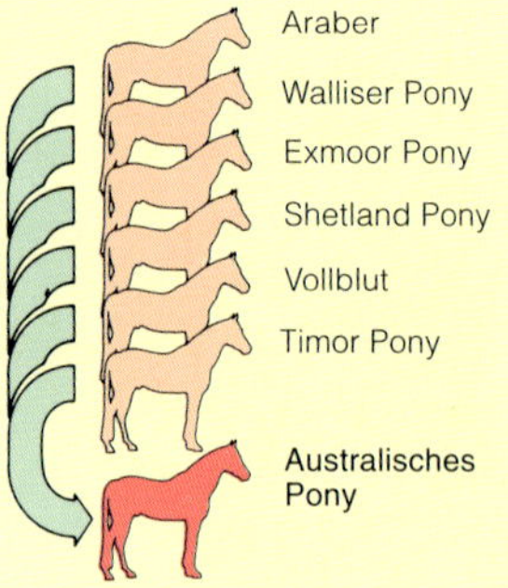

Araber

Walliser Pony

Exmoor Pony

Shetland Pony

Vollblut

Timor Pony

Australisches Pony

Lange Zeit wurden einheimische Ponys aus Großbritannien nach Australien exportiert. Meist waren es Walliser oder Shetland Ponys.

Nachdem einige dieser Rassen mit Araberblut gekreuzt worden waren, um ein leichteres und athletischeres Pferd zu erhalten, entstand das Australische Pony. Die Basis wurde durch die Kreuzung von Arabern mit Walliser Ponys gelegt. Das berühmteste Pony war ein Hengst der Walliser Bergponys namens Grey Light, der 1911 nach Australien gekommen war. Später fügte man Vollblut, Shetland- und Exmoor-Blut zu. Um 1930 hatte sich ein bestimmter Typ entwickelt, für den man ein Zuchtbuch anlegte. Das Australische Pony verbindet Eleganz und Charakter mit Athletik, außerdem ist es ein ausgezeichnetes Reitpferd für Kinder.

KURZINFO

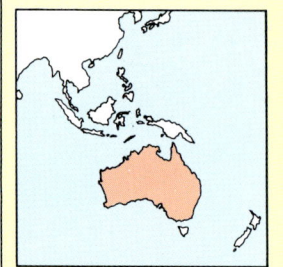
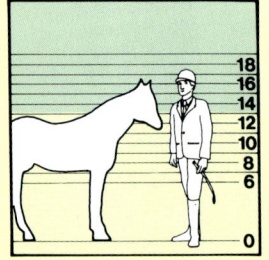

Farbe: Alle Farben.
Größe: 120 bis 140 cm.
Exterieur: Arabischer Kopf, länglicher Hals, schräge Schultern, gute Gurttiefe, kurzer Rücken, kräftige Hinterhand, hoch angesetzter Schweif, kurze Beine, harte Hufe.
Charakter: Intelligent, lebendig, ausdauernd.
Einsatzgebiet: Reitpony für Kinder.

BRUMBY

Der Brumby ist ein australisches Buschpferd, das schon seit über 100 Jahren wild lebt. Es stammt von domestizierten Pferden und von Reitpferden ab, die nach dem Goldrausch in der Mitte des 19. Jahrhunderts freigelassen worden waren.

Unter den rauhen Bedingungen des australischen Outback können nur die klügsten und anpassungsfähigsten Pferde überleben. Der Brumby entwickelte sich zu einem zähen, raffinierten und sehr wachsamen Pferd. Die Qualität der Pferde nahm aufgrund von Inzucht und wegen des mageren Grasfutters zwar ab, in der Wildnis vermehren sich die Tiere aber so stark, daß man sie als Plage ansieht und versucht, den Bestand durch groß angelegte Abschußaktionen zu kontrollieren. Es gibt jedoch Brumbyjäger, die die Pferde in gut versteckte Pferche treiben, die besten von ihnen auswählen und sie als Sattelpferde verkaufen.

KURZINFO

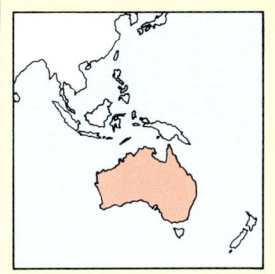

Farbe: Fast alle Farben.
Größe: Unterschiedlich.
Exterieur: Unterschiedlich.
Charakter: Intelligent, schwer zu fangen und schwer zu trainieren.
Einsatzgebiet: Für die meisten Aufgaben zu wild.

ABSTAMMUNG

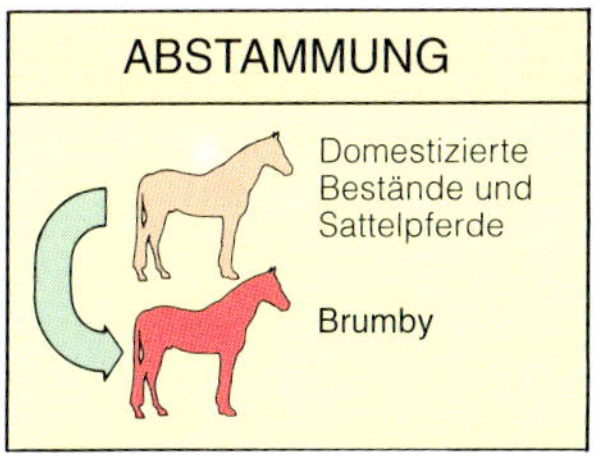

Domestizierte Bestände und Sattelpferde

Brumby

REGISTER

A

Abstammung 6–7
Abzeichen 28–29
Achal Tekkiner 46, 134
Albino 28–29
Allergie 40–41
Altér Real 47, 71, 118, 120–121
Amble 93, 115
Amerikanischer Traber 46, 58
Amerikanisches Saddle-bred 45, 60
Amerikanisches Standard-bred 131
Anchitherium 7
Andalusier 47, 54, 67–68, 71, 100, 104, 107–108, 110, 116, 118–120
Anglo-Araber 46, 88
Anglo-Normanne 89, 96, 100, 107, 127
Appaloosa 46, 56–57, 64, 111, 119
Araber 45, 48–49, 54–55, 67, 79, 81, 88, 90, 92, 97, 99, 101, 104, 106, 108, 116–118, 124, 128, 131, 135–136, 138, 142, 144, 148
Arbeitspferd 10–11
Archeohippus 7
Ardenner 130, 137
Arthritis 41
Asiatisches Wildpferd 113
Asil-Pferd 48
Aufgalopp 30
Australisches Pony 47, 148
Australisches Stock Horse 47, 147
Avelignese 106

B

Basuto Pony 47, 141
Bayrisches Warmblut 100
Beduinen-Araber 48
Behang 32
Belgisches Zugpferd 46, 95
Berber 47, 54–55, 67–68, 90, 100, 104, 108, 116, 118, 127, 138, 147
Blauschimmel 28
Blesse 29
Blutstau 41
Bosniake 47, 123

Boulonnais 92–93, 103
Brabanter 95
Brauner 28
Brauner Schecke 28
Bretone 46, 93, 103, 117
Brumby 47, 149
Brust 26
Budjonny 46, 132–133
Burma Pony 47, 144

C

Calippus 7
Camargue-Pferd 46, 90
Campolino 71
Canadian Cutting Horse 46, 65
Capriole 104
Cleveland Bay 46, 82, 98, 100, 102–103, 137
Cob 32, 45
Connemara Pony 46, 77, 86
Cormohipparion 7
Covert-Hack 43
Criollo 46, 67, 119

D

Dales Pony 46, 75, 94, 112
Dänisches Sportpferd 99
Darius I. 9
Dartmoor Pony 46, 73, 76
Deckackt 37
Deckenschnitt 32
Denkvermögen 14, 15
Dent, Anthony 8
Dinohippus 6–7
Dölepferd 47, 112
Domestikation 8–10
Donpferd 46, 132–133, 135–136
Draught Bretone 93
Dreigänger 60
Dressur 13
Druse 40

E

Elitearaber 48
Ellbogen 26–27
Englisches Vollblut 88
Eohippus 6
Equus 6, 7
Equus przewalski 143
Esel 7
Exmoor Pony 6, 46, 72–73, 76, 78–79
Exterieur 26–27

F

Falabella 46, 66
Falbe 28
Farben 28–29
Farbklasse 28
Farbspektrum 21
Fell Pony 46, 74–75, 83, 94, 112
Fellfarbe 29
Fellpflege 32–33
Fellwechsel 33
Fessel 29
Fesselkopf 26
Finnischer Klepper 47, 114
Finnisches Zugpferd 114
Fjordpferd 47, 113, 115
Flandrisches Pferd 84, 95
Flanke 26
Flatfoot Walk 61
Fliegenschimmel 28
Fluchtreflex 14
Fohlen 38–39
Französicher Traber 46, 89
Französisches Reitpferd 88
Frederiksborger 47, 104, 110–111
Freiburger Sattelpferd 96
Friese 46, 94, 108
Fuchs 28–29
Fünfgänger 60
Furioso 46, 129

G

Galiceño Pony 46, 70
Galloway 50, 74–75, 79
Galopp 30–31
Gangarten 30–31
Garrano Pony 70
Gehörgang 22
Gelderländer 46, 107
Gemischter Schecke 28
Gemütsverfassung 24
Geschlechtsorgane 36–37
Gesichtsfeld 20
Gesichtsmerkmale 29
Gespannfahren 12
Gesundheit 40–41
Gidran 129
Groninger Pferd 94
Großes Pferd 84–85

H

Haarverlust 40
Hack 43

Hackney 10, 31, 43, 46, 83, 93, 107, 117
Haflinger 46, 106
Hannoveraner 13, 46, 97, 100–101, 120, 127
Haplohippus 7
Haut 32
Hautkrankheiten 41
Highland Pony 46, 77, 79
Hinterbeine 26
Hippariongruppe 7
Holländischer Friese 100
Holsteiner 13, 46, 98, 102
Horn 35
Hörvermögen 22–23
Hufe 34–35
Hufrehe 40
Hunter 43–44
Hyppohippus 7
Hyracotherium 6–7

I

Industrialisierung 10
Iomud 134
Irisches Jagdpferd 46, 87
Irish Draught 46, 86–87
Island Pony 47, 77, 115
Italienisches Kaltblut 47
Italienisches Zugpferd 117

J

Jagdschnitt 32
Java Pony 47, 145
Jennet 68

K

Kaltblüter 10, 32, 42
Kamm 26
Kanadischer Traber 59
Kanter 30–31, 61, 115
Kap-Pferd 141
Karabaier 132
Karabakh 46, 132, 136
Kaspisches Pony 47, 139
Kastanie 26
Kehle 26
Kehlkopfpfeifen 40
Keltisches Pony 72, 74–75, 80
Kisber 129
Kladruber 46, 104, 118, 127
Knabstrupper 47, 111
Koliken 40–41
Kommunikation 24–25
Konik 46, 125